集団と記号

人類自然的属性とその文化記号システム

周昱今 著

前書き

　人類の歴史の 99 パーセントにおいて、圧倒的多数の人々は血縁関係を基礎にした小規模なコミュニティで生活してきたが、これは私がネパールのヒマラヤのある山村で 40 年間に亘るフィールド調査で経験してきたことと共通している。人々は共に農耕、放牧や猟を行っている。彼らは、とても小さい一つのエリアの中で、生まれ、結婚しそして死んでゆく。彼らを巡り関わる人々は、大部分が生まれてから知り合った血族と隣人である。彼らはこうしたコミュニティに対して帰属意識を持っており、また日常生活における相互の人間関係、儀式やリズムなどを通じ、生命の意義を体得してきた。中国も世界のほとんどすべての場所と同様に長らくこうであったが、ここ数年で変化が発生している。

　今から 250 年前、世界で多くの変化が発生し大多数の人々の経歴を完全に変えてしまった。工業の力の向上と大規模な都市化運動を経て、人々は自らの誕生したコミュニティから自然と遠く離れるようになった。彼らは周りに住んでいる人とは知り合わず、デビッド・リースマン(David Riesman)氏が言った「孤独な人間集団」となった。十八世紀後半にイギリスで登場した産業革命は、十九世紀後半にはヨーロッパ大陸、米国、日本に蔓延し、更に南米、アフリカ、インドと中国へ爆発的に広がっていった。この「大変革」の原因と結果はまさに歴史と社会科学における核心である。

　あなたの目の前にある本書は、このように人々を感心させる変革について、ある特定の角度から注目している。すなわち、商業と設計という独自の視点から、人類のコミュニティ(gemeinschaft 礼儀社会)か

ら「協会」(gesellschaft 法理社会)へという転換による影響に注目し、都市化の膨張及び世界の人口の高度な移動、とそれに伴う経済と社会の個人主義、及びこれによって誘発された無帰属感（社会の異常な状態）と生存意義の喪失問題に対する解を見いだそうとしている。

　こうした危機に対し、作者はこの問題の解決に取り掛かった。そして懸命な研究の結果、非常に興味深い解答を得るに至った。即ち、人類とは、本来生まれつきどういうものなのか、そしてどのように商業と消費主義の力を利用して他人との関係を再構築するのかということについてである。

*

　事実上、工業化の発祥地のイギリスで、血縁、地域と名字に基づく自然発生的なコミュニティというものは一度も存在したことがないのである。これは東洋と異なっている点である。イギリス人はこれまでずっと高い移動性を持って、人間が土地や村落に縛られることはない。彼らはとっくに郷里を離れて、見慣れない人と一緒に生活している。そのため、個人主義と他者との協力関係をどのように扱い、一人暮らしと友情の構築、或いは共通の身分と特別な身分の融合問題をどう扱うのかといった課題について、イギリス人はこれまで代替機構を構築して発展させてきた。

　イギリス人は多く共通の目標、共通の財産と相互の信頼に基づく「人的に創立したコミュニティ」を構築している。イギリスの法律の尋常ならざる発展、とりわけコミュニティに対する信用体系の概念は、その存在を体現並びに強化した。ここにおいて、人間は契約に基づく関係に始まり、さらに関係をこのように深い段階まで進め、契約だけではない、相互に利益のある関係に発展させることができる。

　イギリスは競技、スポーツ、クラブと協会が非常に多い世界だ

が、これによりイギリスの民主主義、宗教個人主義、資本主義の発展、帝国主義の拡張、とその後の科学上の成功がもたらされた。もちろん産業革命もそうである。典型的な事例は大手貿易会社、労働組合、教会堂とさまざまなクラブがこれに含まれる。これらの通常「公民社会」と呼ばれている機構は個人と国の間に存在する。今日、このような機構も中国を含めたその他の国に急速に拡張して、現代化、高移動性都市社会の形成に必要な集合要素を提供している。

しかし、本書の作者は目を別の分野、即ち、人類学者のメアリー・ダグラス(Mary Douglas)氏の言う「商品世界」に向けているが、彼らは別のツールを提供し、それによって人間は自身より更に大きい団体帰属感を感じることができる。

本書に言及されている人類の自然的属性が記号コードと物質客体に極力に強化されたか否かに関わらず、自然的属性がこのような意義を持つ「サブセット」や小型のコミュニティに変えられるのかということが核心なのである。性別や皮膚の色や出身に基づいてこのような「想像的なコミュニティ」を構築するという試みはカースト、等級、人種を基礎した社会に存在し続けてきた。しかし、大規模な都市化、ソーシャルネットの接続指数性の増大及びグローバル化など新しい環境のもとで、このようなコミュニティを構築することができるのかは別の問題である。

これは確かに興味深い実験で、注目に値する。本書は、これからの道を示すための第一歩またはフロンティア的な研究となるかもしれない。

*

言い換えると、本書はとても現実的な問題に対して特定の解決案を提供することを試みている。19世紀末、西洋の何人かの偉大な思想

家が一つの安定した農耕文明から移動性の高い都市と工業文明への移行による影響に直面した時に、彼らは初めて真剣にこの問題を分析した。カール・マルクス(Karl Marx)、ヘンリー・メーン勲爵位(Sir Henry Maine)、とその後のエミール・デュルケーム(Emile Durkheim)、マックス・ウェーバー(Max Weber)がそれに含まれる。彼らは古い集合力が正に消滅しようとしている時、人々を緊密に連携させ、また彼らの生活に意義を与えることができる方法を探し当てようとした。

　もう一つの有名な構想はフェルディナント・テンニース(Fernand Tonniës)氏からのものがある。彼は、コミュニティに基づいた古い社会と日増しに大きくなる協会に基づく社会の二元対立、即ち、前者が親縁関係（血縁）、場所（生まれから死亡までの居住地）と身分（同姓族群に対する共同意識）をきずなにして、後者が法律、契約書と市場関係に関連するものであることを指摘した。彼はこの両者の関係の問題が存在することと、その両者が一緒に存在する新たな世界の制限性を指摘した。

　農業文明から工業文明への転換の問題は、西洋で非常に明確で、最初にイギリスから始まって、その後にドイツ、フランス、米国とその他の場所へ拡大した。このような転換は何世代の時間を経たが、この過程では古い集合方式の瓦解が比較的ゆるやかだったのである。しかし近年、特に南米、アフリカ、インドと中国では、定住地、血縁、場所、名字に基づいたコミュニティから無秩序な工業都市への転換の数量と速度が大幅に増加している。

　中国で発生した転換はその他のいかなる区域より更に大きいかも知れない。これは、ある部分では面積が広いことに起因するものであるが、一方その経済成長の速さにもよるのでもある。その同時に、伝統的な宗族体系、伝統的な哲学と伝統的な文化の弱体化、および 1949 年以後の古い社会構造の瓦解によって、新しい集合の問題は中国で特

に際立っている。本書はこうした背景、環境まで適切に参照、考慮して、近代的な生活の中の極端な個人主義と社会の逆常規状態（帰属感がない）を解決する代替案を提示した。

　この案は近代の世界で最も強大な力の一つである商業方式、流行ファッションと消費主義に基づくものである。本書では、新しい集団形式と社会性は三つの特性によって構築することができることを示したが、作者はこれらの特性を先天的や自然的に分類するもの、すなわち性別(2)、血液型(4)と星座(12)であると提起している。それらをかけあわせると、96 の「集団」が形成される。このような区分で、すべての集団にマークや記号が一つずつ与える。これによって人間に共通の身分を持つ感覚、即ち身分帰属感を与える。そうすると、私はその他の O 型、射手座の男子といくつかの共通的なものを持つようになる。これはとても面白いことである。

　作者が期待通りに広大な期待と深遠な目標を実現できたのかは、読者に判断を委ねることとしたい。しかし議論の必要がないのは、彼らが人種を人類の自然的属性とすることを拒絶したことは正しいということであり（特にこのように多い混合と重複の場合)、彼らの社会学と哲学に対する整理と検討を経て、その試みが一つの厳粛な事業となるのである。

　彼らの仕事と、同様に遠大な考えを抱き社会に新しい基礎を提供しようとする別の仕事とを比べると、そこには類似性があり、本書で出した試みがエミール・デュルケーム(Emile Durkheim)氏が行った試みと同じで、理性に適っているのである。しかし違いとして、エミール・デュルケーム(Emile Durkheim)氏が仕事、同業組合と協会の区別を通じて、最終的な方法は宗教の集団儀式であり、近代社会においてどのように人間を再度集合させるのか解決案を見いだすのである。 この中のいかなる点についても、デュルケーム氏の話は人々を納得させ

ることができない。そのため、私達がどのように個性を留保して、同時に提携に参与して、そして家庭、宗教、カーストや集団に基づいていない更に大きい団体に帰属したことを感じることができるのか、という任務はデュルケーム氏の後に依然として存在している。

　論争は依然として続いている。しかし人々を鼓舞するのは、我々が、一つの豊富な商業と設計経験を有するチームが私達に示した探求への希望、そして彼が直面する現実的な問題、更には人間が近代的な市場社会で生活と仕事に適応するように助けるための努力を見たということである。彼らの好運を祈る。

　　アラン・マクファーランド教授

　　ケンブリッジ大学人類学者

　　ケンブリッジ大学国王学院終身院士

目　次

序　論

一、本書の基本的な観点に関して

　　本書は理論上では、人類自然的属性分析理論と称することができるが、[1]自然的属性分析理論と略称する。これに応じて、本書で使われる分析法は自然的属性分析方法と称することができる。このような理論とその方法に基づいて、私達は下記の結論を得た。

　　1、本書は自然的属性において、ずっと隠された状態にあった人類の三つの自然的属性、即ち、性別の区分、血液型の差異と星座の所属に対する再発見と理論上での正式な確認である。性別の区分、血液型の差異と星座の所属以外に、人類はこのような普遍的に認識され表現された第四の自然的属性を見つけていない。

　　人類が「普遍的に認知し表現された」第四の自然的属性を有するのかということに関して、多くの人が真っ先に口にする問題は、人種上の皮膚の色の違い、即ち、白色人種、黄色人種と黒色人種（また、茶褐色人種）が人類の自然的属性というわけではないだろうというものであるが、これは答えを出さなければならない問題である。

　　人種(Race)とは体質形態や遺伝特徴上に、共通的な特色を有する

---

[1] いわゆる人類の自然的属性とは、人間の先天的で、生まれつき有して、変えられない本質特徴である。人間の自然的属性に対応するもう一つの概念は人間の社会的属性である。人間の社会的属性とは人間が一定で現実的な社会関係にいて、社会的意義で与えられた本質特徴を指す。人の社会的属性は先天的生まれながらに有したものではなく変えることができるのである。

人の集団である。区分は、皮膚の色、髪の毛の色、顔面の骨格構造を含む外的要素、また、遺伝子及び自己認識能力に基づき行われるが[2]、皮膚の色によって人種の判定を行うことができるということに疑問の余地はない。

　20世紀以前に、科学者は、人類が若干の本質主義の方式、即ち、非常に重要な特徴で区分された人種、例えばネグロイド（黒色人種）、モンゴロイド（黄色人種）、コーカソイド（白色人種）などに区別することができると当たり前のように考えていた。前世紀の四十年代から、開けた考えを持った科学者はこのような理論を淘汰し始めたが、理論上、皮膚の色で人種を区分することは人間の自然的属性の分類だと言える。それでは、どうして皮膚の色を自然的属性上の区分とし、[3]それを自然的属性に関する正式な確認範囲に組み入れていないのか。その一、結婚や性に関する見方がますます自由になる中で、皮膚の色の異なる人々の子孫に対して、皮膚の色で人種の判定を行うのは難しくなっている。例えば、白色人種と黒色人種の子供が、白色人種と黄色人種の子供と子孫を残した場合、皮膚の色で人種判定を行うのは難しくなるが、実際の状況はこの例よりずっと複雑である。このため、皮膚の色を人間の自然的属性として、多数の人の判定を行う時、技術的に処理できない難題にたくさん直面する。それで、人を厳密にグループとして区別することは、ほとんどできないのである。普遍的な認知と普遍的な表現を得る上で、皮膚の色で人種を判定し自然的属性を区分することは、性別の区分、血液型の差異と星座の所属に

---

2 ヴィッキー百科 http://zh.wikipedia.org を参照

3 集団は族群でも、群落、集落などのすでに運用され概念でもないが、それは本書の中に登場した新しい概念である。集団とは特に自然的属性の意義で性別の区分、血液型の差異と星座の所属によって厳しく区分して形成した人間の集団を指す。

基づいて人類の集団を区分することと同じだと見なしてはいけない。

即ち、皮膚の色は自然的属性として、性別の区分、血液型の差異及び星座の所属と同等の意義はないが、この問題に対して最も直接的な説明は、異なった皮膚の色の親を持つ子供またその子孫は、時々どころか多くの場合、その皮膚色を確定することができないというものである。つまり一部の人間の皮膚の色は厳密な定義と表現を行うことができないのである。二つめに、皮膚の色による人種の判定は、時に民族主義と人種差別の重要な根拠になる。例えば、異なった皮膚の色の人の間でどのように婚姻関係を結んで子孫を残すとしても、白色人種以外のすべての皮膚の色の人種はすべて「有色」人種と称することができる。これは「有色」人種に対する直接的な差別である。これは私たちに、たとえ皮膚の色による人種の判定に技術上の難題がないとしても、この判定では、民族主義と人種差別を引き起こすことは避けにくいのに気づかせてくれる。このため、皮膚の色による人種区分を普遍的に認知し表現された自然的属性としない。三つめに、上記の二点に基づいて、皮膚の色で人種の判定を行うことで、皮膚の色が自然的属性の一つとされると、理論上と方法上で混乱に陥る。これは私たちの理論の初志と立場に背離する。

人種のほかに、人類は普遍的に認知し表現された別の自然的属性を得ていない。

それで、本書は人類の三つの自然的属性という角度から人類自身を認識して説明するのである。

2、性別の区分、血液型の差異と星座の所属を人類の三つの自然的属性とする再発見と理論での正式の確認を前提にして、人類の三つの自然的属性をそれぞれ三つの人類集団概念に転換する。つまり性別

の区分、血液型の差異と星座の所属という三重の意味から、相応する人類の三つの自然的属性集団、即ち、二つの性別集団、四つの血液型集団と十二の星座集団を確立する。いわゆる自然的属性集団とは、特に自然的属性の違いによって、即ち性別の区分、血液型の差異と星座の所属に基づいて区分した異なった人類集団を指して、「自然属性集団」や「集団」と略称する。人類は性別の区分、血液型の差異と星座の所属という三つの自然的属性だけを持っているが、これは厳密な異議のない区分であり、そしてこのような区分の上に性別の区分、血液型の差異と星座の所属という三つの集団概念を形成して確立することができる。このような三つの概念の確立を前提にして、性別の区分、血液型の差異と星座の所属を人類集団を順番に三回連続的に区分する方法に転換する。このような方法によって、自然的属性の意味における人類集団に対する三回の区分を完成させる。一回目の区分は単純な性別の区分で、これによって男女という二つの人類集団が形成される。一回目の区分で男女という二つの人類集団を形成した上で、血液型の差異によって二回目の区分を行い、これによって性別と血液型という二つの自然的属性の情報を有する八つの人類集団が形成される。二回目の区分で八つの人類集団が形成された上で、更に星座によって三回目の区分を行って、それによって性別、血液型と星座の所属という三つの自然的属性を同時に有する九十六の人類集団、即ち、九十六種類の人間が形成される。

　　3、九十六の人類集団、即ち、九十六種類の人間の人類集団概念の確立は、人類集団を順番に三回連続的に区分する方法で、人類集団を区分した理論成果である。九十六の人類集団、即ち九十六種類の人間は、自然的属性において人類集団を区分して構築した新しい認知と解釈の対象である。

4、性別の区分、血液型の差異と星座の所属がそれぞれすでに得た記号で表現されることから考えて、広く認可されて広められたこれらの記号を人類の自然的属性を表現する文化記号資源として、それらを組み合わせる。このような組み合わせの直接の目的は、性別の区分を表現する二つの記号、血液型の差異を表現する四つの記号、星座の所属を表現する十二の記号を「素材」にして、**性別の区分、血液型の差異と星座の所属を表現する「三組」の記号の中から自由に選んだ記号をその他の二組の記号の中の記号と自由に組み合わせて、組合設計することであるが、これによって九十六の新しい記号を作り上げた。**九十六の記号すべては、それぞれ記号の形で、人の性別、血液型と星座という三つの自然的属性の情報を有している。

　私達が作り上げたこの九十六の記号は、九十六の人類集団、即ち九十六種類の人間という数字上での偶然の合致ではなく、性別の区分、血液型の差異と星座の所属に基づいて人類集団を区分することがした理論上と方法上での継承である。**性別の区分、血液型の差異と星座の所属という三組で共に十八の記号の組合せは、記号上、その組合方式で人類集団を区分する。それに対し、組合設計によって作り上げた九十六の記号は性別の区分、血液型の差異と星座の所属で人類集団を区分する結果――九十六の人類集団、即ち九十六種類の人間が得ることのできる唯一の記号の表現方式である。**

　このような九十六の記号を人類の自然的属性の個性を表現する文化記号にみなし、その正式名称は人類自然的属性の個性文化記号とする。これを省略し「自然的属性文化記号」や「個性文化記号」と呼ぶ。

　5、組合設計で作り上げた九十六の自然的属性文化記号を、それ

ぞれ自然的属性意義でそれに整合する九十六の人類集団、即ち九十六種類の人間に与える。これによって、人類の九十六の集団、即ち九十六種類の人間を、自然的属性の意義で秩序的、連続的に表現することを達成した。これは私たちが構築した、九十六の個性文化記号から構成された人類の自然的属性の個性文化記号システムで、「自然的属性文化記号システム」や「個性文化記号システム」と略称する。その英文の正式名称は The Cultural Symbols of Human Nature で、CSHN と略称する。性別の区分、血液型の差異と星座の所属という三つの英文名称を使うと、即ち、Gender identity、Blood group、Horoscope attribution (Astrology attribution, Constellation)である。直接に自然的属性文化記号システムを表現する時、その英文の略称は GBH あるいは GBA、GBC とする。

6、自然的属性の意義で得た正式の理論で確認された九十六の人類集団、即ち九十六種類の人間という理論上で構築した認知と解釈の対象として、ほとんど同時に秩序的で、連続的な記号表現方式を得たのである。これによって、自然的属性の意義で人類自身を認識する広大な空間を開拓した。

本書で構築した自然的属性文化記号システムは、自然的属性に基づいて人類集団を区分することと社会的属性に基づいて人類集団を区分する「比較」を形成した。このような「比較」で現れた人類の自然的属性と社会的属性は共に人類が自身を認識する完璧な背景を構成している。この完璧な背景は、以前にこのような方式でかつて現れたことがないのである。**同時に、このような「比較」で、理論の認知であろうと、実際の生活であろうと、自然的属性の方向と社会的属性の方向はそれぞれ相手の方向の「単一」で形成する可能性がある認識偏差を「補充」して、しかも互いに「比較」の相手が持っているマイナス**

面の力を弱める。

　この意義で、もちろんこの意義だけではないが、自然的属性文化記号システムは社会的属性に基づく人類集団の区分に対して一つの超越である。多くの時に、二者は同時に矛盾なく進んで、共に人類に対して認知と解釈を行う使命を引き受けている。

　社会的属性の意義で人類に対して集団の区分を行い階級、党派やグループなどを形成することに対応して、自然的属性の意義で人類集団を区分して形成した新しい人類集団が、社会的属性を超えて人類を認識するのに独特な理論の道を提供したことは少しも疑問がない。これは、人類が伝統的な社会的属性の意義で自身を認識と説明する時に出た様々な相違といざこざを超えて、いまだかつてない視角で自身を見て、自分を評価して、また他の人がこのようにすることを妨げない。私達の先天的で、生まれつき有して、変えられない自然的属性の個性を高く評価して、人類の別の精神の家になることを意味する。

　この家の中に人々の認識と帰属、及び自身と他人の自然的属性の個性に対する「無作為の発見」は、人類自身が精神上で得ることができる共通の慰めである。

　7、構築した自然的属性文化記号システムは、同時に人類の自然的属性の身分に対する発見と理論上での正式確認であるが、九十六の記号に代表される九十六の人類集団、即ち九十六種類の人間は人類がこのような九十六種類の先天的で、生まれつき有して、変えられない自然的属性の身分を有していることを意味している。

　本書では人類のこのような自然的属性の身分を人類の「第一身分」に称して、ある階級、党派と群体などに属した身分を「第二身分」と称する、更に人間の現実的行為に基づいて選択し確立した身分

を「第三身分」と称する（例えば、消費行為が発生した時に人間が消費者という身分を得て、旅行の時に人間が観光者の身分を得る）。

　8、人類の自然的属性の身分、即ち「第一身分」は、人類が自身の立場を認識することと言い換えることができる：もちろん自然的属性という観点から自身を認識するべきである。**この立場は私達が以前かつて得たことがないのである。この立場は論争なく本当に人類の共通価値を持つ精神方向になるかもしれないが、これによって形成した基本的な観点は、人類の共通価値の意義を持っていることと言える。**これについて、本書ではまだ展開分析を行っていない。

　9、更に重要で現実的なのは、**自然的属性文化記号システムが、自然的属性の文化記号による人間身分の確立された価値基準を表現することで、これが新しい商業倫理と消費倫理の再建に理論的と現実的なてだてを提供することを意味していることである。**本書には、私達は自然的属性の文化記号による人間の「第一身分」の表現から同様にこのシステムで表現できる人間の「第三身分」の一つ――消費者の身分に転換することを試みる。この転換だけを行うのは、消費者の身分が物質の極めて豊富な消費主義現代で、また文化が浸透している中で、重要で取って代わることができない独特な地位を持って、消費者の身分を見本にして、自然的属性文化記号システムを更深く発展実現させることができると考えている。自然的属性の身分に基づいて消費者の身分を変換することにより、商業と消費倫理再構築の理論方向を形成することができると共に、商業と消費観念に対する再構築が大きな現実的影響を生み出すはずである。これによって商業と消費分野の独特な変革を誘発するかもしれない。

　10、自然的属性文化記号システムの九十六の個性文化記号は、

「物」、即ち品物や商品の個性に対する表現に転換することができるが、これは簡単である。それは、人間の個性と「物」の個性が合致する表現形式を探し当てたことを意味している、即ち、人類の自然的属性身分の表現に用いられる九十六の記号が、同時に「物」の個性を表現する記号になることができ、人間が九十六の記号とそれにより表現された「物」の中に、自身の自然的属性の身分に合った自身に属する記号を発見したことを意味するのである。九十六の個性文化記号の「商標化」は人の個性と「物」の個性が合致した独特な表現過程への道を開いた。

　「商標化」された九十六の個性文化記号は商業と消費で共通的な記号言語になった。このような背景で、「あなた」は「わたし」が商標を持つ物品を買うと、購買者として、この品物がその特有な商標で「あなた」が消費者として持つ先天的で、生まれつき有して、三つの変えられない自然的属性の情報を表現したが、それが表現したしたのは「あなた」の自然的属性の個性身分である。

　11、自然的属性文化記号システムの人の個性と「物」の個性に対する表現は、商業分野と消費分野で新型の人と「物」の関係を再構築したことを意味している。このように再構築した人と「物」の関係は、人が「物」を再認知する機会となり、更に以前の商業と消費形態を変える重大な力となる。そしてこれによって別の独特な商業と消費への道を切り開くことができるのである。この商業と消費への道は人と物の関係の再構築を基礎にして、自然的属性文化記号システムと及びその敷延を形にしている。

　自然的属性文化記号システムの背景で、「物」を媒介にして、物化された自然的属性の文化記号は人類の自然的属性の個性を表現する

が、これによって、人類の自然的属性の個性を表現する九十六の記号が同時に「物」の個性を表現する文化記号になった。この意義で、自然属性文化記号システムは人と「物」をいまだかつてなく結び付けたのである。このような人と「物」の関係を商業及び消費の分野で表示することは、全く新しい商業形態と消費形態の開始になることができる。このような商業形態と消費形態の中で、自然的属性文化記号システムは消費者の身分と「物」の個性を表示する共通記号言語になったのである。これによって、商業と消費はこのような新しい記号言語で展開することができる。自然的属性文化記号システムで形成したこのような「文脈」の中で、人間は商業と消費における新しい認可と帰属を実現することができ、この時商業と消費は、人間の認可と帰属の一種の実現形式になるのである。

　人類の自然的属性を表示する九十六の記号は、商標の形式で品物を表示する同時に、近代的な商業社会で人間が提供した各種類のサービスを表示することもできるということに疑問の余地はない。

　12、社会的属性の普遍化と同質化の氾濫で個性の見失いを招いたこの時代に、個性の探求は非常に切実な問題となった。私達は自身の個性を呼び覚まさなければならない。自然的属性文化記号システムは、個性に対する独特な表示で、個性を呼び覚ます力となり、もちろん私達の生きているこの商業消費時代を照らす一筋の光にもなることができるのである。

二、本書の方法に関して

　今まで、人類の世界（人類自身を含む）認知と解釈には三つの方法だけが用いられてきた。即ち、一、文化的方法、二、宗教的方法、三、科学的方法である。文化、宗教と科学的方法は、人類の世界認知と解釈方法とする同時に、それぞれが人類の思想業績を形としている。悠久の人類歴史の中で、文化、宗教と科学的方法は互いに関連しつつ、世界に対する認知と解釈を繰り広げているのである。しかし、近代的な科学の西洋での発展は、科学そのものを変えるとともに、認知と解釈の局面を含め、人類の世界に対する認知と解釈をも変えた。

　科学史の専門家によれば、近代的な科学は枢軸時代（紀元前 8 世紀～紀元前 2 世紀）のギリシャ科学を「遠い過去ながら強力なルーツ」にしているのである。この時期に、「ギリシャの宗教、神話とエジプト、バビロン太古の科学伝統が融合、変化を通じ互いに関連し、影響を与え合う多数の流派を生み出した。それは自然哲学、ピタゴラス教派、プラトン哲学、厳格に証明された数学、アリストテレス科学および本書に述べられていない医学などを含んでいる。それらの目標、観念、方向はそれぞれ異なっているが、すべて理性的な探究を基礎にして、形式上で論証、論議と競争を重視している。そして、プラトンから始まりかなり皆が詳しい書籍を残し始めたのである。強調しなければならないのは、この壮大な伝統によって生み出された思想、方法、発見、価値方向が西洋文明の最も早く最も根本的な核心部分を構成したことである。その影響はずっと二千年間後のコペルニクス、チコ、ガリレイ、ケプラーとニュートンにまで及んだが、『幾何原本』はこの壮大な伝統の持続性を表す最も傑出したそして最も明らか

な象徴である。この壮大、活発で、人の心を奮い立たせる土壌を基礎とし、科学者アレクサンダーは更に数学、静力学、天文学ないし機械学などの各方面でギリシャ科学を極致まで発展させた。ローマ帝国時代にギリシャ科学の新しいものを作り出す能力が衰えた。これは新しいピタゴラス学派と新しいプラトン学派が形成、発展した時期で、グノーシス教派、錬金術、魔法などの「小さい伝統」の形成段階とも重なり、それらは 16 世紀にわずかではあるが、軽視してはいけない役割を果たした。更に重要なのは、帝国末期に編集者がギリシャ科学、哲学の精義を深く研究することはできなかったが、その大体の道理観念と期待を保存し、それを広く広めたことである。これはヨーロッパで五百年の大混乱時期の後に科学が迅速に復興したきっかけになった」……[4]。このような科学的な伝統は「有機的な体系」として、しかも「強大な持続性」[5]の発展変化を持って、近代的な科学を形成した。近代的な科学はすでにもうギリシャ科学を「遠い過去ながら強力なルーツ」とするだけの科学でも、またギリシャ科学の簡単な継続でもないのである。

　まさに近代的な科学の形成で、人類は世界の認知と解釈の更に多くの任務を科学に依頼して、更に具体的に言うと、近代的な科学に依頼したのである。

　これは、世界の認知と解釈の過程の中で、文化と宗教がもうそのような地位と力を持たなくなることを直接に意味している。特に宗教だが、近代的な科学と宗教革命によって、昔のような尊びあがめられた地位と力がなくなり、そして世界の認知と解釈の方法とされた。歴

---

[4]陳方正著：『継承と反逆』。生活.読書.新知三聯書店 2009 年 4 月 北京第 1 版 第 600 頁。

[5]陳方正著：『継承と反逆』。生活.読書.新知三聯書店 2009 年 4 月 北京第 1 版 第 599 頁。

史が今日まで歩いてきて、宗教は基本的にもう世界に対する継続的な認知と解釈に参与しなくなった。[6]しかし文化は廃れていないが、それは近代的な科学と共に、近代的な科学と並行している二種類の方法となって、共に世界の認知と解釈の使命を引き受けている。

　文化を人類の世界に対して認知と解釈の方法とするのに生じうる疑問は、私達が事前に説明しておかなければなければならない。カール・マルクス氏が亡くなった（1883年）年に、ドイツに思想家のカール・ヤスパース氏が誕生したが、まさにヤスパース氏が「枢軸時代」という革命的な概念を定義した。彼は紀元前8世紀〜紀元前2世紀という時期を人類文明の枢軸時代と称した。枢軸時代には、ギリシャにソクラテス、プラトン、アリストテレス、また中東にユダヤ教の先駆者、古代インドには釈迦、中国には孔子と老子がいた。互いに交流のない異なった地域のこれらの賢者達が、図らずも出した思想原則は、今までなお続く文化伝統を構築したのである。しかも、これらの文化伝統はずっと人類の生活に影響を与えている。枢軸時代から更に昔にさかのぼると、ギリシャでトロイア文明（約紀元前3000年〜紀元前1450年）とミケーネ文明（約紀元前16世紀上半期に）、中東地域ではメソポタミアのシュメール文明（紀元前4000年〜紀元前3000年）、インドではインダス川流域文化（紀元前2350年〜紀元前1750年）、中国に西周文明（紀元前1046年〜紀元前771年）が形成されたのである。

　これは、枢軸時代の軸心枢軸文明、また中東地域の最も古い宗教

6代的な科学の西洋での発展によって、それが世界を認知、解釈する新しい方法となり、これによって、数千年間来に宗教のこの方面での作用は少なくとも弱められたと言えるのである。いわゆる「継続的な認知と解釈」は近代的な科学の西洋での発展を起点にしたのである。

のユダヤ教、ガンジス川流域の仏教が、すべてその地域で文明と文化の発生より遅いと示している。これによって下記の観点を示すことができる。一、枢軸時代の前に、また最も古い宗教が現れて形成される前に、世界の各初期文明において文化によって人類を世界に認識さえるという方法しかなかったこと。二、宗教も文化一部と見なすことができるが、宗教イコール文化ではない。宗教が世界の認知と解釈の方法とされる時に、近代的な科学の発展によって次第に世界に対する継続的な認知と解釈から退いた後にも、文化は依然として世界の認知と解釈方法である。三、広義の文化の意義において、最も古い天文学と哲学を例にすると、古代エジプトの天文学者とギリシャの哲学家が現れる前に、すでに宗教に先立って、民間レベルでの知恵が、世界の認知と解釈の方法になったこと。四、今まで、人類が文化上で世界に対する認知と解釈はすでに多くの「専門学説」に分割された。しかし整理して細分すると、近代的な科学を始めとした自然科学のほかに、人類が世界を認知して解釈する時にとった方法がすべて広義の文化範疇意義での文化方法だと見なすことができること。五、国内外のさかのぼることができる歴史を見返しても、未来を展望しても、方法とされた文化はすべて最も広範な意義で認められた。その原因として、**文化は世界の認知と解釈方法として、宗教より古いが、宗教との融合また並行して、世界の認知と解釈方法とすることができることにあるかもしれない。文化の起源は科学より古いが、近代的な科学が現れて、宗教がそれによって世界を引き続き認知して解釈する舞台から退けられた後、また科学と並行して、世界を認知して解釈する使命を果たし続けることができた。まさに文化が宗教と科学の歴史より長いこと及びそれが宗教と科学との融合によって、ずっと世界を認知して解釈した歴史的使命を果たしていること。**六、まさに文化がこのように広く認

可されたため、広義の文化意義で、文化を人類の思想業績にした同時に、文化も世界の認知と解釈方法の一つとしたこと。

　近代的な科学の発展で宗教が世界の認知と解釈時に自身の地位と力に変化が発生したことに対して上記の判断を出したことについて、異議を誘発するかも知れないが、強調しているのが世界に対する「継続的な認知と解釈」であることに注目すると、異議が少なくなる。いくつか異議が存在したとしても、分析に対して大きな影響を与えないはずである。

　宗教が世界を継続的に認知して解釈する時にこのような地位と力の変化のため、人類は世界を認知して解釈するのに文化と科学という二つの方法に依存し始めた、あるいはこのような二本の道をとっている。世界の認知と解釈の重要な部分として、人類が自身に対する認知と解釈という点についてももちろんこのような二つの方法で展開しているのである。人類自身に対する認知と解釈の方法は厳密に区分しにくいが、たとえば近代的な医学で人に対する認知と解釈は科学的な方法に属することに少しも疑問がない。科学以外での人類自身に対する認知と解釈は、広義の文化意義で、すべて文化の方法だと言える。哲学、歴史学、文学、倫理学などは、すべて文化の認知と解釈の範疇に属するが、これに対して、さらに厳密な区分を行う必要はない。

　人類が世界を認知して解釈する上記の方法に対して分析しないと、本書で選択して確立した分析方法を示すことができないのである。それに対応して、本書の立論も十分に展開することができないのである。

　本書で示している方法の特別な点は、科学的な標準で測定できる法ではなく、また伝統的な意義での文化の方法でもなく、むしろ別の

点である。本書で次第にこの点を示す。

　本書に示す方法をこのように述べることができる。一、人類の性別の区分、血液型の差異と星座の所属という三つの自然的属性の再発見と理論上での正式な確認に基づいて、人類のこの三つの自然的属性を三つの人類集団概念に転換すること。二、人類の三つの自然的属性から三つの人類集団概念への転換に基づいて、集団としての意義で、性別の区分、血液型の差異と星座の所属という三重の序列によって、人類に対して厳密で正式な集団区分を行うこと。三、更に、性別の区分、血液型の差異と星座の所属を人類集団に対して順に三回に連続的に区分する方法に転換して、人類が一回目の自然的属性の意義で九十六の集団、即ち、九十六種類の人間に区分されたこと。四、人類集団に対する三回の連続的な区分という方法で確定した道は性別の区分、血液型の差異と星座の所属で得た記号の表現に合わせて、そして性別の区分、血液型の差異と星座の所属という三種類の記号と共に人類の自然的属性を表現する文化記号資源にして、この三種類の文化記号資源を統合すること。このような統合の直接の方向は、組合せ設計を経て、「三回連続的に区分した」結果、即ち九十六の人類集団、つまり九十六種類の人間に厳密に整合した九十六の新しい記号を構築したのである。この九十六のすべての記号は、人類が同時に持ち、先天的で、生まれつき有して、変えられない性別の区分、血液型の差異と星座の所属という三つの自然的属性の情報に対する表現、即ち記号形式の確認である。このような九十六の記号を明確に九十六の人類集団、即ち九十六種類の人間に与える。五、九十六の記号で九十六の人類集団、即ち九十六種類の人間に対する表現は完璧な記号システムを構成したが、それは本書の第一章、第三章で構築した人類の自然的属性個性文化記号システムで、「自然的属性文化記号システム」や「個性文

化記号システム」を略称すること。六、これによって、理論上自然的属性文化記号システムで表現される認知と解釈の対象を確立したが、即ち、九十六の人類集団、つまり九十六種類の人間であること。本書には確立されたこの認知と解釈対象に対して限定的な解釈だけを示した。この面で、更に多くのことを説明する余地がある。

上記に述べたように、人類はこのように集団の区分を行うことができるが、これによってこのような九十六の集団、即ち九十六種類の人間を形成した。これは文化と科学で以前かつて注目したことがないもので、文化と科学ではやり遂げることができないものである。この意義においては、とりあえず人類自身を認知して解釈する方法を文化と科学以外の「第三方法」と称する。

本書に人類の三つの自然的属性の確認から出発し、人類集団に対する三回の連続的な区分を完成し、最後に理論解釈対象とした九十六の人類集団、即ち九十六種類の人間を確立し、そして構築された九十六の個性文化記号の組合設計でそれを厳密に表現することに基づき、いわゆる「第三方法」を含めた理論を自然的属性分析理論と称する。この理論に含められた「第三方法」は自然的属性分析方法とも称することができる。

自然的属性分析方法は文化と科学で性別の区分、血液型の差異と星座の所属に対する認知と解釈を決して無視しない。私達も性別、血液型と星座という三つの方面で文化と科学がすでに出した認知と解釈及びその結論を承認するが、このような認知と解釈及びその結論が正しいかどうかは、別の問題である。これは確立して選択した自然的属性分析方法と別のことである。即ち、文化と科学が性別、血液型と星座に対してそれぞれ出した認知と解釈は理論上で「離散」の状態にあ

って、そこで関連性と系統性を有する認知と解釈の方法になることはできないので、自然的属性の分析方法に取って代わることができない。これまで、文化と科学は自然的属性の意義で性別の区分、血液型の差異及び星座の所属と共に人類集団の概念という現実的な存在形式とすることを確認し、更にこのような集団概念を人類集団に対する三回の連続的な区分方法に派生して転換していない。私達は自然的属性の意義で人類を九十六の集団、即ち九十六種類の人間に区分することが文化と科学で絶対に完成できない任務だと言うことができないが、今まで文化と科学がやり遂げていないことは確かである。

　文化と科学が性別の区分、血液型の差異と星座の所属ですでにそれぞれ出した認知及び解釈と、私達が自然的属性の分析方法で出した認知と解釈に「部分的」な一致が出たことは、決して自然的属性の分析方法を否定するものではない。その道理として、私達の方法に基づいて、このような「一致」のほかに、更に多くの結論を得たである。更に重要なことは、理論上、方法の意義において、文化と科学がすべて性別の区分、血液型の差異と星座の所属に対して共に解釈を行う明確な方向を形成していないのである。これは本書の自然的属性の分析理論と方法に空間を生じさせている。

　示さなければならないのは、私達が言った自然的属性の分析方法が本書の各章を貫いているが、このような方法による分析と文化科学の交差が避けられないのである。必要であるなら、私達は文化と科学の性別、血液型と星座ですでに得た結論を、私達の自然的属性の分析理論とその方法の敷延と展開で得た結論ともするが、決して自然的属性の分析方法から離れていない。この時に、文化と科学は自然的属性の分析方法によって分析を展開する「ツール」になる。

本書の方法に関して、すでに文化と科学以外の自然的属性の分析方法を示したが、この方面で、依然として別の重要な問題に関して、簡潔な説明をしなければならない。それは科学主義が世界の認知と解釈についての方法において大きな割合を占め、結果に関与するのである。

　この問題は本書で示している方法が成立するのかということと密接に関連している。

　いわゆる科学主義とは、近代的な科学の発展後に、科学が人類の偉大な業績だと見なされるだけではなく、またほとんどすべてを測定する理論の模範と現実的な標準になるが、それが事実上の思想教条にもなったものである。このような背景で、非科学的なものだといえば、ほとんどそれが誤っていることを証明したことになるのである。いわゆる科学主義とは、科学の作用を無限に大きくして、そして方法上で科学だけを尊重する科学的な教条主義である。

　科学主義は近代的な科学が発展した西洋で形成されたのである。これに対して、二十世紀で重要な思想家のフリードリヒ.A.ハイエク氏は、1952年に書いた『科学の反革命』という本で完璧な分析をした。

　この著作の中で、ハイエク氏は科学主義勢いが盛んなこととそれに相応して、科学主義が世界の認知と解釈方法として形成した独占性に批判を出した。ハイエク氏は、「『科学主義』や『科学主義の偏見』を読んだ際、何を討論したのに関わらず、客観的に探求する普通の精神ではなく、科学的な方法と言語に固執する奴隷のような精神を見た」と指摘した。[7]「私達は今日常生活の中の思想観念と習慣が科

---

7 【英】フリードリヒ.A.ハイエク氏：『科学の反革命』。劉東主編集、馮克利訳。訳林出版社　2012年4月　第1版　第10頁。

学的な思考方式に影響を深く受けた雰囲気に生活している。しかし私達は、初めに科学がこのような世界で自分に道を切り開かなければならず、その中の大多数の観念が私達とほかの人間との関係の中で、私達がその行為に対する解釈で形成されたことを忘れてはいけない。この闘争で得た動力によって科学が発展しすぎて、逆に危険な立場をもたらした。即ち、科学主義の横暴によって社会の進歩を理解することを妨げることは至極当然にことである」。[8]科学主義によって、「科学は人と物の関係に対して、人間の現在の世界観によって招いた彼らの行動方式に対しては、興味を持っていない。科学者が客観的な事実を研究することを強調する時、そのは、人間が物事に対する考えや行為に独立して物事を研究することを意味するのである」。[9]

　もちろん、ハイエク氏が述べただけではなく、東洋の、中国でも、科学主義もその独特な方式で存在し、そして人間の思想と思考方式に影響を与えている。

　中国では、現代化されたことは間違いなく西洋の近代的な科学を受け入れたことが起点になったに違いない。西洋の近代的な科学を受け入れた同時に、多くの中国人も数千年間の歴史を有した自国の文化、更に具体的に言うと、中国の伝統的な文化を疑い始め、多くの場合、中国の伝統的な文化が中国で近代的な科学が現れることを阻む原因となり、更に近代の中国が遅れた原因にみなした。

　この時、人々は事実上近代的な科学と中国の伝統的な文化を含め

---

[8] 【英】フリードリヒ.A.ハイエク氏：『科学の反革命』。劉東主編集、馮克利訳。訳林出版社　2012年4月　第1版　第12頁。

[9] 【英】フリードリヒ.A.ハイエク氏：『科学の反革命』。劉東主編集、馮克利訳。訳林出版社　2012年4月　第1版　第19頁。

た全体の文化を対立させたのである。これによって、人間が文化と科学の二つの方法によって世界を認知し解釈することには時に対立が避けられないことを示しているのである。中国では、西洋の近代的な科学を受け入れた同時に、人間もいつの間にか科学主義を受け入れたと言える。近代、中国は西洋の迅速な発展と比べて、明らかに遅れているので、人々の文化に対する不信感、さらには卑屈さを形成し、これによって科学主義の中国での勢いが西洋の影響を超えたのである。これによって、人間はほとんど世界（自身を含む）の認知と解釈の使命をすべて近代的な科学に託し、中国の伝統的な文化を含めた全体の文化が世界の認知と解釈の理論地位を持たなくなった。これは私達が本書で数回にわたり言及した科学主義による科学主義の影響であり、更に世界の認知と解釈方法で形成した結果である。

　このような独占は必然的に世界に対する一方的な認知と解釈を招くに違いがない。もちろん、このような独占は文化がすでに全く世界を認知し解釈する空間を失ったことを意味するのではないが、文化は確かに正統な地位を失った。それが正統な地位で世界を認知して解釈する空間は、すでに科学主義に割り込まれたのである。

　上記のように科学主義が世界の認知と解釈時の独占地位及びそれが文化上で世界に認知され解釈する空間に対する割り込みを分析するのは、このような科学主義の背景で、西洋でも、東洋、また中国でも、本書に出した世界を認知して解釈する自然的属性の分析方法にすべて十分な理論の空間がないからである。たとえ文化と科学が世界を認知して解釈する二つの同時に矛盾なく進む方法をとるとしても、自然的属性の分析方法が得ることができる理論空間、とそれに相応し、このような方法で人類自身を認知し解釈し形成された力も、本書で科学主義に対する警戒を保持し科学主義の束縛から抜け出したことで、

ようやく独自の方式を得たのである。

　初めに確立した自然的属性の分析方法とこの方法に従って行った人類自身に対する認知と解釈によって、理論上での功績を受けて、人類の自然的属性の分析理論の構築とその自然的属性文化記号システムを構築したのである。

三、本書の理論と方法での方向に関して

1、本書の理論と方法での「分合」方向に関して

　産業革命と近代科学の西洋での発展によって、科学はすでに最高の地位を得たが、それがさまざまな理論になるだけではなく、普遍的な方法になり、さらに宗教以外の信仰ともなった。人類の自身を含めた世界の認知と解釈では、科学はすでに独占的地位を占め、すでに更なる強大な文化になったのである。

　文化を含め、世界に対する認知と解釈の空間は、すべて科学主義の勢いによって浸食され割り込まれた。科学主義の影響で、思想上、西洋の世界に対する認知と解釈は多くの場合**「差別化」を主な方向とするかもしれないのである**。事あれば、すべてを「差別化する」が、このような傾向はほとんど西洋の生活のすべての面で表現されている。しかし東洋の中国の場合、状況は異なっている。世界の認知と解釈の面で、科学は依然として西洋のような独占的地位を築いていない。科学主義の中国での影響がはかり難い。しかし中国の伝統的な文化の継続によって、世界の認知と解釈面で、文化は依然としてその基礎の深さと伝統として有した巨大な慣性力で、根本的に揺り動かしにくい。伝統的な文化の地位があるため、そして引き続き世界を認知して解釈する使命を担っているが、もうかつての正統的な地位を持たなくなったのである。多くの場合、伝統的な文化は隠れた力として、現実の役割を果たしている。

　伝統的な文化の普遍的影響力によって、東洋の中国では、文化上「融合可能な場合に融合する」、即ち、思想的方法で「融合」を主な

方向にすることは、ほとんど生活の中の様々な面で表現されている。西洋では、民族国家は「差別化」の方向としているが、[10]東洋の中国では、多民族国家は「融合」を方向としている。西洋の個人主義は「差別化」の方向としているが、東洋中国の家庭主義は「融合」を方向としている。中国文化意義での国家についても、「融合」を方向としている。日常生活では、食べ方と食品作りはすべて「融合」の方向としているが、住まいも「融合」の方向としている。四合院は私達のあこがれだけではなくて、群居も中国人の住まいの面での楽しみである。様々な面で、「融合」と「調和」が東洋中国の文化での思想傾向と行動習慣である。東洋中国の文化でのこのような思想傾向と行動習慣が私達を啓発したことに少しの疑問もない、**人類の九十六の集団、即ち九十六種類の人間の形成は、もともと直接には「差別化」の結果であるが、まさにこのような「差別化」は、すべての人類集団及びすべての人の性別、血液型と星座という三つの自然的属性の融合を達成し、なお且つこのような自然的属性の融合で形成した人類の自然的属性の個性もまた切り離せない全体の融合となった。**このような自然的属性の融合の結果は、人類自身を認識する立場とならせ、自然的属性の原点と論理の起点になった。

　　自然的属性の分析理論とその方法は、「差別化と融合の間」に変化をもたらす理論と方法で、「差別化」から始まって、「融合」で終わると言えるかもしれない。九十六の人類集団、即ち九十六種類の人間は、「差別化」から始まって、「差別化」で続いて、結果として「差別化」で分けた性別の区分、血液型の差異と星座の所属で達成し

---

10 リシア都市、さらには一つの民族、多数の国の存在形態である。これは著しい「差別化」の方向である

た「究極の融合」で、人類の自然的属性の個性を構成した。これは私達が「意識せず」得た東洋の知恵であるかはさておき、私達が東洋文化の力に駆り立てられていることは確かである。

　指摘しなければならないのは、私達が自然的属性の理論分析を行う時、「融合」の方向、「融合」に対する追求が、ずっと隠れた力として存在しているのである。人類集団の区分結果として、「差別化」の形式で九十六の人類集団、即ち九十六種類の人間が現れたが、これによって、人類の三つの自然的属性が「差別化」から「融合」になっただけではなく、一つの記号で性別の区分、血液型の差異と星座の所属という三つの自然的属性を濃縮し「合成」し、更に人類自身の認識時に、社会的属性の「差別化」の「極み」とこのような「究極」の社会的属性と自然的属性の分離へと変化させたのである。社会的属性の違いに基づいて分けられた人類集団は、本書で、自然的属性の意義で形成した新しい人類集団で、自然的また個人、個性的な認可、帰属と集合を実現したが、これは人類の自然的属性の意義でのめぐり会いである。

　今後理論上と方法上で確立した本書の方向に基づいて、自身の認知と解釈時に、人類の自然的属性と社会の属性を更に分ける必要はない。

2、本書の理論と方法の敷延に関して

　本書で示したように、自然的属性の分析理論とその方法でも、構築した自然的属性文化記号システムでも、すべて敷延を実現することができるが、このような敷延は新しい理論空間を広げて、理論の認知と解釈の能力を強化する。この面の能力は、本書にその一部が発揮さ

れている、更に多くの理論の手がかりが残されているである。

3、本書の理論と方法の表現形式に関して

　本書には記号と「図画」で理論観点とその方法を示し、特別な追求を心に抱いている。これは、一、九十六の個性文化記号を組み合わせて設計して、そして自然的属性文化記号システムを構築したこと。二、「人類自然的属性の木」の絵画を完成したことに示されているのである。自然的属性文化記号システムと九十六の個性文化記号は、人類集団に対する三回の連続的な区分で、その結果は完璧で、取って代わることのできない記号の表現形式である。

　人類の自然的属性の木は、図画にて示し、人類の自然的属性の木の幹から木の枝、分枝という上への「拡大」成長を人類の自然的属性の自然成長図画に描いて、人類の自然的属性の全体像を私達の前に示した。自然的属性の木は自然的属性の分析理論とその方法が視聴覚に訴える独特の方法表現される形式になった。

4、人類集団の九十六記号の名称（「呼び方」）に関して

　九十六の人類集団、即ち九十六種類の人間及びそれに応じて作り上げた九十六の個性文化記号は同じであるが、それをどのように呼ぶのか、その名称をどのように確立するのかは、別のことである。名が正しくないと、うまく用いることができない。九十六の個性文化記号、即ち、それが表示した九十六の人類集団、つまり九十六種類の人間に相応する九十六の名称を出さないと、理論上で欠陥があるだけではなく、認知と伝達上で、大きな先天的な障害になる。

本書は、九十六の個性文化記号の組合せ設計を完成した同時に、言語の「呼称」でこの九十六の個性文化記号名称を示すという難しい任務を完成し、この九十六の個性文化記号の正式呼称を実現した。九十六の人類集団、即ち九十六種類の人間は牡羊 A 男性(GBA001)、牡羊 A 女性(GBA002)、牡羊 B 男性(GBA003)、牡羊 B 女性(GBA004)、牡羊 O 男性(GBA005)、牡羊 O 女性(GBA006)、牡羊 AB 男性(GBA007)、牡羊 AB 女性(GBA008)、牡牛 A 男性(GBA009)、牡牛 A 女性(GBA010)、牡牛 B 男性(GBA011)、牡牛 B 女性(GBA012)、牡牛 O 男性(GBA013)、牡牛 O 女性(GBA014)、牡牛 AB 男性(GBA015)、牡牛 AB 女性(GBA016)、双子 A 男性(GBA017)、双子 A 女性(GBA018)、双子 B 男性(GBA019)、双子 B 女性(GBA020)、双子 O 男性(GBA021)、双子 O 女性(GBA022)、双子 AB 男性(GBA023)、双子 AB 女性(GBA024)、蟹 A 男性(GBA025)、蟹 A 女性(GBA026)、蟹 B 男性(GBA027)、蟹 B 女性(GBA028)、蟹 O 男性(GBA029)、蟹 O 女性(GBA030)、蟹 AB 男性(GBA031)、蟹 AB 女性(GBA032)、獅子 A 男性(GBA033)、獅子 A 女性(GBA034)、獅子 B 男性(GBA035)、獅子 B 女性(GBA036)、獅子 O 男性(GBA037)、獅子 O 女性(GBA038)、獅子 AB 男性(GBA039)、獅子 AB 女性(GBA040)、乙女 A 男性(GBA041)、乙女 A 女性(GBA042)、乙女 B 男性(GBA043)、乙女 B 女性(GBA044)、乙女 O 男性(GBA045)、乙女 O 女性(GBA046)、乙女 AB 男性(GBA047)、乙女 AB 女性(GBA048)、天枰 A 男性(GBA049)、天枰 A 女性(GBA050)、天枰 B 男性(GBA051)、天枰 B 女性(GBA052)、天枰 O 男性(GBA053)、天枰 O 女性(GBA054)、天枰 AB 男性(GBA055)、天枰 AB 女性(GBA056)、蠍 A 男性(GBA057)、蠍 A 女性(GBA058)、蠍 B 男性(GBA059)、蠍 B 女性(GBA060)、蠍 O 男性(GBA061)、蠍 O 女性(GBA062)、蠍 AB 男性(GBA063)、蠍 AB 女性(GBA064)、射手 A 男性

(GBA065)、射手 A 女性(GBA066)、射手 B 男性(GBA067)、射手 B 女性(GBA068)、射手 O 男性(GBA069)、射手 O 女性(GBA070)、射手 AB 男性(GBA071)、射手 AB 女性(GBA072)、山羊 A 男性(GBA073)、山羊 A 女性(GBA074)、山羊 B 男性(GBA075)、山羊 B 女性(GBA076)、山羊 O 男性(GBA077)、山羊 O 女性(GBA078)、山羊 AB 男性(GBA079)、山羊 AB 女性(GBA080)、水瓶 A 男性(GBA081)、水瓶 A 女性(GBA082)、水瓶 B 男性(GBA083)、水瓶 B 女性(GBA084)、水瓶 O 男性(GBA085)、水瓶 O 女性(GBA086)、水瓶 AB 男性(GBA087)、水瓶 AB 女性(GBA088)、魚 A 男性(GBA089)、魚 A 女性(GBA090)、魚 B 男性、(GBA091)、魚 B 女性(GBA092)、魚 O 男性(GBA093)、魚 O 女性(GBA094)、魚 AB 男性(GBA095)、魚 AB 女性(GBA096)という GBA96 の記号に対応する 96 の名称を受けて、同時に人類の 96 の集団の名称、即ち人類の 96 種類の人間の 96 の名称である。

　GBA001～GBA096 という 96 の日本語の名称に対応する英語の名称は、ARIES TYPE A MALE (GBA001)、ARIES TYPE A FEMALE (GBA002)、ARIES TYPE B MALE (GBA003)、ARIES TYPE B FEMALE (GBA004)、ARIES TYPE O MALE (GBA005)、ARIES TYPE O FEMALE (GBA006)、ARIES TYPE AB MALE (GBA007)、ARIES TYPE AB FEMALE (GBA008)、TAURUS TYPE A MALE (GBA009)、TAURUS TYPE A FEMALE (GBA010)、TAURUS TYPE B MALE (GBA011)、TAURUS TYPE B FEMALE (GBA012)、TAURUS TYPE O MALE (GBA013)、TAURUS TYPE O FEMALE (GBA014)、TAURUS TYPE AB MALE (GBA015)、TAURUS TYPE AB FEMALE (GBA016)、GEMINI TYPE A MALE (GBA017)、GEMINI TYPE A FEMALE (GBA018)、GEMINI TYPE B MALE (GBA019)、GEMINI TYPE B FEMALE (GBA020)、GEMINI TYPE O MALE (GBA021)、

GEMINI TYPE O FEMALE (GBA022)、GEMINI TYPE AB MALE (GBA023)、GEMINI TYPE AB FEMALE (GBA024)、CANCER TYPE A MALE (GBA025)、CANCER TYPE A FEMALE (GBA026)、CANCER TYPE B MALE (GBA027)、CANCER TYPE B FEMALE (GBA028)、CANCER TYPE O MALE (GBA029)、CANCER TYPE O FEMALE (GBA030)、CANCER TYPE AB MALE (GBA031)、CANCER TYPE AB FEMALE (GBA032)、LEO TYPE A MALE (GBA033)、LEO TYPE A FEMALE (GBA034)、LEO TYPE B MALE (GBA035)、LEO TYPE B FEMALE (GBA036)、LEO TYPE O MALE (GBA037)、LEO TYPE O FEMALE (GBA038)、LEO TYPE AB MALE (GBA039)、LEO TYPE AB FEMALE (GBA040)、BIRGO TYPE A MALE (GBA041)、BIRGO TYPE A FEMALE (GBA042)、BIRGO TYPE B MALE (GBA043)、BIRGO TYPE B FEMALE (GBA044)、BIRGO TYPE O MALE (GBA045)、BIRGO TYPE O FEMALE (GBA046)、BIRGO TYPE AB MALE (GBA047)、BIRGO TYPE AB FEMALE (GBA048)、LIBRA TYPE A MALE (GBA049)、LIBRA TYPE A FEMALE (GBA050)、LIBRA TYPE B MALE (GBA051)、LIBRA TYPE B FEMALE (GBA052)、LIBRA TYPE O MALE (GBA053)、LIBRA TYPE O FEMALE (GBA054)、LIBRA TYPE AB MALE (GBA055)、LIBRA TYPE AB FEMALE (GBA056)、SCORPIO TYPE A MALE (GBA057)、SCORPIO TYPE A FEMALE (GBA058)、SCORPIO TYPE B MALE (GBA059)、SCORPIO TYPE B FEMALE (GBA060)、SCORPIO TYPE O MALE (GBA061)、SCORPIO TYPE O FEMALE (GBA062)、SCORPIO TYPE AB MALE (GBA063)、SCORPIO TYPE AB FEMALE (GBA064)、SAGITTARIUS TYPE A MALE (GBA065)、SAGITTARIUS TYPE A FEMALE (GBA066)、SAGITTARIUS TYPE B

MALE (GBA067)、SAGITTARIUS TYPE B FEMALE (GBA068)、SAGITTARIUS TYPE O MALE (GBA069)、SAGITTARIUS TYPE O FEMALE (GBA070)、SAGITTARIUS TYPE AB MALE (GBA071)、SAGITTARIUS TYPE AB FEMALE (GBA072)、CAPRICORN TYPE A MALE (GBA073)、CAPRICORN TYPE A FEMALE (GBA074)、CAPRICORN TYPE B MALE (GBA075)、CAPRICORN TYPE B FEMALE (GBA076)、CAPRICORN TYPE O MALE (GBA077)、CAPRICORN TYPE O FEMALE (GBA078)、CAPRICORN TYPE AB MALE (GBA079)、CAPRICORN TYPE AB FEMALE (GBA080)、AQUARIUS TYPE A MALE (GBA081)、AQUARIUS TYPE A FEMALE (GBA082)、AQUARIUS TYPE B MALE (GBA083)、AQUARIUS TYPE B FEMALE (GBA084)、AQUARIUS TYPE O MALE (GBA085)、AQUARIUS TYPE O FEMALE (GBA086)、AQUARIUS TYPE AB MALE (GBA087)、AQUARIUS TYPE AB FEMALE (GBA088)、PISCES TYPE A MALE (GBA089)、PISCES TYPE A FEMALE (GBA090)、PISCES TYPE B MALE (GBA091)、PISCES TYPE B FEMALE (GBA092)、PISCES TYPE O MALE (GBA093)、PISCES TYPE O FEMALE (GBA094)、PISCES TYPE AB MALE (GBA095)、PISCES TYPE AB FEMALE (GBA096)である。これによって、九十六の人類集団、即ち九十六種類の人間に対する言語（識別だけの記号ではない）表現でも、それに相応し、九十六の個性文化記号が正式呼称で読まれることにおいても障害がなくなった。同時に、九十六の記号のその他の言語（英語、ラテン語、中国語、ロシア語などを含む）の読み方、即ち言語名称、文字上の正式呼称、即ち「呼び方」の問題も解決されたのである。英文以外のいくつかの言語で、九十六の記号の呼称が特に重要である。これによって、本書の観

点の普及と伝達に関する一つの難題が解決されたのである。

5、簡略化の表現理念に関して

　少なくとも社会科学の意義で、すべての理論は現実に言って簡略化を方向にしているのである。このような簡略化をしないと、理論はきっと混乱し、現実の理性的認識と表現を形成することができない。そのため、理論は現実に基づく簡略化要素と、方法論的な意義を持っているのである。この意義で、本書は性別の区分、血液型の差異と星座の所属を人類の三つの自然的属性とすることに対する理論上正式な確認ができ、これを前提にして、人類集団に対する三回の連続的な区分方法の確立、これによって九十六の人類集団、即ち九十六種類の人間の形成、九十六の個性文化記号及びそれで構成される自然的属性文化記号システムの組合設計と構築について、すべて簡略化の過程であるが、この簡略化過程の中に、私達は人類集団とその自然的属性に対する簡明な表現を達成した。

　更に独特なのは、一、九十六の個性文化記号とそれで表現した九十六の人類集団、即ち九十六種類の人間に「ARIES TYPE A MALE」から「PISCES TYPE AB FEMALE」という九十六の名称を与えて、読み出し可能な名称はすべて一つの集団、即ち一種類の人間が同時に有した性別、血液型と星座という三つの自然的属性の情報に対し同じ言語（識別を可能にするためだけの記号ではない）の表現でまとめた、これは簡略化の意義での、究極の表現である。二、自然的属性の木は自然的属性の理論とその方法に対する簡略化表現形式だけではなく、自然的属性の木の下から上への生長図は、本書の基本的な観点の全ての重要な理論の情報を含んでいる。自然的属性の木は人類の自然的属

性が成長する様子を生き生きと描いた絵巻になる。

6、本書の思想観念の伝達に関して

　私達が本書の思想観念の伝播伝達に腐心していることを隠し立てする必要はない。一、人類集団に対する区分、確立した九十六の人類集団、即ち九十六種類の人間、構築した九十六の個性文化記号からなる自然的属性文化記号システム、描いた自然的属性の木、それが人類自身に対する認知と解釈は、人類全体にとって、ほとんど適用できるものである。二、本書には表現上で言語にて読み出す記号と図画を用いることによって、表現上で、更に伝達上で、普遍的に存在している言語の障害を克服しているので、新しい伝達の道が開けたのである。三、本書が理論と方法上で持っている意義、そしてそれが人類自身に対する認知と解釈は必然的に伝達の中で、更に流行の中で、人間が認可と帰属を求める過程で、更に幅広い理論的な意義と現実的な意味を帯びるに違いない。

　これはすべて期待するに値している。

　問題提起から初め、人類集団に対する区分を達成し、九十六の人類集団、即ち九十六種類の人間を形成し、そしてこのような九十六の人類集団、即ち九十六種類の人間を表示する自然的属性文化記号システムの構築中に、広範にわたる事柄に関わったが、それ故に時折本書の「表現過程」から離れざるを得なかった。

　この後に、また多くの多少予想外で興味を満たした結論を派生的に得たのである。これらは決して私達が操縦したものではないが、言わざるを得ない、及び言わなければならないことを無作為で表現しただけである。

私達にとって、論理に合って、厳格な意義で三つの自然的属性に基づいて人類に対する集団の区分を完成して、人類の九十六の集団、即ち九十六種類の人間を確立して、そして構築した自然的属性文化記号システムでそれを表現するのは、本書の主旨で、本当に気にかけた一つの任務でもあることを少し強調するべきかも知れない。このほかに、たくさんのことも表現した。しかし更に多くの問題がやはり残されているのである。

第一章

商工消費時代：二重に覆い隠された人類個性

の発見

■本章の案内

　本書は斬新的な話題である。私達は文化で、特に流行文化で啓発を受けて、覆い隠された人類の個性を発見することを試み、そして関連する問題を探求している。この話題が関連性のないような話題であるとしても、すべて流行文化の現実に起因している。私達が身を置くこの時代は、流行文化の一つの事例である。私達の分析は私達が直面しているこの時代を背景に展開している。この時代とは商工消費時代である。

　私達は産業革命後の社会、即ち、私達が現在身を置いている社会を商工消費時代と称する。表面が多彩な商工消費時代は、イギリスの歴史学者のニール・ファーガソン氏に「人類同質化」と呼ばれた時代である。人類は多彩な同質化時代に個性を見失ってしまった。即ち、「同質化」の氾濫が人類の個性を覆い隠してしまったのである。また、長期間に渡り、階級、流派、集団という人類の「後天的」な社会的属性は、人為的に大きく極端に強調されてきた。このような社会的属性の汎化、誇張と拡大の直接の結果として、人類の先天的で、生ま

れつき有して、変えられない自然的属性の個性が覆い隠されるように
なった。

　人の個性の「一体両面」は「先天的」な個性、即ち自然的属性の
個性と「後天的」な個性に分けられている。先天的な個性とは生まれ
つき有しているものであり、後天的な個性が後天的な要素によるので
ある。一体両面の人類個性は同質化氾濫と社会的属性の汎化に二重に
覆い隠されてきたが、人の個性の喪失はこのような二重の覆い隠しに
よる必然的な結果である。

　私達は人間の個性の二重の覆い隠しにより、人類の自然的属性を
再発見したのである。このような再発見された自然的属性とは、すべ
ての人間、同時にすべての人間が持っている性別の区分、血液型の差
異と星座の所属という三つの自然的属性の情報及びそれに基づき決定
される自然的属性の個性を意味する。

　人類のこのような自然的属性の発見から出発して、文化演繹の意
義で、私達は流行文化分野に入り、本書の序論で区切られた「自然的
属性分析方法」とその方向によって、人間の自然的属性に対する個性
記号での表現と組合設計を行うのである。ほぼそれと同時に、私達は
人類を自然と九十六の集団、即ち九十六種類の人間に区分されること
ができる。

　それでは、どのようにこのような集団の区分を実現するのか。

　私達が選定した方法は、人類の性別の区分、血液型の差異と星座
の所属という三種類の自然的属性で現れる人間同士の三重の違いに基
づいて、人類集団に対する三回の区分に変化を加える方法である。即
ち、一回目の区分は、性別の区分に基づいて男女という二つの集団を
形成した。二回目の区分は血液型の差異を踏襲させることで展開し、

四種類の血液型の情報を有する男女を二つの集団から八つの集団へと形成した。三回目の区分は十二星座を取り入れて、星座の所属によって、二回目の区分で形成した八つの集団を、九十六の集団、即ち九十六種類の人間に区分した。私達は組合設計で構築した九十六の個性記号を九十六の人類集団、即ち九十六種類の人間を表示する個性記号とした。文化表現の意義を込め、私達はこの九十六の記号を個性文化記号と称する。

この九十六の記号に対するシステムのソーティングを行うことにより、人類の自然的属性を表現する個性記号システムが形成される。これは私達が構築した「人類自然的属性個性文化記号システム」、即ち自然的属性文化記号システムであり、また「個性文化記号システム」と略称することもできる。

本章では自然的属性文化記号システムという命題のみを提示しているが、第三章では、この方面の理論任務に対し完結させている。このために、本書の第二章では、性別、血液型と星座を人類の三つの自然的属性とし理論上での正式な確認と専門的な解釈をすることにより、性別の区分、血液型の差異と星座の所属を三つの人類集団の概念に転換している。これに基づき、第三章では、人類の自然的属性文化記号システムに対する論述を徹底的に行っている。本書における構成上、一方では、第一章での、二重に覆い隠された人類個性の中において、覆い隠された人類の自然的属性を発見することができ、これによって人類の自然的属性、人類の自然的属性個性文化記号とそのシステムの概念を導くと同時に、理論分析まで至ることができると考えている。もう一方では、第二章での理論上で人類の三つの自然的属性に対する正式な確認と解説は、第一章に提示した自然的属性文化記号システムの構築の延長である。そして、第三章では立論を系統的に形成し

ている。

第一節 商工消費時代と覆い隠された人類の個性

一、商工消費時代とその同質化現象

1、商工消費時代とは

　私達の分析は共通に身を置くこの時代を背景としてのみ展開しており、この時代を商工消費時代と称している。このほか、更に良い選択肢は見当たらない。

　この時代を商工消費時代に称することは、以前にこのような表現がなかったためある。

　それでは、商工消費時代とは何であろうか。最も感性的に、明確に、簡単に表現した場合、今直面し身を置くこの時代こそが商工消費時代である。商工消費時代では、商業、工業と消費という三者がそれぞれ以前表現されることのなかった「最大化」と前例のない革新的な方法で表現されて、この時代を全体的で主流的に表現させる一つの形態となった。即ち、商工消費時代とは商業社会、工業社会と消費社会の積み重ね、交差、浸透と複合により形成された社会である。このような形態の社会を商工消費時代と称する。

　商工消費時代において、商業、工業と消費内どちらか一方が欠けることがあってはならない。商業、工業と消費は、一つの時間的順序であり、即ち、時間の序列であり、商業、工業と消費はそれぞれ前後しある時代の全体的と主流上で表現される形態となるのである。重要なことは、商業、工業と消費が積み重ね、交差、浸透と複合を実施させていく中、三者それぞれの機能と特徴がすべて削減、弱化されるこ

となく、積み重ね、交差、浸透と複合実施させていく中、それぞれが更に大きなエネルギーを纏めて受け取ることができ、前例のない新たな現実的な形態を得ることができることである。このため、今日の世界ではこのように勢いがあり、多種多様な形態を、留めることはできないのである。

　農耕社会と遊牧社会において早期では、商業とは物々交換であった。分業と交換は、常に人類生活の組織方式に対する変化をもたらすと共に、商業の発展を促進させた。人類の生産能力の向上に伴い、品物が更に多く生産され、品物の交換範囲と規模も途切れることなく拡大していった。特に貨幣の出現により、品物の交換範囲と規模は飛躍的に向上したのである。その後、貨幣を媒介とした交換により、商業は社会において更に重要な業態と分野となった。商業はその形成の初期に、農耕社会と遊牧社会の最も重要な産業ではなく、産業の一つであった。産業革命の発生まで、商業は農耕社会と遊牧社会間において制限されており、農耕社会と遊牧社会にて生産される品物の生産速度がきわめて緩慢な速度であったため、交換の範囲と規模はには制限があり、商業の発達程度においても制限が見られた。これによって商業はある社会制限のある一部の産業でしかなかった。産業革命後、人類社会の形態は変化を迎えた。産業革命時期の一連の発明と生産により形成された「ツールの波」、「動力の革命」などは、人類に多大な変化をもたらし、人と物質世界の関係を変化されることとなった。「ツールの波」と「動力の革命」は人間の能力を凄まじい勢いで成長させた。この結果、更に多くの物質が利用され、人間が必要な品物も画期的な方式で生産されたのである。マルクス氏は 1848 年に書いた『共産党宣言』に産業革命による生産力の発展と財産の増加を表現する際、次の有名な言葉を残している、「資本主義はその百年間以下の階

級統治で生み出された生産力が、過去すべての世代において生み出された全ての生産力より多く大きい。自然力の征服、機械の採用、化学工業と農業の応用、汽船の走行、鉄道の通行、電報の使用、世界大陸の開墾、河川の航行、まるで魔術により地下から呼びかけてきた大量の人口、……。過去どの社会労働の中にこのような生産力が身を潜めていたか、誰が予測できたのだろうか。」。産業革命は財産の急激な増加を引き起こし、当初の商業革命と消費革命を誘発させ、物々交換は以前に類を見ない規模と広大な範囲にて展開して、更に多くの品物が、人類の必要な日用品から、必要ではない贅沢品までほぼ「分裂分解」の方式で生産されたのである。これらの品物は生産後、人類の消費対象になった。そのため、産業革命は人類を農耕社会と遊牧社会から工業社会に取り入れると同時に、商業の形態と状態に対し大きな変化をもたらし、無限で広大な商業分野を広げ、全く新しいビジネス社会を構築したのである。同時に、人類が「必要」と「本来の需要」を越え、更に多くの品物を持ち消費することは、人類の生活更に変化をもたらす主要な要因となり、これを基に人類は消費社会へと入っていった。

以上が商工消費時代に対する簡潔な説明である。

産業革命の起点は商工消費時代の起点でもある。この起点は 1765 年のジーン織機の発明を基としたものである。この時より、世界人類に対する優れた商工消費時代が始まったのである。

産業革命は人類の知識と知恵によって多くの分野で発明と生産の引き金となった社会の波である。18 世紀半ば、ワット氏による蒸気機関改良後、一連の技術革命が次々と発生した。これらの技術革命は手作業から機械による生産に転換するきっかけとなった。産業革命はま

ず発祥地イギリスからヨーロッパ大陸へ広まり、19世紀には北米まで広まり、それから更に全世界まで広まった。産業革命が全世界へ伝播していく従い、商業と消費主義の波は全世界で興起し、きっかけとなり商工消費時代において次第に世界的な社会形態になったのである。

2、商工消費時代の同質化現象

　　人類が商工消費時代に入ったのは、構造的な発展変化過程からである。産業革命後においても、「革命」が停止しなかったためである。二百数年間前イギリスで発生した産業革命は一連の革命の開始であり、その後更に第二次産業革命と科学技術革命が発生した。この二百数年間において、産業革命と科学技術革命によって、人類社会と人類生活の形態が根本的に変化していき、私達が称する商工消費時代も形成されていった。今日、私達が身を置く商工消費時代は、物質主義と消費主義が今までに無い程の重要な位置を占めている時代である。この時代は人類の生存環境になるだけではなく、人類自身をこのような生存環境の一部に変化させていった。即ち、私達は物質と消費に包囲されており、私達は包囲された物質と消費に包装されているとも表現することができる。私達は更に私達を包装している物質と消費により私達自身の存在と価値を表現する。商工消費時代は物質主義と消費主義の時代であるが、人類として、私達はこの物質主義と消費主義の時代の一部である。ただ多くの時間において、私達は理性的にこれを意識していないだけである。

　　産業革命と科学技術革命がどれほど意義があり人類の理性の結果であるとしても、人類が次に歩を進める商工消費時代は理性的な時代とはいうことはできない。この高物質化の時代において、人類は全体

的に物質主義の波に乗り「感性的」に物事を成り行きのままに従っているのである。

『資本論』第一巻を記述する際、マルクス氏は産業革命による財産の増加に対して別の心配を示している。マルクス氏は人間が更に多くの「物品」を作り出したが、人間の労働成果とする「品物」は人間を統治する力になったことを目の当たりにした。これはマルクス氏が提唱している「商品物神崇拝」である。「商品物神崇拝」の説とは、マルクス氏が産業革命による財産の増加で誘発したマイナス反応に対し提唱した理性と警戒である。マルクス氏が物質が人間を統治する力になるかもしれないという人間の異化に対する心配である。

商工消費時代には、すべての人が物質主義と消費主義の波の外に身を置きにくい。今日、甚だしきに至ってはマルクス氏が当年に提唱した理性と警戒さえもこの波に埋没されてしまっている。また、消費主義を批判する理性の喚声も、同様に商工消費時代の澎湃で沸き上がった物質主義の波に、静かに姿をくらましてしまっている。これは私達が直面しなければならない問題である。

人類が物質主義と消費主義の波に身を置き、物質主義が私達に与える満足と享楽を享受する際、気が付かないうちに、商工消費時代の新しい段階に入っていく、即ち「同質化」時代である。

「同質化」時代とは何なのであろうか。あるいは具体的に表現するとしたならば、商工消費時代の同質化現象とは何なのであろうか。私達はイギリスの歴史学者のファーガソン氏の『文明』という書籍にある論述を引用して同質化現象を説明することができる。[11]『文明』

11【英国】ニール・ファーガソン氏:『文明』第五章中信出版社　2012年1月第1版

という本の中に、ファーガソン氏はこのような例を挙げたが、産業革命の前に、アイルランド区域の農民も、ブルガリアの兵士も、ないしアラブの酋長、インドの高爵貴族たちも、彼らは自分の服装、を持っているが、このような服装は彼らの身分に適合しており、彼らの個性の表現、即ち「人が外見で表現される」ものであり、産業革命の百年間後まで依然としてこのようなものであった。

しかし商工消費時代後、このような状況が次第に変化していったのである。今日、地球の上で多くの人の服装は基本的で同様に、ありふれており、ジーパン、運動靴、Tシャツ……を着ない人はいない。異なった民族、区域の人間、甚だしきに至っては異なった年齢の人間は、ある服装で自分を装うこともできるが、これは同質化の例証である。

同質化現象はもちろんこれだけに限られていない。一台の携帯電話は数多く生産することができ、同じ自動車は数十万台を生産することができ、品物のメーカでも標準化に組み合わせられることができる。即ち、工場はすべて同質化されることができる。品物の同質化は至る所にあり、私達のこの時代にあふれている。

実は、同質化は二層の意味を含んでいるが、一、上述の品物の同質化のこと、二、それに相応する、人間とその集団の個性は個性的な品物で表現されにくいため、同質化の品物による包装により、人間が品物に対する選択が同様である傾向がのみならず、人間自身にとって、その行為の発生、精神生活を含む全ての生活の中において、更なる「同質化」の傾向をも現していること。これはファーガソン氏が『文明』という書籍にて論述した「人類の同質化」であるかも知れないであろう。

同質化とは如何にして流行させているのかである。まず、同質化は「同質化」の物品が生産するところから始まるが、これは産業革命で切り開かれた品物生産の標準化の道によるものである。即ち、標準化の技術プロセス従い、同質化の品物はほぼ制限なく複製でき、服装、靴のみならず、携帯電話もこのプロセスに従っている。製品のほか、マクドナルドの商店、ピザハット、ウォルマート、カルフールにおいても、……このように行なっている。アメリカ、ヨーロッパ、アジアとアフリカにおいて、数え切れないほどの人間が、民族と文化間の差を問わず、同様に靴を履き、同様にTシャツとジーパンを着用し、同様にアップルの携帯電話を持ち、マクドナルドやピザハットにてハンバーガーを楽しみ、枠板によって組み合わせられたウォルマートとカルフールにて、同じ工場で生産した標準化で同質化の同じ品物を購入している……。**それでは、彼らが得ている満足の度合いも同様なはずだろう。彼らの「物化」された精神生活も同様なはずだろう。これは同質化現象と同質化時代の典型的な描写である。**今のところ、同質化はすでに商工消費時代にあふれた世界的現象になっているのである。

二、同質化と覆い隠された人類の個性

1、同質化も人類の「教化」された結果である。

　同質化がまず表明したことは物質が極めて大きく豊かであるということであるが、更に多くの品物は人々の消費需要を満たすことができるため、これは一概に悪い事だと言うことはできない。この意義おいて、同質化は産業革命と科学技術革命の必然的な結果であり、商工

消費時代の必然の産物である。物質が欠乏な苦しい環境の中、長期間に渡り努力を重ねてきた人類にとって、商工消費時代の物質がいまだかつてない豊かなものであるということは、まったく幻のようであり、夢のようである。しかし、まさにこの時代こそ、理性的な人間と理性を保有している人間は、物質主義と消費主義の波の狭間において必死に努力を重ねている状態にある。

　幸いにも理性は、依然として人間に警戒を維持させることができているのである。私達は、同質化が産業革命と科学技術革命の必然的な結果となって、商工消費時代の必然的な産物になる過程において、商業利益が同質化の一つの重要な推進力になったことに気が付いた。商業の利益は商人、即ち商人の利益である。常に商業利益を実現するために、商人は更に多くの同質化品物が生産することを必要とし、更にこれらの同質化の品物を「呼び売り」する必要がある。商業利益がどのように包装されたとしても、商業利益を実現しようとする商人は当然生産し、購買を提唱し消費を推奨する「教化」になる。ここでの「教化」とは、商人が品物の生産と品物の消費により人間に対し様々な方式で行った教育と感化のことである。このような教育と感化により、消費が当然の行為であり、当然的な選択であると見なされてきた。本書において、私達は度々「教化」という言葉を用い、問題を分析し解釈している。まさにこのような「教化」により、更に多くの同質化品物が生産されるだけではなく、同様に呼び売られ、消費される（この際、消費は，商人にとって「売り出し」という。消費者間では、品物が消費される可能性、並びに「在庫品」に可能性がある）。このため、商人が商業利益の「教化」を実現するために、同質化の重要となる点は推進力である。

　同質化時代に適応して、商業は以前にかつて得たことがない地位

と優位性を得た。生産活動で得た利益は商業で得た利益と比べものにならないものである。**小麦の栽培者からパンの販売者に至るまで産業チェーンにおいて、生産から離れれば離れるほど、得る商業利益は大きくなる。**このような安定した利益分割は労働に対する反動だと言うことができる。商業のこのような地位とそれにより得た優位性は、商業の「教化」の力を強化させていった。そのような多くの同質化品物が生産され、呼び売られなければならないという過程は商人内において非常に重要視され制御されているが、これは「教化」の結果である。そのような多くの人はある同質化品物を必要とされるが、度々、実際それ程多くの人が本当にほしいわけではなく、消費者へこれらの同質化品物を必要とする観念を告知し注ぎ込ませているためある。これを成すために、商人は様々な手段、方法、動作を使い、全力を尽くし、全身の技量を投入する。その結果、たとえ全力を尽くし一つの品物を購入しようとしたとしても、大抵コ制御され教化される結果を避けることができない。ニーズを超えた品物に対する占有欲は、最初からどこにでもある広告、スターなどの気が付きにくい方法によりあなたを刺激して、影響を与えていき続けた結果であると言える。私達は、この結果が商業利益に駆り立て、商人が特別念入りに設計したことをほぼ知らないでいる。これが「自らの意志」で購入するという背後に隠れた真相である。商工消費時代において、自らの意志による消費は、一種の仮の現象である。ただ人々がこの点を理解していないだけである。アップルのジョブズ氏は成功の 10 法則において、彼のやり方が同様に製品を生産させるためには、単刀直入に消費者に対し、これがあなたのほしいものだと伝えることであると結論づけている。アップル社のある型番の携帯電話が千万個で生産され「アップルファン」の期待で売り出されるという事実は、教化された作用を排除する

ことができず、アップル社が巧みにアップルファンを教化し育成した結果でもある。すべての商人、すべての商業利益は、どの方式を用いたとしても、その背後に隠れた利益の動機はほぼ同じである。私達は気が付かないうちに教化された。教化されたため、私達はそれほど必要としない品物を購入している（少なくとも一部の人間はこのようにしているだろう。）。これは私達の理性の不足によるものであり、十分にこのことを理解することができていないためである。

　商業利益は常に商人の教化力へ転換することができるが、このような力に対し私達はほぼ抵抗することはできない。このような力は商工消費時代の同質化現象の成長、拡大を促進させた。

　教化という言葉を同質化時代に取り入れた場合、教化が同質化時代における人類の精神の一部であり、同質化を促進させる重要な精神力であることを発見することができる。更に私達は教化が保有する力が時にすでに教育が保有する力を越えるということを否定することができない。同質化は絶対的でありマイナス的ではないが、教化力の促進により、同質化に伴い、消費主義と物欲膨張の物質主義の情勢は激しく阻止できない時代の潮流となった。このような時代の潮流の中、人類は自分を管轄する理性的な精神と制約の制度を喪失した。そして、同質化は、同質化を促進する教化とともに、マイナス的な力となっていった。

　私達には教化と同質化を評価する方法がないが、適度な教化と同質化は人類が提唱できるものかも知れないことを主張しなければならない。商業利益が基本的な表現を必要として、商人の教化を避けられず、同質化のある一定の度合いにより人間の物質ニーズの満足においても利点があるためである。しかし、商業利益の膨張による極端な教

化とそれによって激化した同質化はず必然的に質疑をする必要がある。

　過度の同質化は人類の過度生産の結果である。過度の教化は人類の知恵が発展しすぎた結果なのである。

　本書では、商工消費時代の教化力に促進された同質化の過度を同質化の氾濫と称する。

　商工消費時代において、人類はきわめて複雑な局面に直面している。個人と集団、又は個人と国において、物質主義と消費主義は制御の効かない潮流となり力となった。私達の主張する教化を含め、商業精神と商業の過去に前例のない飛躍は政治と道徳の力の衰退を意味する。

2、人類の個性は比較と大衆追従に覆い隠された

　大量の同質化品物が生産され、消費者が教化されることを前提としている。「教化」によって、同質化品物の呼び売りを行なうことができるのである。商人が消費者を教化した結果、人類精神の奥深くに内在する比較と大衆追従による心理を人間が消費者として消費により形成した比較と大衆追従による心理方向、即ち、相手が持っているものは自身も持つべきであり、大多数のものが持つものも自身が持つべきであるという方向へと転換させたのである。このような膨張する物質欲求と心理方向の転換こそ、商人の呼び売り、常に、私達が購入した品物は私達が本当に必要なのかということとあまり関連がなく、私達が本当に好きなのかということとにおいても関連がない。これは私達が長期間に渡り品物に対する本来のニーズと好みを忘れてしまったからである。教化された後、形成されたニーズと好みは、本来のニー

ズと好みのように私達の個性を表現することができなくなってしまった。

　私達が比較と大衆追従の奴隷となり教化されていることを渾然と知らないと多少なりとも主張できるであろうか。このような心理方向の支配により、同質化品物は私達が選ばなければならない選択肢となった。このような選択の中、私達が本来のニーズや好みにより表現されていた個性が覆い隠されてきたのである。

　人類の個性に対する覆い隠しについて、私達がこのように述べることができる。

　(1) 人類個性を展示する本来のニーズと好みが同質化へ適応した別のニーズと好みに教化された。

　(2) 教化された結果として、人間の物の消費に対し同様の傾向が生じ、商業利益の方向に合った生産様式と商業モードに適応した。

　(3) 人類自身の個性好みに基づいた選択は商業利益と商業モードに対し盲目的に従わせる結果となった。

　(4) 消費の比較と大衆追従による心理の方向から普遍的な消費行為の習慣へ転換し、人間は同質化時代の一部となった。

　(5) 消費主義は膨張する物質主義の波を、同質化は人間個性の弱化を加速させ、即ち人間の個性が「隠された」のである。

　(6) 私達の個性と好みの表現に用いられる個性的ニーズ、および品物の多様性は同質化の生産標準と商業モードにより再度生産され、人間の個性をこのような生産の中に埋没させた。

3、人類個性が覆い隠された結果

前回の説明に戻ることにする。

アメリカ、ヨーロッパ、アジアとアフリカでは、大多数の人は同様な靴を履き、同様なTシャツとジーパンを着用し、同様な携帯電話を持ち、マクドナルドとピザハットに入り、ハンバーガーを楽しみ、ウォルマートとカルフールにて、同じ工場で生産された標準的であり同質化された品物を購入し、類似の満足を受けることが、楽しみなのではないのであろうか。

私達はこれが楽しみ一つであるということを簡単に否定することができない。しかし、このような楽しみに身を置いたために、人類は自身の個性を見失ってしまったのかもしれないのである。理性的な判断は、産業革命と科学技術革命の必然的な結果、即ち、商工消費時代の産物として、同質化がいかなる制約も受けず、無限に膨張する過程であってはならない。注意すべきは、同質化の生産と消費がすでに人類の必要の境界を越え、人類に本来のニーズを超えた異常な消費を誘発させ、限りある資源に対し無駄と浪費を招いたいことである。同時に、人類の過去作り上げた、ニーズにより消費が決定されるという消費倫理は成立しなくなるのである。

私達が今後も注意すべきことは、一、同質化による楽しみは人間に対する麻酔であり、将来、人類が同質化の楽しみにより徐々に個性を喪失するようになる。人類は商工消費時代において消費主義という「工場」で生産された同質化品物の分類の一つになる。種の多様性は世界を促進させ、個性的に生存している人間は、人類発展をも促進させることができる。これは人類存在の論理と生存の価値観の問題である。二、同質化で個性を喪失した原因は、人間が同質化の中心におり

物化されたためであり、私達は品物に包装されると同時に、本来の精神を喪失しているのである。三、私達は個性を喪失すると同時に、個性の美しさに対する鑑賞と判断を喪失しているのである。四、個性の喪失により、私達の消費は度々目標や方向性が見えがない盲目的な選択になっているのである。

第二節 「二重の覆い隠し」により人類の自然的属性を再発見する

　上述において、同質化時代の人類個性に対する覆い隠しを指摘した。私達は人間の個性と物的個性を明確に区分しておらず、人間と物を対照に、人間の個性と物的個性を「複合的」に表現した。現在、私達は同質化時代に覆い隠された個性を次の通り明確に、即ち、**私達が本来必要とし、私達が自身が好きなものであり、私達の個性と好みの表現に用いられる個性的ニーズ及びそれに相応する品物の多様性であると述べることができる。このような個性は、人間と品物が相互の関連であり、個性が同一でなく、品物が多様である。**

　現在まで、私達は「個性」という言葉を非常に慎重に使用している。私達も展開している分析の中、連体修飾語の修飾方式を用い個性という言葉に特定の定義を与えているのみである。

　私達が個性の喪失を強調する理由は、同質化時代における品物の普遍的な同質化により物的個性が覆い隠されたことを説明のためである。問題は、同質化時代に覆い隠された個性が上述の意義での説明のみに限られるのかということである。そうではない場合、**同質化時代に覆い隠しの状態にある別の個性があるのであろうか。この問題に対する更なる探求をした場合、同質化が人間の個性を覆い隠したことを除き、同質化の以外に、人間個性の覆い隠しを構成別の要素があるのか、という問題も必然的に浮上してくる。**

　先程、二つの問題を提示したが、このことは私達を更に人間の個性を探求する方向へと導いた。これにより、私達は人類の三つの自然

的な属性、即ち、性別の区分、血液型の差異と星座の所属を再発見したのである。それによって全く新しい分野に入ることとなったが、この分野において、私達は上記の二つの問題を答え得、更にいくつかの全く新しい結論を得るようになった。

一、社会的属性の汎化による人類個性に対する覆い隠し

商工消費時代に、同質化の氾濫は人間の個性を覆い隠した。この問題を考察する際、私達は人間個性が覆い隠された原因が同質化時代のみに現れた現象ではないということを発見した。長年間、私達の認知に対する原因は、商工消費時代、すでに人類個性の覆い隠しの中に種を潜めていたのである。

1、人類の自然的属性と社会的属性

経典的な理論によって、人類は一方では自然に属して、一方では社会に属しているが、即ち、人間は二つの属性、自然的属性と社会的属性を持っている。人間の自然的属性とは先天的で、生まれつき有して、変えられない本質的な特徴であり、たとえば男女の区分である。このような属性は自然的属性である。人間の社会的属性とは人間が一定で現実的な社会関係において、社会的意義で与えられた本質特徴を指す。人の社会的属性は先天的で、生まれつき有しているものではなく、変えられるものである。たとえば、人は信仰によって宗教の信徒になるが、信徒は人間のある社会的属性の一つである。信仰はある原因で変えることができ、この際人間を信徒とする社会的属性もそれに伴い変化する。

私達は千百年間、人類は自然的属性の認識に多大なる努力を捧げ

たが、この方面での表現に対し不足であるといえる。かえって、人類は社会的属性の認識により、「大きな成果」を受けた。これはなぜなのであろうか。

　人類は「集団で区分」し始め、これは今まで停止することなく続いている。社会生活にある人間は、いつも「標準」を探し求め、人間を区分し、異なった人類集団を形成する。このような社会的属性に基づいた「集団での区分」は、その直接の結果、異なった階級、流派と群体などの各種類の人類集団、即ち集団を形成するのである。私達は社会的属性の違いに基づいて人類を区分し（「集団での区分」）形成した人類集団を厳格に社会的属性人類集団と称するが、自然的属性の違いに基づき人類を区分し（「集団での区分」）形成される人類集団を厳格に自然的属性人類集団と称する異なった階級、流派と群体にあることは、人間のある社会身分と役割であり、このような社会身分と役割は、社会生活にある人間が必然的に備えたものである。人間はある社会身分と役割において現実的な生活で現れているに違いないと。これが「身分社会」の現実である。

　指摘しなければならないのは、本書の序論に、私達は集団を自然的属性の意義において性別の区分、血液型の差異と星座の所属により厳格に区分し形成された人間の集団であると明確に定義していることである。社会的属性の意義においても集団という概念を用いることは、自然的属性と社会的属性の対応的な存在を表現する必要があるためである。そして、社会的属性集団を表現する際、時として群落、族群、集落という概念も用いることができるが、自然的属性集団を表現する際、これらの概念を用いることができないのである。

　人間は先天的に一つの階級、流派と群体に属するわけではない

が、このような社会的属性では社会身分と役割が、後天的であるため、変えることができないのである。信仰が異なったとしても、すでに特定の社会身分と役割与えられている人間は、信仰の変化によりある宗教の信徒から別の宗教の信徒へなり、それにより、社会的属性、即ち社会身分と役割も伴い変化する可能性がある。社会的属性とは、後天的に人間に与えた属性である。すべての人は社会的属性の規定にあるのである。

　同質化が人間の個性を覆い隠したということを発見した後、私達は、人類が「後天的」に拡大され、強化された社会的属性、強調された人間の社会身分と役割も、人類の先天的な自然的属性を覆い隠していたということを発見した。即ち、階級、流派と群体に属さず、社会的属性が与えられない場合においても、人類は依然とし先天的で、生まれつき有している自然的属性を持っている。たとえば男女の性別区分は自然的属性の一つである。私達はこのような自然的属性が結局何を意味するのか、具体的な例を用いた説明は控えることとするが、このような自然的属性が先天的で自然なことであるということを表明したいのみである。しかし、このような自然的属性は、人間を更に社会的属性から出発させ、階級、流派と群体などを強調し強化の中、覆い隠され埋没されてきたのである。

　どのぐらいの人が、どのような状況で、また人間の自然的属性に関心を持っているのか、尋ねてみてはどうだろうか。私達は多くの人に尋ねてみたところ、人間の自然的属性と提示した際、大部分の人が茫然とし、自然的属性がどういうものなのか、分からないという情況であった。しかし階級、流派と群体等、すべて様々な表現を用い表すことができる。これはなぜなのであろうか。

結論は簡単な様であり奥深いものであるが、私達がこのような問題に対し接する機会が少ないため、答えられないということが当然である。階級、流派と群体という社会的属性は、人間の社会身分と役割に対する確認であり、このような確認は一方では人間の切実な利益に関係するものあるが、一方では社会生活にある人間の精神上の認可と帰属に関係がある。これらのコンプレックスは、人類が永遠に捨てることができないものなのかもしれない。役割のない社会身分は存在しないが、これは人間に対して何を意味しているのであろうか。

　このような「集団での区分」はほぼ人類の本能であると言うことができるが、利己的な利益の計算においても、精神の認可と帰属を求めるこれらのコンプレックスにおいても、最初からこのような本能を分割してはならず、「集団での区分」を構成することにより、人間の社会的属性の力を確認する必要がある。

　社会的属性によって形成された人類集団は更に私達の世間体の情緒を奮い立たせることもできる。即ち、私達が一つの集団であり、彼らが別の集団であり、私が彼と異なって、私達が彼らと異なっているのである。このような世間体の情緒はイデオロギー化にされることが避けられないが、階級闘争、党派の争いと群体の争いにより形成されたそれぞれ異なる意見が公然となり、信仰と信念となり、人の行為を左右するようになる。

　この時、私達は必然的に社会的属性の身分を与えられる。即ち、ある階級、流派と群体に属さなければならなくなり、そうでない場合、相応の社会的身分がなく、社会の役割を果たすことが難しくなり、相応の社会地位がなくなる。そのようになった場合、どのようにして人間の集団で立脚して、生存して生活していくことができるので

あろうか。

2、社会的属性の汎化による覆い隠し

　　人類の「後天的」な社会的属性が拡大、強化され、人類の社会身分と役割が極端に強調されたのは普遍的な社会的現象によるものである。私達はこのような現象を人類社会的属性の汎化と称する。

　　社会的属性において身分を探し社会の役割を果たすことに対し私達は多くの「精神力」を使ったため、「その他」のことを考える余裕がなくなった。「その他」とは私達が表明している人類の自然的属性を含む。人類の自然的属性とは人類が先天的で、生まれつき有して、変えられないもの、即ち人類の自然的属性の個性である。このような自然的属性の個性は人類を自然と、社会的属性の汎化に覆い隠させたのである。

二、私達が何を発見することができるのか

　　私達が「後天的」にある階級、流派と群体に属し、すべての社会的属性を保持する前に、私達は一体何なのであろうか。私達は人間である。「自我」を保有する人間である。人間として、私達の先天的で、生まれつき有して、変えられないものとは一体何なのであろう。これは比較的簡単な問題である。しかし、社会的属性の汎化の中、私達はこのあまりにも簡単な問題を軽視し、「自我」と自身を認識する方向とは別の方向に歩みを重ねている。

　　私達は人間であり、自然的属性を保有しているが、これこそまさに人間を認識する原点である。この原点より、私達は、人間として、

私達が先天的で、生まれつき有して、変えられない三つの自然的属性を持っているが、これこそ人間の性別の区分、血液型の差異と星座の所属である。

多くの観点により、この問題を多少なりとも導き出しているが、甚だしきに至ってはでたらめかもしれない。これは常識ではないのであろうか。これは常識ではあるが、常識を軽視したのは私達が確実に誤ったことが原因である。真相を知った後、真理を発見することができる。これは通常の常識ではないところである。

性別、血液型と星座は私達の先天的で、生まれつき有して、変えられない三つの自然的属性であり、私達が先天的に保持している三つの自然的属性の情報である。私達は後天的にある社会的属性を与えられる前に、この三つの自然的属性を与えられており、このような自然的属性に定められており、現実において存在している。社会的属性の汎化の際、人間の三つの自然的属性が覆い隠されてしまったのである。自然的属性が覆い隠されたものの、それらは依然として存在している。これは何を意味しているのだろう。私達が認知している中、人類の自然的属性が社会的属性の汎化より習慣化されていたことを見落としてしまったのだろうか。又はあってもなくても良いものなのだろうか。現実的な感性と理性的な直覚により、このようにしてはならないことを教わった。

社会的属性の汎化によって、人類の自然的属性について、私達は改めて高い評価をし、自然的属性に対する関心を取り戻す必要があるということを指摘する。

社会的属性の汎化が人類の性別、血液型と星座という三つの自然的属性の覆い隠しによって、人間の自然的属性が自身を認識するため

の必然的な出発点に直結せず、自然と自身を自然的属性を所有する人間となるべき原点から遠ざかるようになってしまった。私達全ての注意力を世間体おいて、またイデオロギー化の人類社会的属性に集中し、社会的属性が汎化した際、人類の自然的属性という原点から出発し人類自身を認識する可能性を喪失したのである。これは、自身に対する認識であり、かつて発見されることのなかった氷山の一角が現れたことを意味している。

　私達は、性別の区分、血液型と星座違いなどの自然的属性の意義での人間同士の違いにより展示された人類の先天的で、生まれつき有して、変えられない個性の要素は多彩であり、きらびやかなものであることを発見した。これに対し、心に畏敬の情が生まれる際、思いがけない好機をも発見することができる。内面はすばらしさに満ち、外面には、別の世界があり……、更に多くの解答が未来に残されている……

　人類の自然的属性という結論の中の一部分、例えば、星座が人間の自然的属性の一つなのであるか、先天的な個性の一つなのであるかなどに対し疑問がある場合、後述の分析、特に第二章での分析より、明確な解答を提示している。

三、社会的属性の汎化と人間の「先天的」な個性（自然的属性）及び同質化の氾濫と人間の「後天的」な個性

1、人類の「先天的」な個性と「後天的」な個性

　この問題に関して、いくつかの基本的な結論を提示することがで

きる。

(1) 第 1 節において商工消費時代に同質化氾濫に覆い隠された個性を言及した際――このような個性は人間の個性の中にある、物的個性あり、二者の重ね、複合を問わず言及する性別の区分、血液型の差異と星座の所属という三つの人類の自然的属性を含むものではなかった。論理との対応を借り、人類の個性を覆い隠し見えないベールを通して、私達は社会的属性との対比により、人類の先天的で、生まれつき有して、変えられない三つの自然的属性、即ち、性別の区分、血液型の差異と星座の所属を発見したためである。それでは、人類の三つの自然的属性とは人類の個性なのであろうか。答えは肯定的なものある。自然的属性は人の自然の本性であり、人類の自然天成の個性である。

(2) 私達は、人類の自身に対する認識の制限により、社会的属性の人為的な汎化の意義のみにより覆い隠された人間の自然的属性を発見することができることを提示させなければならない。これは認識方法の問題ではあるが、人類の自然的属性と社会的属性は互いに対応し、対照の関係を形成することができる。このような関係により、私達は直接にそのものに対照することができ存在している相手を発見することができる。

ここで、私達は人類が自身を認識する際の盲点を発見することができるが、常々、人類が自身に対する認知は条件を必要とし、機会を必要とすることが多い。

(3) 人間の個性に関し、私達はすでに二つの概念を導き出した。その中の一つは本章第一節にあり、私達が同質化氾濫に覆い隠された個性から導き出したのである。

第一節へ戻るが、私達は同質化時代に覆い隠された個性を次の通りに明確に、即ち、**私達にとって本来必要なものとは**、私達が自主的に好きなものであり、私達の個性と好みの表現に用いられる個性的ニーズ及びそれに相応する品物の多様性であると述べることができるが。このような個性は、人間と品物が互いに関連し、相互の関連において、人間、品物が多様である。

このようなに人間の個性を導き出した場合の具体的な内容を次の通りに述べる。**人間のこのような個性は「後天的」に作られたものであり、後天的な性格とその好みに基づき形成された性格特質であり、このような性格特質は精神気質、興味と典型的なニーズにより表現されるのである。人間のこのような個性を人間の「後天的」な個性と称する。**

人間個性の第二の概念に関し、この節において提示している。

私達は、人間の性別の区分、血液型の差異と星座の所属が人間の先天的で、生まれつき有して、変えられない三つの自然的属性であり、この三つの自然的属性が一体となり、人間の「後天的」な個性と異なる先天的な個性だと考えている。このような「先天的」な個性を具体的に述べると、それは人間の先天的（自然天成）で、生まつき有して、変えられない自然の本性である。人間のこのような先天的な個性方向と本能はまさに人間の個性である。このような先天的な個性は「自我」の傾向、好みとニーズにおける選択によって表現される。

2、「先天的」な個性と「後天的な」個性の違いと関係

人間の二種類の個性を導き出したことにより、この二種類の個性の違いと関係を説明する必要がある。

(1) 人の先天的な個性は安定的であり、持続的であり、変えることができないものであるが、人間の後天的な個性は揺れ動き、段階性を表示し、変化をもたらす変換という方法で表現することができる。

(2) 人間の先天的な個性は安定で識別しやすい集団の特徴があり、集団で識別しやすいが、人間の後天的な個性は識別しやすい集団の特徴がなく、集団において識別しにくいのである。

(3) 人間のこの二つの個性は分離的な関係ではなく、一つの個性の「一体両面」である。一つの完璧な個性はこれらの両者間において相互関係を持ち重ね複合したものである。

(4) 先天的な個性は後天的な個性の形成の基礎であり、後天的な個性も様々な時間と条件において先天的な個性の表現と展示へ影響を与えている。

3、社会的属性の汎化と同質化の氾濫による人類の個性の二重の覆い隠し

指摘しなければならないのは、時間の順序であり、商工消費時代の同質化の氾濫前において、人間の社会的属性の汎化は自然的属性の個性、即ち、人間の先天的な個性を覆い隠し、それに応じ人間の後天的な個性を覆い隠したことである。

自然的属性と人間の先天的な個性及び同質化と人間の「後天的」な個性という四者の関係の現実的な状態について、次のとおりである、即ち、商工消費時代に、人間の「一体両面」の個性である先天的な個性と後天的な個性が社会的属性の汎化に覆い隠されるとともに、同質化の氾濫により覆い隠されているのである。これは私達の主張す

る商工消費時代における人類個性の二重覆い隠しである。

　私達は下図を用いこの覆い隠しを説明する（図1-1）

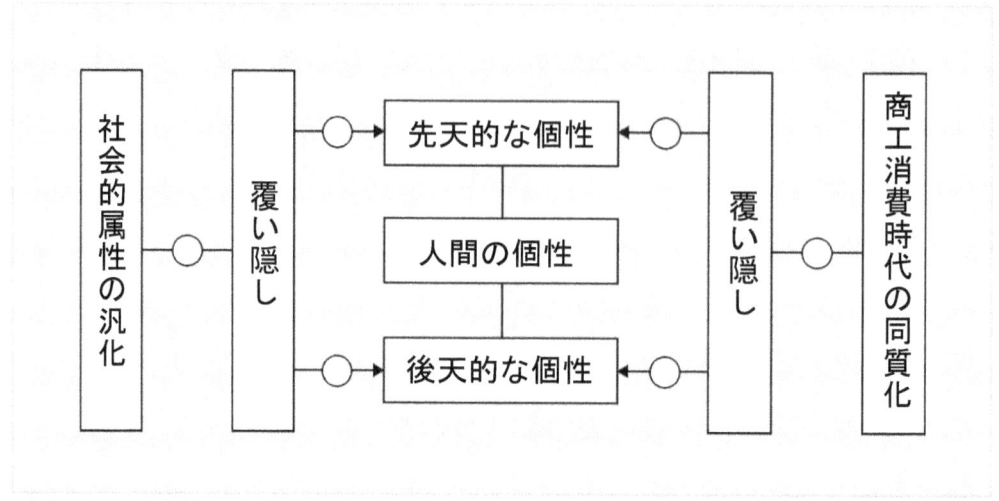

図1-1　社会的属性の汎化と同質化の氾濫が人類個性に対する二重覆い隠し

第三節 流行文化と人類の自然的属性の個性による

文化表現

　　前述は同質化に対する反省であり、私達は同質化の氾濫により人間の後天的な個性が覆い隠されてきたことを指摘した。これにより、私達は更に社会的属性の汎化が人間の自然的属性の個性を覆い隠していることを発見した。そして、私達は最終的に商工消費時代の社会的属性の汎化と同質化が人間の「先天的」な個性と「後天的」な個性に対し二重の覆い隠ししているということを発見した。私達には、このような二重の覆い隠しを分ける方法を持ち合わせていない。同質化に対する発見と消費主義に対する批判により、同質化が「後天的」な個性に対する覆い隠しの更なる発見に至るかといえば、社会的属性による自然的属性である人間の「先天的」な個性に対する覆い隠しは依然発見されていないのである。この発見は、最初から特別な意義を持っている、**即ち、私達に人類集団を再区分させるという全く新しい分野に至らせ、このような区分のみにより結論を得ることができるという可能性をもたらしたのである。**これにより、私達は完璧な理論の骨組みを構成させることができる。この理論の骨組みに基づき展開する分析は、後述の章及び節において述べることとする。

一、なぜ流行文化分野に至るのか

　　本書にすでに提示したように、私達が性別の区分、血液型の差異と星座の所属に基づき人類集団を区分することは、人類の自然的属性の個性である先天的な個性を発見する独特な方法である。

私達は、現在の理論において未だ性別の区分、血液型の差異と星座の所属に基づき、人間の自然的属性の個性に対し徹底的な科学説明をすることはできずにいるが、既定の理論と方法を前提とする際、私達は依然慎重に科学的な手がかりを持ち科学的な成分を含む意義において、性別、血液型と星座という人間の自然的属性の個性を確認し、更に説明をしている。この内容については第二章にて説明する。

　私達は科学的な方法により人類の自然的属性を解明しようする方法に対し限界があることを感じたが、これらはすべて私達の表現の不足から生まれたによるものではなく、次のとおりである。(1)人間の自然的属性を厳格に述べているが、理論上における説明は開始段階では非常に困難である。このため、同質化時代に個性が覆い隠されていたことは最初から私達の分析により社会的属性に至るまで、同時に社会的属性の汎化が自然的属性である先天的な個性に対する覆い隠しについても説明することができる。(2)同様に理論上において、社会的属性の汎化が性別の区分、血液型の差異と星座の所属という自然的属性の個性を覆い隠した状況の中、如何なる個性も理論上のものであり、自然的属性の個性とする意義上において、公式で厳格な確認は受けておらず、更に性別の区分、血液型の差異と星座の所属が人間を構成し、すべての人間の個性に対する確認はいうまでもない。そのため、科学的な方法で人類の自然的属性を解明するには、それ相当の時間を要することになるかも知れない。

　しかし、千百年間、理論における人類の自然的属性に対し見落としがあったとしても、現実的な生活において、性別の区分、血液型の差異と星座の所属に対する世間体の認可と表現が次第に広がり、一部分においてはすでに浸透しているのである。流行文化分野において、性別の区分、血液型の差異と星座の所属に基づき形成された人類の個

性が、それぞれ関心、説明と表現を受けたのである。これらの浸透した世間体の観念は、理論上で確認ができていない中、文化方式とそれが保有する力により人間の生活へ広がり影響を与え始めた。

これはゲーテ氏が主張しているように、理論があいまいである。

私達が流行文化分野に踏み入ろうとする理由は、科学おける理論と方法に不足があり、流行文化分野において、科学には性別の区分、血液型の差異と星座の所属に対するいくつかの認可と表現があったため、三つの自然的属性の個性がない。流行文化分野の現実的判断は、理論を主とする科学の前提となった。

本書に確立した自然的属性の分析方法が科学や文化より養分を受け、方法と結論上でおいて、文化と科学が獲得した成果を承認し、**文化と科学が人類の三つの自然的属性に対し認知と解明を形成できていないという現実の理論方向を省みる必要があり、更にそれらがすべて自然的属性の意義において人類集団の区分を完成させ、本書の説明対象とする九十六の人類集団、即ち九十六種類の人間を形成して確立しできていないことを指摘しなければならない。そのため、私達は本書の自然的属性の分析方法に文化と科学のラベルを貼り付けたくない。**流行文化分野において、私達は流行文化を含めた文化の人類の自然的属性に対する認知と解釈は、自然的属性の分析方法の延長にあるとしているが、これは方法自体ではないのである。この時でも、流行文化は依然とし自然的属性の分析方法により人類自身と自然的属性を認知し解明するために足を踏み入れるべき現実的な分野である。流行文化が人類の自然的属性に対し提出したいくつかの説明は自然的属性の分析方法文化の流行文化分野における延長となり、自然的属性の分析方法の相対的な独立性を変えないため、同時に、流行文化は自然的属性

の分析方法における人類の自然的属性を含む人類の自身を認知させ解明させる対象である。私達の分析によって、自然的属性の分析方法の延長は文化と科学について得た結論に対する吸収と包容を形成することができるということを提示した。

　私達はまさにこのような立場と度で状態により流行文化分野に足を踏み入れたのである。本書の方法上での確立は、当初より文化と科学、特に科学主義の固定観念から抜け出した結果であるが、本書における理論と方法上での文化と科学に対する参考とその関連結論を証拠とし、私達の観点を表現することには、本書の自然的属性の分析方法を相対的な独立方法とし運用することにおいても問題なく、文化と科学で得た一部の結論が本書の方法によって分析し得た結論と一致しているということはごく自然的なことである。

二、流行文化は人類の自然的属性に対する個性文化表現

　理論上における人類の自然的属性に対する認知の制限性は人類の自己認知の大きな欠陥を生み出している。しかし流行文化分野で、人類の自然的属性の個性はすでに多くの認可と表現を得た。私達がまず「あいまい」な理論を離れて、流行文化分野に入るのは、当然このことを予測していたためである。

　次に実施するのは、人類の三つの自然的属性である性別、血液型と星座の「源」を探し当てて、性別の区分、血液型の差異と星座の所属の「演繹」過程を述べて、流行文化分野に足を踏み入れるのである。この時、私達は性別の区分、血液型の差異と星座の所属で示された人類の自然的属性の個性を取り出して、性別文化、血液型文化と星座文化の個性文化地位を確認することが可能である。その後、文化

（流行文化を含む）というほとんど境界がない分野で、性別個性文化、血液型個性文化と星座個性文化のそれぞれの地位及び表現上の「分立」をやり遂げるようになった。**難解なのは、まさにこのような「分立」の中で、私達が人類の自然的属性をある方法で「結合」する可能性を確認したことである。これは本書の中に確立している自然的属性の分析方法を指す。**

1、性別の区分による個性文化表現

性別は、男女の区分のことで、人類が自身に対して形成した最も古い分野の一つなのかもしれない。流行文化分野では、男女の区分をめぐって、無数な観念、規則と制度を形成させた。

性別は、男女の区分のことで、これまで演繹されている文化的なテーマである。この演繹の過程で、異なった方法で介入した宗教、哲学、科学があるとともに、社会の関与もある。男女は性別の区分に基づいて異なった個性を持っているが、統治者がいずれも強調しただけではなく、世間体にも各種類の方法で確認したのである。母系氏族社会と父系氏族社会、男権主義と女権主義、男尊女卑、「男性が外部のことを担当して女性が内部のことを担当する」……。これらのことはすべて男女の異なった個性に対する確認と表現である。

性別は、男女の区分のことで、人類史上最も古くい永遠の文化テーマである。数年間の演繹過程を経験して、流行文化分野の中に性別個性文化を形成させた。この演繹過程を表現するために、私達は「性別文化の起源と形成図」（図1-2）を作成した。

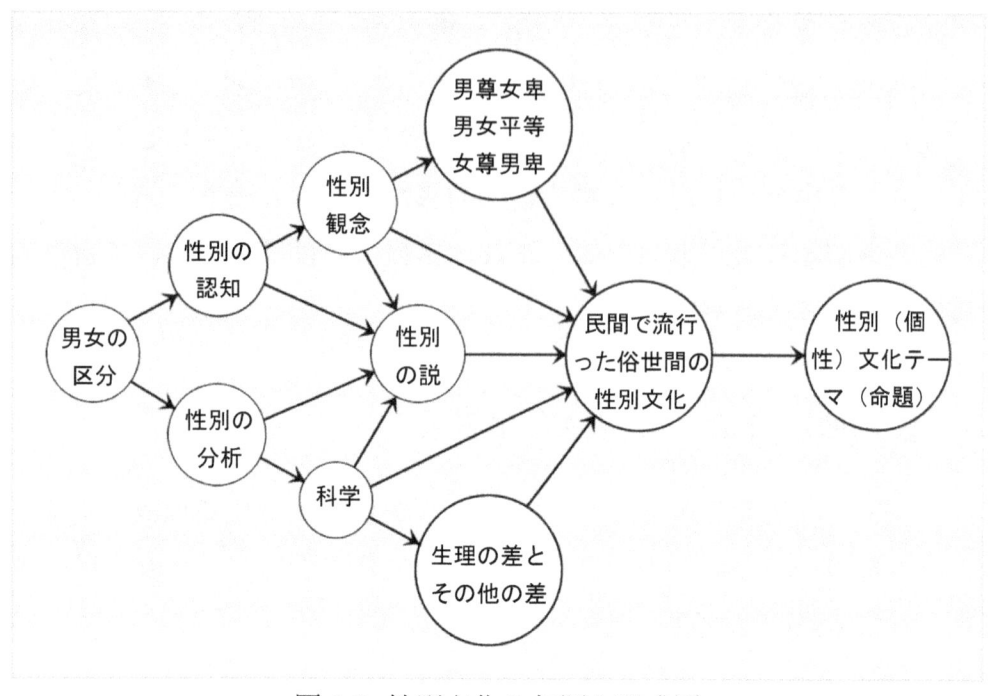

図 1-2 性別文化の起源と形成図

　事実、男女の区分は、男女のそれぞれの個性に対する当然的な確認と表現である。古今を通じて、男女の自然の区分、男と女が生まれてから異なって、それぞれ素質と個性を持って、ずっと文化テーマにあるが、このテーマに対して、政府と民間が過去結論を出せていないのである。

2、血液型の差異による個性文化表現

　性別の区分と星座の所属と比べて、人類が最も遅く発見したのは血液型の差異である。そのため、「血液型の差異」のテーマの出現はとても遅いものであった。しかし血液型が発見された後の百数年間に、血液型の差異に基づいて、人々はすでに人間の性格特質に対してたくさんの説明をしたのである。人々は異なる血液型によって人間の

性格特質を確認した。また、観察で判明した人間の性格特質によって人間の血液型を推定して検証した。これが現在の流行文化又は日常生活の話題になったのである。

　　血液型によって、一連の民間の演繹を通じて、血液型の話題に関して、ついに流行文化分野に足を踏み入れ、血液型の個性文化を形成した。たとえば日本では、血液型の文化が非常に盛んで、人々の日常生活に対して広い影響を与えている。血液型文化の民間での演繹に基づいて、私達は血液型個性文化の起源と形成図（図 1-3）を作成した。

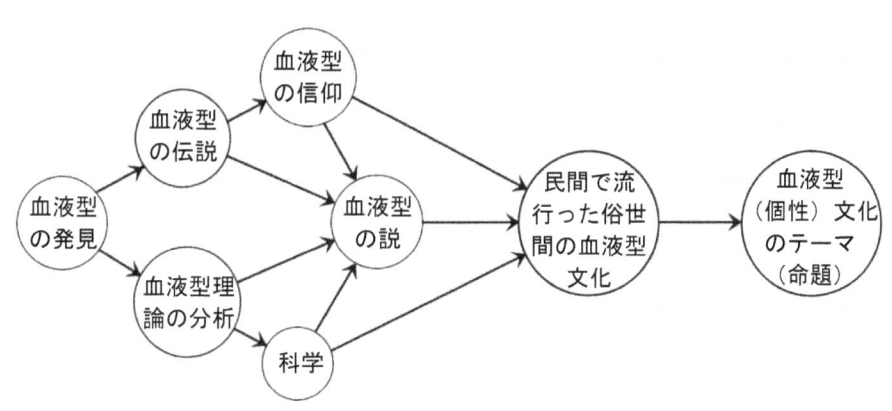

図 1-3　血液型文化の起源と形成図

3、星座の所属による個性文化表現

　　星座は流行文化分野で最も人気がある話題であるが、この話題の世間体に対する認知と日常生活で人間に対する影響は、さまざまな方法で表されている。硫化文化分野の中の星座話題は二千数年間前の星占術から起源して、長期の演繹を経て、最終的に流行文化分野で星座個性文化を形成したのである。この演繹過程に基づいて、私達は星座

個性文化の起源と形成図（図1-4）を作成した。

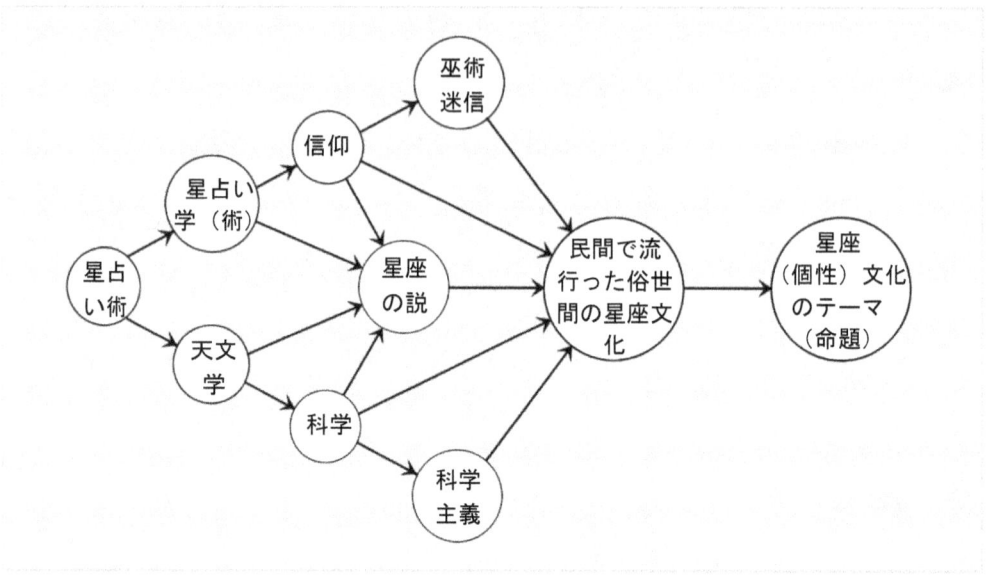

図 1-4　星座文化の起源と形成図

4、いくつかの結論

(1) 流行文化分野でも、私達が「分離」した個性文化テーマの面でも、性別の区分、血液型の差異と星座の所属について、私達はさかのぼって、それらの過去の起源を発見して、そしてそこから未来への延長と展開の中で、それによって自然と形成された論理関係を発見することができる。私達の説明は、このような論理関係が推測的なものであるが、このような推測は私達に人類の自然的属性の個性の楽しみを発見させるように喚起することができる。

(2) 流行文化を含めた全体の文化の世界に対する認知と解釈はほとんど人類の全ての認知、発見の演繹と合流で、同時に、流行文化を含めた全体の文化も人類の多理論学説の源である。私達が前述した性別の区分、血液型の差異と星座の所属に関する三つの図には、一定の

条件と時期に、さかのぼった演繹も同時に成立するのである。即ち、私達も民間と世間体の性別、血液型と星座の個性文化から出発して、人類の三つの自然的属性にさかのぼって、人類の自然的属性に対する認知と解明を形成することができる。これは別の演繹、別の認識である。そのため、流行文化分野に入って人類の自然的属性の個性を発見するのは、論理にかなった認識である。

(3) 流行文化の中の民間「伝統」と「世間体」の話題は私達にインスピレーションと、人類の自然的属性という問題を考える興味を与える。この意義で、流行文化は私達が人類の自然的属性という問題を考える重要な源である。また、理論上でどんな結果を出しても、私達は人類の自然的属性を考える結果を持って、流行文化を含めた文化に戻るべきである。凝り固まった理論に浸るより、文化の現実に戻るほうがよい。理論はここで根を下ろし始めて、花が咲いて、実を結ぶべきである。

(4) 知恵は本堂にあって、民間にもある。流行文化の中に人類の自然的属性の個性に対する関心と表現を含めた文化は、それが現れる認知、「あいまい」な理論により度々提供することはできないのである。

三、人類の三つの自然的属性の個性文化記号の表現及びその方法

1、流行文化により人類の三つの自然的属性の方向を「統合」する

前述の分析に基づいて、以下の結論を得ることができる。

(1) 人類の三つの自然的属性に対する提示は、流行文化おいても求めなければならない。流行文化を離れると、自然的属性に対する表現は、理論の中で揺らぐほかないのかもしれない。

(2) 事実として、流行文化以外に、人類の三つの自然的属性が見落とされただけではなく、三つの自然的属性が常に「離散」の状態にある。即ち、性別が性別で、血液型が血液型で、星座が星座で、三者の間に関係がないのである。しかし、事実として、この三者は分かれることができないもので、必然に全ての人の先天的で、生まれつき有して、変えられない自然的属性である。この三つの自然的属性は、同時に常識的な観念理論として広まり、人々に他人の性格特質に対する推定して持つ推測に影響を与えて、人々の「世間体」の生活に「関与」する。あなたはどういう星座なのか。え、蟹座だ。あなたはどんな血液型なのか。蟹座 O 型血の男はこのような……だ。高くとまっている理論が渾然と知られていない時に、流行文化分野でのこれらの観念と理論は、人間の実際的な生活に影響を及ぼして、分離して、最終的には断絶した人類の自然的属性を感性的に統合してされ、そして人間の性格に対する分析に用いられたのである。これは流行文化のエネ

ルギーと魅力で、民間における知恵に基づいた行為である。

(3) 私達が前述したように、流行文化は理論の源になるべきであるが、ここで私達は必然的に新しいことを発見するに違いない。流行文化は永遠に前衛の状態にあって、民間の観念は永遠に前列の位置にあるが、高い位置にある理論はよくこれを軽視している。

現在、私達は流行文化が人類の自然的属性を同時に表現するという統合方向を発見した。

しかし、指摘しなければならないのは、流行文化が人類の自然的属性を統合する方向を示したが、流行文化の面での制限性も明らかであるということである。一、このような統合方向は明らかな感性色を持って、理性的な選択ではなく、厳格な意義上で人類の三つの自然的属性に対する統合を形成することがあり得ない。二、事実、人類の三つの自然的属性の中で、性別の区分は流行文化で自然的属性の意義での関心を受けていないので、流行文化は集団区分の意義で人類の三つの自然的属性に対する統合を完成することがあり得ない。

2、流行文化が人類の三つの自然的属性に対して相互提示した記号表現

私達は人類の自然的属性を表現する記号が流行文化分野で出たものだと言うことはできないが、性別の区分、血液型の差異と星座の所属が記号にて広い意味、提示と伝播を受けて、流行文化の不可欠な内容になったことは確かな事実である。まさにこのような意味、提と伝播によって、性別の区分、血液型の差異と星座の所属は個性文化の意義で民間の広範囲に渡る認可を得て、すでに人間の心に深く染込んで

いるのである。

　私達は容易に次の三組において十八の記号を発見するが、それは性別組の男女という二つの性別記号（♂（♠）♀（◯））で、血液型組の四つの血液型記号（A、B、O、AB）と星座組の十二の星座記号（♈（牡羊）、♉（牡牛）、♊（双子）、♋（蟹）、♌（獅子）、♍（乙女）、♎（天秤）、♏（蠍）、♐（射手）、♑（山羊）、♒（水瓶）、♓（魚））である。私達はこれらの記号を人類の三つの自然的属性に対して統合する際に用いられる文化記号資源であると判断した。

　文化、伝播により、記号の持った表現力と伝播力は文字言語と文字方法の説明で表現することはできない。流行文化の中で人類の自然的属性に対するこの記号化の表現と伝播は理論上での関心をほぼ受けていない。別の角度から見た場合、これは私達が人類の自然的属性を軽視した一つの原因であるかも知れないだろう。事実として、私達が流行文化の外に身を置く、民間と世間体の生活が人類の自然的属性の個性に対して行った表現は私達に見落とされたてきたのである。「内心」には、私達がこのような表現が「正式ではなく」、標準的ではなく、非科学的だと思っているからである。このような「内心」は、民間と世間体の生活に遠く離れて、軽視した感覚ではないだろうか。

3、人類の自然的属性の文化記号資源と結果の統合

　人間の三つの自然的属性の発見から始まり、流行文化分野に入って、私達は、性別の区分、血液型の差異と星座の所属に基づいて人間の個性に対する記号化表現が流行文化分野での流行語なったことを発見した。性別の区分、血液型の差異と星座の所属はそれぞれ三つの話

題として流行文化の中に度々現れたが、時として、人間は血液型と星座を関連させたのである。私達が実施することは人類の三つの自然的属性に対して系統的な認知と統合を行って、提示することである。

　私達の人類の三つの自然的属性に対する提示は、流行文化において求めなければならない。流行文化分野の現実は、一、性別の区分、血液型の差異と星座の所属、特に後々血液型の差異と星座の所属による表現は広範囲にわたる伝播を受けたが、この三者が理性的に人類の三つの自然的属性だと見なされていないことにより、この三つの自然的属性に対する統合をやり遂げることができないのである。二、性別の区分、血液型の差異と星座の所属という三者の中に、これらが流行文化の伝播により、「感性的」に関連させただけで、流行文化はその制限によってそのまま残された。このような欠陥の発見こそ、私達が性別の区分とその記号を私達の分析に取り入れて、流行文化を越えて人類の三つの自然的属性に対して共に行う記号の表現を形成させるのである。この時に性別の区分、血液型の差異と星座の所属の三組で十八の記号は私達の文化記号資源の統合を行う対象になる。

　当初から性別の区分、血液型の差異と星座の所属は無作為の順列ではないが、それに相応する記号の表現も無作為の順列ではなかった。人類集団に対して「粗分」から「細分」への秩序的な順列である。記号表現の意義で、私達が人類集団に対する二つの記号の表現から四つの記号の表現へ、更に十二の記号表現への連続的な過程である。この秩序的で連続的な表現過程が示したのは人類の三つの自然的属性に対する再組合である。これは私達を新しい方向へ導いたが、このような中で、私達は再び人類の自然的属性の個性を発見して、それによって人類の自然的属性の個性を再び表現する特定の方式を探し当てたのである。

それに応じて、私達は同時に、性別の区分、血液型の差異と星座の所属を三つの人類集団の概念に転換することができることを発見した。即ち、性別の区分、血液型の差異と星座の所属は相応の分類個性の意義でそれぞれ現れた三つの人類集団である。

　それでは、人類の自然的属性の個性を再表現するためにとった特定の方法という意義で、私達は何をやり遂げることができるのであろうか。

　性別、血液型と星座という三組の記号に直面して、私達は、すべての組の記号が人類に対して一回の集団区分を行うことを代表していることを発見した。更に重要なのは、毎「回」の集団区分が「次」の集団区分の基礎になる可能性があり、これによって、人類集団の区分が秩序的で連続的に展開できる過程になる。

　私達が徐々に展開してきた説明は、現在における最新の発見となっている。事実、このような区分が私達の理論分析の骨組みになっているのである。

　このような後に容易にやり遂げることは、人類の三つの自然的属性で現れる人間同士の三重の違いが人類集団に対する三回の区分に転換されることができることを意味する。即ち、一回目の区分は性別に基づいて男女という二つの集団を形成したこと。二回目の区分は血液型の差異によって展開し、四種類の血液型情報を有した男女という二つの集団がこれによって八つの集団を形成したこと。三回目の区分は十二星座を取り入れて、二回目の区分で形成した八つの集団を星座の所属によって九十六の集団に区分されたこと。この九十六の集団の中のすべての集団は性別の区分、血液型の差異と星座の所属の個性記号を組み合わせて表現することができるので、そこで組合せた後、人類

の九十六の集団、即ち九十六種類の人間を代表する九十六の記号ができたのである。

　この九十六の記号は私達が人類の性別の区分、血液型の差異と星座の所属によって有した個性に対して文化記号にて行った系統的な提示と表現である。

　これは私達が自然的属性に基づいて人類集団とその結果、及び九十六の人類集団、即ち九十六種類の人間を区分する個性文化記号システムに対して提示した初めてで簡単な表現である。分析の必要により、このような表現は本書に絶えず繰り返している話題である。

　私達が先に構築した九十六の記号を提供する時に、この九十六の個性文化記号から秩序的に構成された記号システム、即ち①「人類の自然的属性の個性文化記号システム」の構築が出なければならないのである。分析の展開に従って、本書の第三章に、私達は「人類の自然的属性の個性文化記号システム」という名称を簡略化にして、この記号システムを「自然的属性文化記号システム」と称し、「個性文化記号システム」に略称している。「このシステム」の理論上での延長と理論上で更に解読しやすくするために便宜を図ったのである。

　人類の自然的属性の分析とその方法に対する展開、また人類の自然的属性の個性文化記号システムの構築は複雑な過程である。本章は単なる始まりであるが、更に多くの話題は次の章節に一つずつ展開していく。

第二章

性別の区分、血液型の差異と星座の所属：

人類の自然的属性の解説

■本章の案内

　　第一章において、自然属性が覆い隠されているために、再発見という意味で、人類の三つの自然的属性、即ち性別の区分、血液型の差異と星座の所属を提起したことをすでに断っておいたのである。そこから出発して、最後に人類の自然的属性の個性文化記号システムの構築にまで触れたが、性別、血液型と星座についての検討は十分にされていない。本章においてこの問題について検討するのは、この問題がかつて理論分析の現実的な対象とされなかっただけではなく、第一章において、主にこの問題を提起しただけで、説明が足りなかったからである。そのため、本章では必ず性別の区分、血液型の差異と星座の所属という人類の自然的属性に対して必要な分析と説明を行わなければならない。さもないと、私達はずっと性別、血液型と星座が人類の自然的属性として懐疑を受ける可能性がある苦しい立場に置かれるのである。私達が他人との交流の中において、よく相手からこのような懐疑の態度をされるからである。一方、性別、血液型と星座を人類の自然的属性とするのは、人類の自然的属性に対する再発見であるが、

このような再発見も本書から始まったものである。人間のこの面での認知も間違いなく一つの過程を必要とする。私達がすでに始めたからには、理論上でどんなことがあっても、続けていかなければならない。

　本章の主旨として、性別、血液型と星座が人類の先天的で、生まれつき有して、変えられないという三つの自然的属性を確認し、そして論理的に、性別の区分、血液型の差異と星座の所属が共に人間の自然的属性の個性を構成することを推定するのである。人間の自然的属性の個性は完璧な個性形態で、このような自然的属性の個性に相応する人間の性格特質は、この完璧な個性形態の表現形式であるが、全てではない。俗世の生活の中でも、流行文化の中でも、論理上で人間の自然的属性と人間の性格特質の間の関係を確定して解釈するのは、一つの現実で、しかも「ある」理論的意義を持っている選択である。この問題をはっきりさせることは、非常に難しい。本章の中で行う分析はただ試みだけである。

　特に強調しなければならないのは、もともと性別の区分、血液型の差異と星座の所属で構成される人類の自然的属性の個性と人間の性格特質との関係を解釈する気がないが、性別の区分、血液型の差異と星座の所属で構成される人類の自然的属性の個性を確認する時に、人類の三つの自然的属性がそれぞれ人類の性格特質と関係があるという話題を避けることができないのである。このような関係の存在を確認するのは、直接に人類の三つの自然的属性が共に人類の自然的属性の個性を構成するという理論方向を確認することを形成して、これによって、私達は自然的属性の意義で人類集団を区分する任務を完成するが、これは人類の自然的属性の個性と人類の性格特質との関係に対する最終的な解釈ではないのである。

しかし、下記の提起をしなければならない。即ち、科学上と論理上で、性別、血液型と星座を人類の自然的属性とすることについて、人々は正式の理論的懐疑を持っていないのである。しかし、唯科学主義の背景下で科学主義氾濫などの原因によって、依然として人類の自然的属性と人間の性格特質の間に必然的で当然の関係が存在することを疑う人が少数ではなく、多くいる。まさにこのような懐疑によって確立された態度が、逆の方向で直接に性別、血液型と星座が人類の自然的属性とすることに対する懐疑を引き起こす。これによって、多くの人がその落とし穴に嵌ってしまう。私達の目で見ると、これは二つの問題である。性別、血液型と星座という自然的属性と人間の性格特質との間の必然的で当然の関係を解釈することができないのは、認知能力に問題があるからである。したがって、性別、血液型と星座が人類の自然的属性であることを疑うのは、理論上私達の認知能力に対して自信がないからである。

　まさにこの意義で、同時に上記のこのような現実状況に気づいたため、私達は性別、血液型と星座とう自然的属性と人間の性格特質の間の必然的で当然の関係を文化上で性別、血液型と星座を含めた自然的属性に対する認知と表現に変えたのである。私達がとりあえず厳格な科学的意義でのこの問題に対する説明を放置したのは、科学がこの問題で今まだ説明の方法と相応の解釈能力に不足していることに気づいたためであるが、これは科学上でこの問題を解釈する努力を放棄したことを意味しない。本書において確立された自然的属性の分析方法によって議論を展開するが、文化と科学を避けては問題を検討する意味がなく、また、その可能性もない。これは方法自身の問題ではなく、方法がいつでも触れる可能性のある問題である。

　私達は立場の選択をしなければならない。それは人間の自然的属

性から出発して人類自らを認識するという立場である。いったんこの立場を選んだら、人類の三つの自然的属性と人間の性格個性との間の自然的な繋がりを否定することができなくなる。これは論理に合った立場である。しかし、このような立場に基づいて人類の自然的属性と人間の性格特質との必然的で当然の関係をどのように解釈できるかということは別の問題である。

　人間の自然的属性と人間の性格特質との関係を分析する時、性別、血液型と星座は不可欠である。私達は下記の簡単な事実を正視しなければならない。即ち、私達はまだ性別、血液型と星座のような普遍的な意義を持つ人間の第四の自然的属性を発見していないのである。これは、人類のこの三つの自然的属性が人間自身を認識する当然の出発点と立場になって、私達に別の選択がないことを意味する。

　性別、血液型と星座を人類の自然的属性にすることを理論上で確認したことは思想と観念的な解放で、更にこのような自然的属性と人間の性格特質との関係を解釈するのも思想的な解放だと言える。以前私達がずっと思想的な自由がなくて、知らなかっただけである。

　この章においては人間の三つの自然的属性の若干の基本的な結論を出した後、後の章においては人類の自然的属性に関する分析を充分に展開していく。

第一節 性別の区分の解説

性別の区分は人類の常識中の常識だと言える。しかし第一章の中で言ったように、人類がまさに常識を軽視して見落とし、常識を「よく見ていながら見えないふりをしている」ので、最多乃至最大の過ちを犯してきたのである。それは性別の区分とは、男女が自然にそうなったもので、このような常識について、それ以上述べることがあるのか。また、性別の区分から何を発見できるのかということである。

しかし、私たちの分析によって証明されることは、決してこのような簡単なことではない。

性別区分の背後に、人類のあまりにも多い秘密、面白い事が隠されている。[12]性別の区分をまじめに解説する必要がある。

人類が男女に分けられるのは、自然にそうなったものである。

いわゆる性別とは、人類が生まれつき有する自然的属性であるが、この自然的属性の先天的な違いによって、人間が男と女に分けられ、それによって人類の性別上対照的な男女という二つの集団が形成されているのである。先にはっきりさせておかなければならないのは、性別の区分が個性の区分であると同時に、集団の区分でもある。自然的属性の意義での性別の区分は　即ち生物学の意義での生理性別の区分のことである。注意すべきことは、人間が先天的で、生まれつき有して、変えられない自然的属性を持っていると同時に、「後天的」で、与えられた社会的属性も持っていることである。自然的属性

---

[12]進化生物学者のオレビガ・ジャドソン氏はこの面でたくさんの独特の風格を有する論述がある。【米】オオレビガ・ジャドソン氏：『性別の戦争』を参照する。杜然訳。山西出版グループ.山西人民出版社 2010 年 8 月第 1 版

の意義での生理性別の区分は、性別の全ての内容ではないが、自然的属性の生理性別の区分以外に、男と女がそれぞれに多くの社会的要素を与えられている。それによっていわゆる男女間の社会的属性の区分を形成している。即ち、社会的属性の意義での男女の社会的性別の区分である。社会的性別の区分は男性と女性の生理性別の区分以外に獲得した異なった社会的身分と役割である。

性別の区分が「日常的に使われながら知られていない」ことであるが、私達が以前本当に重視したのは男女の社会的性別の区分である。即ち、男性と女性の先天的で、生まれつき有して、変えられない自然的属性であるが、このような先天的な身分には多くの社会的要素が与えられたため、男性と女性は現実生活の中で違った社会的役割を果たしているのである。

私達は、この場合に自然的属性の意義での男女性別の区分が多くの場合すでに社会的属性の意義での男女性別の区分に弱められていることに気が付く。自然的属性を軽視して、そのほかに、社会的属性の意義で区分され形成された人類集団が、私達が直面する対象になりがちであるが、これも現実社会生活の中で共通の見方になっている。

現実生活の中で、男性と女性の生理的性別と社会的性別が重なっているのである。これによって、私達は男性と女性の生理的性別と社会的性別が重なっているという概念を確立するようになり、これを性別の二元構造と称する。このような性別の二元構造は、現実生活の中で、私達が生理的性別と社会的性別を性別の二元構造から本当に取り出して、それぞれ独立した現実的存在形態を与えることができないことを意味する。一方では、多くの場合、私達も男女の生理的性別と社会的性別を区分しないが、まさにこのような認知方向での曖昧さ、乃

至混乱によって、私達の性別の二元構造に対する認知の死角を招いてしまうのである。

　しかし、私達の分析で確立した基点に従って、私達はまた理論上で社会的性別を捨てて、生理的性別を二元構造から取り出し、生理的性別を人間の先天的な自然的属性にすることによって、男女の生理的性別の区分で決定される男女間の個性上の違いを分析することができる。

一、生理的性別

　性別の区分はまず生物学の意義で同じな種が区分されて現れる本質的な違いのことである。いわゆる性別とは生物の中の多くの種が二つ以上の種類に区分されることである。これらの性別の異なった個体の間に、後代を増殖するために、互いに双方の遺伝子を補足しあうことができるが、この過程が繁殖である。典型的な状況では、一つの種には二種類の性別があって、即ち雄性と雌性である。雌性は比較的大きい配偶子（即ち生殖細胞）のほうだと定義されている。それに対するもう一方のほうは雄性だと定義されている。そのため、性別の種類は個体がその生命周期のある期間に実行できる生殖機能によって決定されるものである。これは生物学意義での性別についての定義であるが、また生物的性別、繁殖的性別や生理的性別とも呼ばれている。これは生理的性別についての専門的で分かりやすい説明だと言える。生物界のある種として、人類はもちろん生理性別の区分があるが、それは人類が先天的に男性と女性に分けられるという男女性別の区分である。このような性別の区分は先天的（即ち、自然に生まれた）で、生まれつき有して、変えられないものなので、それが人類の一つの自然

的属性だと言える。生物学上で、人類が男女に分けられているという自然な違いは当然人類が存続し続ける理由である。人類の絶えぬ自らの生活法則を作る過程で、このような違いが持続的に現れている。即ち、生理的性別の違いがあるというだけで、男女がほとんどすべての面で違う対応を受けているが、それがまさに男女の差である。更に重要なのは、生理上の性別の区分が男性と女性がそれぞれ自らに対する認知で、それぞれ自らを確認している。即ち、私達が男女として、生まれつき違いを持って、自然にそうなり、それぞれ違う属性をもっているのである。性別は他人からの見方だけではなくて、男女が自らに対するそれぞれの認知での位置づけでもある。同一の種として異なった本質特徴がある男女の性別の対比で、男性が男らしくて勇ましく、女性が柔らかくて、男性が強くて、女性が弱くて、男性が能動的で、侵略的で、女性が受動的で、侵略を受けやすい……。

　男女の性別区分によって表されたこのような違いは何によって決定されるのだろう。もちろん男女がそれぞれ持っている雄性と雌性のホルモンを含めたこのような先天的な生理情報、即ち、自然的属性の情報で決定されるのである。いわゆる性別の区分は男女が持っている異なった先天的な生理情報、即ち自然的属性の情報の区分である。もちろん、このような先天的な生理情報、即ち自然的属性の情報は男性ホルモンと女性ホルモンの情報だけではなく、男女のそれぞれの生命形態とその身体特徴を含めたすべての自然的属性の情報である。

　このような対比で、私達は男女のこのような生理性別の区分を発見しやすいが、そのことが同時に男女間の自然に生まれた個性の違いも意味している。

　この「日常的に行われながら知られていない」男女の性別区分を

指摘するのは、私達の分析で重要な意義を持っている。即ち、生理性別の区分を前提にする男女の区分によって、男性と女性が社会生活で異なった役割を果たしているが、男女の区分が生理性別を前提にしたにも関わらず、しかも生理上だけで男女を区分することができるが、現実生活の中では生理性別の既定の境界線がいつも越えられる状態にあって、生理性別以外に、男女はそれぞれ社会的要素を与えられ、社会的属性の意義で確認され、位置付けられている。これも男女の社会的性別の区分である。男女の区分は生理的性別の区分と社会的性別の区分の二つで構成されたので、これは上記の性別の二元構造である。性別の区分の二元構造を理解し、そして理論上で男女の生理的性別と社会的性別を区分することは、男女の性別の区分によって決定された男女の個性の違いを認識するのにきわめて重要である。理論上で性別の二元構造から取り出された生理的性別は先天性と生まれつきによって決定された男女の個性が更に本源性を備えて、更に純粋で安定的である。そのため、生理的性別は私達の分析対象になったのである。

二、社会的性別

私達が主に男女の生理的性別、即ち自然的属性の意義での性別を検討したが、社会的性別という話題は私達が避けられないのである。

男女の区分は生理的性別で、また社会的性別である。いわゆる男女の社会的性別は二つの段階を含んでいる。一つの段階は生理的性別に基づいて、男性と女性が各種類の簡単な社会的基準によって区分されること。第二の段階は社会生活で、生理的性別の相違は人為的に拡大されてねじ曲げられて、男性と女性が区分されるだけではなく、両者の相違が社会において極端に誇張乃至曲解されること。この二つの

意義で、男女が社会生活で果たす異なった役割が男女の社会的性別である。例えば、人類の生活のある段階で、家庭を単位にした生活で、「男性が主に外部のことを担当する」、即ち男性が主に生産活動を担当し、「女性が主に内部のことを担当する」、即ち女性が主に家で家事に従事するのである。これは男女の生理的性別に基づいた分業である。このような分業の固定化によって、男女の社会的性別の区分が形成されるのである。

　しかし、多くの場合、生理的性別に基づいた男女間の違いは社会的意義での分業の違いだけに留まらず、「男性が主に外部のことを担当する」のが尊く、「女性が主に内部のことを担当する」のが内部のことしかできなくて、卑しいということにまで発展してしまうのである。これによって、男女の生理的性別の区分が社会のイデオロギー的意義での男女の社会的性別の区分へと変化してしまうのである。広範に存在するいわゆる男尊女卑という認知によって形成された男女の社会的役割の社会的な固定化、即ち、男性が必然的に尊い社会的役割を果たし、女性が必然的に卑しい社会的役割を果たすこと、また更に社会現象化された男女性別の区分と性別への差別はすべて男女の社会的性別の表現形式である。男女の生まれつきの違いを社会生活において差別的に対応するのは、すべて社会的性別で男女を区分することに由来する。このような区分はイデオロギーとは限らないが、男女の社会的性別の汎イデオロギー化の傾向はほとんど避けられないのである。

　社会的性別が生理的性別を前提にしたので、男女は実際の生活で異なった役割を果たし、私達は二者を区分しにくい。即ち、俗世の生活で、私達はこのような混合を性別の二元構造と称することができる。**このような構造で、いくつかの時に、いくつかの面で、男女の生理的性別が拡大されたり縮小されたりして、それに応じて、男女の社**

会的性別は同じく縮小されたり拡大されたりする可能性がある。

　少なくとも人類が文明社会に入ってから、性別の問題はずっと男女に対する異なった認知の対抗である。たとえば中国で、儒家の「男尊女卑」は、長い間主流のイデオロギーで男女の差別に対応する思想の基礎である。男尊女卑から出発して、一連の社会的イデオロギーの色を有して男女の違いに対する対応と俗世の意識を形成した。しかし、たとえこのような社会のイデオロギーの背景だとしても、男女に対する異なった認知の対抗は依然として存在して、ただこのような対抗がどのような方式で行って展開しているのかということである。事実として、真実な男尊女卑の社会で、男性はそんなに尊くなくて、女性もそんなに卑しくはないのである。中国の小説『紅楼夢』の中の賈母と賈政、それぞれの役を見てみると、このことを発見しやすい。

　伝統的な中国の農耕社会は男女尊卑の抵抗に関する価値を高く備えた分析の見本を提供してくれた。中国の数千年間の農耕生活の中で、家庭は基本的な生産単位と生活単位で、このような家庭を背景にした社会生活の中で、私達は通常「男性が主に外部のことを担当して」、「女性が主に内部のことを担当した」ということで男女間の「分業」関係を形容しているのである。典型的な農耕社会で、男性は外の土地で働いて消費財を稼ぎ、女性は日常生活で家事を行って、夫の世話をして子供の教育をした。この時に、「主に外部のことを担当した」男性がいわゆる男権社会でどんなに派手にして、家庭生活で父の権力を展示したのかに関わらず、夫の世話をして子供の教育をした女性は別の方式で役割を果たした。それは即ち母権である。たとえば父権を持った男性が食糧を家に収穫したが、女性がご飯を作ったのである。父権を持った男性と家の中の年寄りが食品で優先権利を有することを保証すると同時に、その他の家庭成員間で食品を分配する権利

を把握したのはやはり女性である。このような「母権」は「食を最高にして」、しかも食品が限られた状況で、とても重要な権力である。

　「男性が主に外部のことを担当する」、「女性が主に内部のことを担当する」という分業では、生理上で生まれつき有した特性と好みによって、女性が主に内部のことを担当するという母権力が本能的に弱者に同情することに傾いて、最も弱い家庭成員も生きていくことを保証する。女性のこのような隠れた権力は中国の千百年以来に平均主義が盛んにした重要な根源だと思われる。女性のこのような隠れた権力に関する例はとても多い。例えば、『三字経』には「昔孟母，択邻処，子不学，断机杼」があるが、子女の教育の面で、母ー母権が更に重要な地位を持っていることを示した。中国の古代の官吏は、両親が亡くなった時に故郷へ帰って「服喪」するが、父がなくなった場合、服喪が二年間で、母の場合に三年を必要とした……。

　私達の話題は本題から離れたようであるが、実はそうではない。「男性が主に外部のことを担当する」、「女性が主に内部のことを担当する」という社会現象をまとめると、女性が食品を分配して、母権を行使した時だけに、弱者に同情する平均主義があったことを発見することができる。父が食品を分配すると、全くこの様子ではなかったのである。たとえば西洋の一部の国で、今なお依然として女性が「火に近づける」ことをしてはいけない習慣を維持している。このような習慣の後に、伝統的な遊牧民族の中で、男性が猟師として、同時に食品の分配者でもある。「火に近づける」ことをしてはいけないのは、女性が捕られた食品をあぶるという分配活動に参与することができないためである。これは男尊女卑の遊牧文明のバージョンである。

　男性が食品の分配を主導することによって、遊牧の西洋（西洋が

すべて遊牧社会ではない）に男性の男らしさ、確固さ、野性などの遺伝子を溶かしたが、これは近代的な西洋に今なお思想と行為方式で依然としてこのような方向を有している一つの原因ではないのだろう。この問題に対する関心を持つことは更に私達が自然的属性から出発して人類自身を解釈する信念を固めた。

　「男性が主に外部のことを担当する」、「女性が主に内部のことを担当する」という社会現象と結果を評価する時に、このような結論を得るべきであるが、即ち、母権の所有者である母親とする女性にとって、女性ホルモンで決定されて、主導された生理性別の方向である。女性が生まれつき柔らかくて、強靭で、同情心に富んで、女性の妊娠と育児の独特な経験によって育成した彼女たちの気性個性でその後に彼女たちの体とこの家庭で発生したことを決定する。男性はきっと女性と異なって、それに照らした相手なのに違いない。女性の生理特性でその上記の性格個性を決定したことを照らして、相手はきっと男性であるが、男性の行為は男性ホルモンで決定されて、男らしさ、確固野性の面、および生計の辛苦で決定されたそんなに同情心を持っていない別の性格個性を示した。

　伝統的な中国文化が男女の差に対する説明に偏差があるが、男女の差があって陰陽の調和を強調するため、生まれつきの道理に対する深い理解である。

　私達の表現しようとするのは、生理的性別と社会的性別で性別の二元構造を形成して、両者が分かれることができないのである。しかし私達はやはり理論上で男女の差を生理性別として性別の二元構造から取り出し、男女の生理性別の区分から出発して、再び男性と女性としての自然的属性の個性及び人間の性格との関係を発見する。ここ

で、私達の討論は展開し始めたのである。

　自然的属性とする生理的性別と人間の性格の間に存在する自然関係は問題分析の突入点とすることができる。しかし、本書の理論骨組みの中に、自然的属性の意義での生理的性別の区分は直接に私達が人類自身を認識する出発点である。生理的性別の区分は直接に男女の先天的で、生まれつき有して、変えられない自然的属性であるが、このような自然的属性とそれが決定して影響している人間の性格は関連しているが、また二つの方面にある問題である。これは私達がはっきり見分けなければならないのである。

三、性別の二元構造の背景での生理的性別

　以下のことを発見しやすいが、これも私達が理論上で男女の生理的性別を性別の二元構造から取り出した意義である。

1、性別の区分の基礎とする生理的性別

　人類の最初の秩序は男女の生理的性別の区分を基礎にして構築されたもので、生殖過程にそれぞれ異なった役を担当して、母系氏族社会の「女性を主にして男性を補佐にする」ことでも、その後に形成した「男性が主に外部のことを担当する」、「女性が主に内部のことを担当する」という男女役割分業で決定された男女の異なった役でも、実際には、男女の生理の差で決定された男女の性別の区分によるものである。すでに遠く去った人類の歴史をさかのぼると、母系氏族社会と父系氏族社会に、母権を有した女性と父権を有した男性は、それぞれ果たした役割をある程度区別しているが、根本的には、このような区別が男女の生理的別所で決定されている。生理的性別の違いに基づ

いた社会的役割の変化は人類が社会的生存に対する適応である。この過程の中に、男女の役割の調整乃至はある形式上での「転換」は生理の性別を抹殺するものではなく、このような生理的性別に対する別の形式での強調である。そのため、生理的性別は性別の区分基礎である。

2、生理的性別の区分と男女の個性で自然にできた差別

どれだけの程度で社会性別が拡大されたことで男女の生理的性別が弱められたかとしても、男女が生理上で自然にできた生理の違いはこれまで人類の先天的で、生まれつき有して、変えられないもので、即ち人間の自然的属性である。

種はどうして多様性を維持するのか。まず種の生命個体の継続にある。動物界で、このような継続は「生理的」性別の区分がある両性が繁殖することを前提にしているのである。人類は生命の存在方式で続いて、男女が生理上で自然にできた違い、即ち性別の区分は自然の法則で定められたのである。人類の生命個体の最も典型的な違いはこのような生理性別の区分である。男女の生理的性別の区分が自然的属性の意義で生命の個体が現れた最も典型的な違いの表現形式だといえる。男女の自然的属性の意義での生理的性別の区分は同時に男性と女性の相応個性での天然の違いを意味しているが、これは理解しやすいのである。

3、生理的性別の延長

また注意すべきことは、男女の社会的性別の区分に対する偏見を別のことにして、社会的性別が生理的性別の区分を前提にしたので、

多くの場合、社会的性別で体現された男女の差が男女の生理的性別の区分に対する延伸で、ただこのような延伸が時にいくつかの条件で、社会的要素によって、生理の区分に乖離する傾向が出たのである。このため、自然的属性の意義での生理的性別の区分を認識して、男女の性別の区分を厳しく行わなければならないことである。性別の二元構造で少し混乱した背景で、私達が上記に言った「取り出し」という過程はそんなに容易ではないが、やることができる。これを前提にして、私達は理論上で、比較的に純粋な意義で男女の自然的属性の個性とそれに相応する性格特質との違いを発見することができる。

　男女の性別の区分男女の性格特質の当然な違いを推定するのは、とても意義のあることである。この面で、米国の心理学者レオナス・サックス氏は、男女に性別の区分があるので、男女の生まれつきの違いによって、教養でこのような区分と違いを考慮に入れて、異なった教育環境を提供するべきだと強く指摘した。この問題をめぐって、レナード・サックス氏は三つの本を書いたが、即ち、『Why Gender Matters』[13]、『Boys Adrift』[14]、『Girls on the Edge』[15]。心理学者が気づいた男の子と女の子の生まれつきの違いはもちろん男性と女性の生理的性別の区分に基づいて天然的（先天的）な性格特質の面で形成した違いである。このような生理性別の区分に対する特別な関心は、直接にたくさんの問題を出すことができる。たとえば、教育で男女に学校を分けて勉強させるのは、男女の生理的性別に対するその他の認可方式である。それが否定された数年間後に、私達はその中に含まれ

---

[13]由洪蘭訳、台湾遠流出版社 2011 年出版。

[14]由洪蘭訳、台湾遠流出版社 2011 年出版。

[15]由洪蘭訳、台湾遠流出版社 2011 年出版。

た合理的な成分を見るはずかも知れない。

　私達の言った**性別の区分は男女の生理的性別の区分**であるが、この場合、性別は人間の先天的で、生まれつき有して、変えられない自然的属性である。まさにこのような自然的属性から出発して、それと人間の性格特質との関係を探求することができる。この場合、「気がつかないうち」に、私達が新しい分野に取り入れられた。即ち、男女の性別の区分はまず自然的属性の問題である。人類自身を認識する時、この問題はとっくに討論する必要がない前提になったようである。しかし、そうではない。自然的属性の意義での男女の生理的性別の区分は、性別の二元構造から取り出されて、私達が自身を認識する理性の出発点にもなることができなかった。また重要なのは、人間のこの自然的属性の問題は同時に多くの面で論述して解釈した複雑な文化テーマにもなるべきである。しかし生理的性別の区分を人間の自然的属性での私達の認知欠陥にしたため、この文化テーマに直面する時、私達は理論上で大いにやりがいがあることがあり得ない。

　男女の性別の区分は自然的属性の意義以外に、延伸されて、社会的意義を付加されたが、それはすべて男女の性別の区分の自然的属性の本質を変えないのである。私達は性別の区分の相手が男女の社会的性別のことを指摘したが、これは生理的性別と社会的性別が分割してはいけないことに対する強調だけではなく、更にこのような社会的性別が生理的性別という基礎に基づくしかないということに対する強調である。

　人類の自然的属性に対する強調に基づいて、私達が下記に言う性別の区分は厳格に先天的で、生まれつき有して、変えられない生理的性別の区分を指す。この意義での性別の区分が人類の一つの自然的属

性だと見なされる。

　男女は個性をそれぞれ持っているが、このような個性に対する社会認知の俗世の好みと文化での方向によって、性別が同時に流行文化にある個性文化のテーマになる。

4、結論

　性別の二元構造から取り出された生理的性別の区分は、即ち本章で使われた性別の区分を厳格に指したものである。このような性別の区分は人間の先天的で、生まれつき有して、変えられない自然的属性だとみなされて、このような自然的属性が上記の検討で確認されて、そして本書で理論分析を展開する出発点になった。これは人類のこのような自然的属性に対する再発見と理論上での正式の確認である。しかも性別の区分、血液型の差異と星座の所属を共に人類の自然的属性とする再発見と理論上での正式の確認に分割してはいけない一部である。

　上記のこのような性別の区分を人類の自然的属性とする再発見と理論上での正式の確認に基づいて、性別の区分が理論上で性別の意義での集団区分だと見なされて、それによって人類集団の概念に転換されたのである。

第二節　血液型の差異の解説

　　性別の生理的性別から血液型の差異までという話題について、言い表せないジャンプだと感じられるかも知れない。これは二つの関係のないことのようであるが、実はそうではない。性別が人間の「先天的」な自然的属性のように、血液型も人間の「先天的」な自然的属性であるが、性別という自然的属性が人間の性格特質を決定したように、血液型も人間の自然的属性として、同様に人間の性格特質を決定したのである。ただ人間の性格という複雑な問題に直面して、知らないものが多すぎるだけで、これによって人間が理論上でこのような問題に対して興味を失って、あるべき努力を放棄したのである。しかし血液型と人間の性格特質の間に自然の関係が存在しているのは簡単に否定して終わりにすることができないのである。

　　この意義でも、私達は血液型の差異によって、人間の間に自然的属性の意義で区別することができると思っている。血液型の差異が自然的属性の意義で人間の間の差であるだけで、いずれにしても、私達はそれを社会的属性の範疇に入れることができないのである。

　　確かに、性別の区分と比べて、血液型の差異の発見が遅くなったことが明らかである。しかし血液型と人間の性格特質との関係は性別の区分が人間の性格特質を決定するように、「古い」問題である。血液型の差異で決定された人間の性格特質の相違は血液型の発見前に、血液型で決定されてそして示された人間の性格特質の相違が必然的に人間に討論された民間と俗世的な話題になったので、このような相違の発見をめぐって、そしてこのような相違を比較して展開する話題は必然的に文化的なテーマになるのに違いない。このことは理解しやすいのである。

私達が強調して表明しようとする観点は、血液型が人間の性格特質と関係があるという意義で重要なだけではなくて、それを人間の性別と同じで、人間自身の一つの自然的属性に見なして、そしてここから出発して人類自身を認識するのは並外れている意義を持っているのである。人間が血液型に対して達成した認識の現状にかんがみて、それと人間の性格特質との間にまだ解釈していない関係を確認するのは、この面での分析に突入点を探し当てたのである。もちろん、このような突入によって、私達は直接に理論上でも収穫を受けて、しかもこの方面の成果は全ての理論の分析に対する支持を構成している。

一、血液型の発見とその医学的意義

　1900 年、オーストリアウィーン大学病理研究所の生物学者のカール・ランドシタイナ氏は、健康な人間の血清が異なった人体の赤血球に対して凝集の作用があることを発見した。異なった人間からの血清と赤血球を混合すると、A、B、C（その後に O に変えた）という三組に分けることができる。それから、ランドシタイナ氏の学生はまた第四組、即ち AB 組を発見した。これが人間に広く知られている ABO 血液型システムである。分かりやすく言うと、人類は A、B、O、AB という四種類の血液型を持っているのである。十年後に、ランドシタイナ氏らはまた人間のその他の独立した血液型システム、例えば MNS と RH 血液型システムなどを発見したが、それらは ABO という血液型システムが持っている普遍性を備えていないのである。

　ABO 血液型システムを発見したことによって、ランドシタイナ氏は 1930 年のノーベル生理学医学賞を光栄にも獲得した。

　ランドシタイナ氏が ABO 血液型システムを発見してから、免疫

血液学と免疫遺伝学のような新興学科は興起し始めた。血液型の発見の最も現実的な意義は正しい輸血という人間の生死に重要な問題を解決したのである。

二、血液型と性格との関係の科学的な成分

　私達がまず示そうとするのは、血液型と性格との関係を承認すると、血液型が性格特質に対する決定は科学的な成分を含んで、本書の自然的属性分析方法と対立がないことを承認したのである。自然的属性の分析方法が血液型と性格の関係に対して科学上で出した正しくて役に立つ説明の引継なので、このような引継を自然的属性の分析方法の延伸に見なすことができる。

　血液型の発見がたった百年間余りの事だけであるが、人間が性別に対する認識がほとんど人類の形成と同時性を持って、人間が星座に対する認知も千年以上の歴史をもっているので、血液型の差異と人間の性格特質の相違との関係は人間がとても遅く気づいて研究し始めたのである。

　この面で、日本で行った研究は最も多いかもしれないが、最も多い成果も得たのである。それに対応して、日本民間で、血液型に対する関心は生活の多くの面で示されているが、従業員の募集から付き合いや恋愛、更に職業の選択、生活伴侶の確定までほとんどどこにもあるのである。それに相応して、血液型と性格との関係に関する各種類の研究と分析の書籍もどこにもある。

　血液型と性格との関係の科学的な成分もこの面で形成した科学的な手がかりに見なされることができる。これに対して、下記のいくつかの面で説明することができる。

1、遺伝上で血液型に対する説明

　　人間の血液型は両親の血液型に決定されているので、ABO 血液型システムが直接的な遺伝子ではないが、遺伝子と同源の表現方式である。そのため、人間の血液型が両親の血液型で決定されたことはその血液型が両親のある種類の性格特質を代表して、子女の血液型を表現形式とすることを意味して、これは両親の性格特質の成分を備えていることを示している。これは間接性を持っていることの証明だと言える。

2、統計学上での証明

　　日本の血液型専門家と多くの関連専門家は、全体的に、血液型の分布が民族の性格を決定していることに気づいたが、この面でも多くの結論を形成したのである。日本の血液型専門家の能見正比古氏は血液型統計対比図を提供したが、この言い方を証明した（図表 2-1 を参照）。[16]

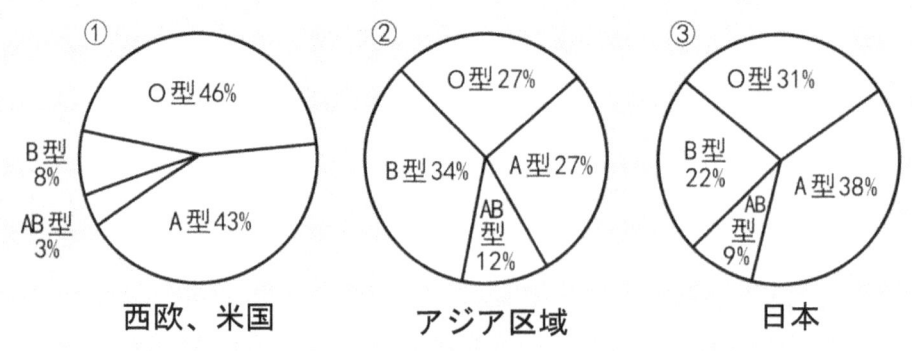

図 2-1　　血液型統計対比図

16 【日】能見正比古氏：『血液型と性格』。広西科学技術出版社 2009 年 11 月第 1 版。

この統計図の中に、異なった血液型の異なった国と民族での分布割合は異なっているのである。分布割合の大きさによって配列すると、西欧と米国では　O、A、B、AB　であるが、その中に　O　型血が46%を占めて、A　型血が　43%を占めて、この二種類の血液型が占めた割合の合計が　89%まで達成した。日本では、A、O、B、AB　であるが、その中に　A　型血が　38%を占めて、O　型血が　31%を占めて、この二種類の血液型が占めた割合の合計が　69%である。アジアのその他の区域では、B、A、O、AB　であるが、その中に　B　型血が　34%を占めて、A　型血と　O　型血がそれぞれ　27%を占めて、前の二種類の血液型の不一致をプラスすると、B　型＋A　型と　B　型＋O　型はすべて　61%である。

　このようなデータはどんな問題を説明するのだろう。

　(1)　血液型の分布の異なった民族と区域での相違は、血液型がある隠れた方式で異なった民族と区域の人間の性格に影響を与えていることを意味した。これはすでに統計学の意義で発見されて実証された。能見正比古氏は彼の本の中でこのように分析したが、「欧米人はあっさりした現実主義、明るい論理形式と論争が好きだ。彼らの集団観念がわりに強くて、数学と力を重視して、そこで決定する時、採決の方式をとりたがる。これらはすべて　O　型人間の性格特徴を反映した。即ち、直線式の思惟方式、力と現実に対して敏感だ。」「東方の人間は反対で、民族の意識が薄くて、原始文明の科学思想を持って、風俗習慣と文化生活が多種多様だ。これらはすべて　B　型人間の思惟特徴を反映したが、即ち、散文的なロマンチシズムと広大な客観性で、

問題を見る時に、原則を軽視して現実を重視する。」[17]

　日本の血液型の分布割合は東方と西方の間にあって、これはとても面白い。

　(2) 血液型の分布による異なった民族と区域での性格特質の相違は、異なった民族と区域内部のたくさんの人間の血液型での相違の総計である。このような全体的な相違はきっと個体相違の表現形式に違いない。これは、個人の性格特質と行為が全体の性格、行為との間に、相違があるだけではなくて、またある程度の関係があることを示している。

　(3) 現在、私達は血液型の遺伝方式、血液型のある世代から次世代への遺伝をすでに明らかにして、しかも、各種類の血液型の物質に対する分離をすでにやり遂げた（簡単に言うと、体内に A 型の物質を持っている人間が A 型血の人間で、B 型の物質を持っている人間が B 型血の人間で、A 型と B 型という二種類の物質を持っている人間が AB 血液型の人間で，O 型の物質だけを持っている人間が O 型血の人間である。）（O 型血の特別なところは、別の血液型にそれを含んでいるので、O 型の物質を持っているのか、血液型の特徴を区分する根拠ではない）。[18]各種類の血液型血液の化学構造も次第に明らかにしたが、異なった血液型血液の生理での相違がどのような構造で役割を果たして、人間性格の形成に影響を与えて、異なった血液型の人間に性格特質上で相違を形成させたのか、まだ分からない。しかし統計学

---

[17] 【日】能見正比古著：『血液型と性格』。暁明訳。広西科学技術出版社 2009 年 11 月第 1 版、第 3 ページ。

[18] この問題に対する解釈は【日】能見正比古：『血液型と性格』を参照する。暁明訳。広西科学技術出版社、2009 年 11 月第 1 版。

はすでにその方式で実証したが、このような相違は異なった血液型の個人の間に存在しているとともに、異なった民族と区域で表れているのである。異なった血液型血液の生理での相違がどのような構造で役割を果たして、それによって人間の性格特質の形成に影響をあたえたのかということは科学的な進歩に伴って未来にある科学での説明を受けることができると思われる。しかし性格特質の形成に全面的で唯一の数学化説明を行うのは、科学で永遠にやり遂げることができないのである。もちろん、これも私達が人間の性格特質の形成を解析するのに選ぶべき立場ではない。

　　統計学的意義で血液型と性格特質との間に関係が存在していることを実証するのは、本書で確立した理論の出発点に基づいて展開する分析に対してすでに足りるかも知れない。

3、血液型が性格の「材料」である

　　血液型と性格との関係について、更に説明をすることができる。日本の血液型の専門家は血液型を人間の性格の「材料」に比喩して、更に言うと、人間の性格の「先天的」な材料である。血液型と性格との間の関係は多くの場合に人々のあいまいさを引き起こすのかということは人間の性格を形成する材料が「先天的」な血液型という「材料」があるだけではなくて、「後天的」な「材料」もある。「後天的」な「材料」の成分は非常に複雑で、人間の成長環境、家庭の養育、勉強の経歴、友達の集団、職業、教育などは人間性格の形成の「後天的」な材料である。先天的な材料の血液型と「後天的」な材料は共に人間の性格を形成して、人間の性格特質を表している。「先天的」な材料と「後天的」な材料の「混合」によって、確かに血液型の

差異から出発して人間の性格を認識するという問題が複雑になったのである。

　　しかし、血液型の「材料」という意義では、「後天的」な材料が多種多様で、「先天的」な材料が血液型だけである。「後天的」な材料がどのように人間の性格に影響を与えても、「先天的」な血液型の材料が人間性格の形成に対して、きっと不可欠な性格の「質」に違いない。まさに私達がすでに述べたように、異なった血液型の人間が表した異なった性格特質がすでに統計学の意義で実証されたのである。このような統計は性格特質の相違の調査が含まれるとともに、行為の好みの調査も含まれ、更に集団血液型と相応の性格特質に対する調査の対比とまとめがあるので、信用できる。**科学主義の教条と科学主義の汎化の妨害を避ければ、血液型が人間の性格材料とすることが疑われなくなるが、血液型と人間の性格との関係が当然私達の分析対象にもなるべきである。このような分析の中で、血液型は人類の一つ（一種）の自然的属性として、私達の再発見になって、そして正式に確認を受けることができる。私達が血液型と人間性格との関係を突入点にしたのは、その理論上での合理性もこれにある。**

　　血液型は一人の生まれつきの素質と後天的な行為を決定しているが、この面で、血液型は性格の「質」として、きっと一人の人間の身でその持った性格特質及びその表現を通して展示されるのに違いない。私達がどれだけの程度で観察を通じて正確な結論を得て、そしてそれによって人間の性格特質を述べられるのかは別のことである。

三、血液型性格の話と流行っている血液型個性文化

　　血液型が性格を決定する事を説明する時に科学を離れていないに

もかかわらず、私達は、科学がどのような勢いがあるのかを問わず、血液型と性格の関係に対する説明が科学の特許だけではなくて、しかも、最小限に今に見たところ、科学のこの面での行為も多少力がないことに見えることが明らかになった。この点に気づくと、血液型と性格との関係に対する説明は文化のペナルティエリアになるべきではなくて、自然的属性の分析とその方法のペナルティエリアにもなるべきではない。この道理は、人口という社会的現象のように、人口学の説明対象であるとともに、経済学、社会学の説明対象でもある。哲学と宗教でも、人口の問題に対して同様な観点を示している。血液型性格の話は、何人かの人間や一部の人間の個人的分野に限ることがあり得ないが、それが民間、俗世の領域に入って、それを解釈するのは必然的である。

1、血液型と性格との「対照」関係

血液型と人間性格の関係は、もともと神秘的な色合いを持っているが、ある種類の血液型の血液の物質が生理上でどのように人間の性格特質を決定するのかが形成構造でまだ科学上で説明されていないのである。このような既知と未知が交差して共存している状況に直面して、私達は科学がこの面で表したいくつかの現実的な制限に縛られるべきでなくて、科学上で血液型と性格の関係に対して出した限定的な解釈に満足するべきではない。人間が知らず知らずにこの問題を持って流行文化分野に入って、それが流行文化の中の個性的文化のテーマになるのは自然的な事であるが、このことは第一章ですでに示したのである。

いったん人間が文化上で血液型の関心に対して最低限度の共通認

識を形成して、そして民間で俗世の方式に広めると、血液型の話が流行文化分野に入って、流行文化分野での個性文化のテーマになることを意味している。**人間は観察可能な性格特質の表現から血液型を「逆計算」して**、どうしてこのような性格特質の人間なのか、解釈して、これは**血液型を「材料」にして人間の性格と特質の形成を観察して、先天的な血液型を材料にして人間の性格の「質」を構成するのと反対のやり方で、異なる方式である**。しかしこれは「やり方が異なっても効果が同じ」で、相互に実証して、手段が異なっても結果が同じでみごとではないだろう。いったい何人がずっと身らを科学主義の象牙塔の中に置いているのだろうか。更に何人がずっと身らを高い理論のホールに置いているだろうか。民間的で、俗世的で、流行文化でこのような観察と思想の戦いは生活に不可欠な一部である。私達が身を置いたこのような生活で出た知恵について、私達はどうしてよく見ていながら見えないふりをするのだろうか。

2、流行文化の解釈の道

　　私達は、血液型と性格の関係に対する分析がいったん流行文化分野に入ると、いくつかの場合、科学の成分はある程度に弱められることに気がつく。この場合、血液型と性格との関係は、**血液型を「先天的」な材料として性格に対する推測ではなくて、人間の性格特質が直接に私達の認知の出発点になって、私達が性格特質から出発してこの**ような性格特質が生活で表した精神気質、好み、行為方向、個人の好き嫌い、婚姻生活状態乃至運を解釈するのである。即ち、人間の多くの最も敏感な問題がここで最も簡明で分かりやすい解釈を受けるのである。このような簡明で分かりやすい解釈は当然のもので、必然的な方向でもあるが、人間の血液型の差異でこのような解釈の解答を実証

するのである。更に新しい解釈と新しい解答を派生して、これによって共通認知対象とする血液型と性格との対照関係を形成する。これは流行文化とその中に含まれた個性文化テーマが民間の俗世演繹で現れた知恵である。このような俗世演繹が「通俗的なもの」だと見なされたのか、それとも「通俗的なもの」の評価の争いなのかを問わず、すべての血液型と性格との対照関係に興味を持っている人はこのような俗世演繹への参与者であるが、「象牙塔」で人間と理論ホールの上者がすべてこのような民間の俗世演繹に身を置きにくい。注意深く考えると、まさにこのようなことではないのだろうか。

　理論が役割を果たすことができない場合、民間、俗世の生活と流行文化がこの面で出した解釈に表われた現実主義の傾向に対して、私達は非難ではなくて、表彰するしかない。

　ここで、私達は流行文化の道の選択を見た。血液型から人間の性格特質まで、更に性格特質から精神気質、好み、行為方向などまで、個人の好き嫌い、婚姻生活状態、また運などの敏感な問題を解釈するべきである。この「道」は遥か遠すぎて、この演繹過程もあまりにも複雑である。しかしこれは流行文化の現実である。それなら性格特質から直接に出発しよう。このような血液型によって、もちろんこのような性格で、もちろんこのような性格の人間で、婚姻生活と個人の運がこの様子である。

　このような簡略化された流行文化の道を軽視してはいけない。それはそんなに厳格ではないが、更に広めやすくて、更に人間に愛されやすくて、更に人間が愁いなく生活する心を慰めやすくて、更に人間を征服しやすい。科学の知恵と理論の精神はここで霊感を探し当てて、思想の養分を得たのである。

3、科学と文化の間での「移行」

　　血液型と性格の関係の各々の言い方は、多くの場合、多くの場所に、すでに流行っている個性文化テーマになったが、A 型血の人間がどんな仕事に従事するのに適するのか、B 型血の人間がどのような伴侶を選ぶのに適するのか、O 型血の人間は運がどのようなものなのか……。これはいわゆる科学的な意義での血液型性格の話ではないが、それはとっくに流行って、伝播して、そして受け入れられて、しかもすでに日常生活で潜在した判別の基準になって、行動の方向になったのである。

　　個性文化テーマとする意義で血液型と性格との関係に対する解読は、科学的に血液型と性格との関係の解釈に大きな意義があるが、流行り始めた個性文化テーマが持つ伝播能力が非常に強大なためである。流行文化と個性文化のテーマはもちろん逆に科学上で解答を求めるのである。これはまた新しい認知の道を形成する。しかしこれによって得た適切な結論について、あまりにも差し迫ってはいけない。

　　どのような分析骨組みを設定したのかを問わず、血液型と性格との関係に対する解読は当然流行文化分野に入って、個性文化テーマに入ったのである。しかしこの時に、科学を捨てていなくて、理論上で科学と適切な距離を維持して、可能な科学主義に対して警戒を怠らなくて、科学主義の汎化で身につけた習慣が私達のこの面での認知と解釈を妨げることを避けるだけである。

　　私達が血液型と性格の関係を個性文化テーマに見なした時、これは科学がこれらの問題の解釈で依然として多くの制限を受けている弾力的な融通ではないだろう。即ち、私達は新しく切り開いた個性文化面で血液型性格の関係に対して更に余裕がある表現を出したのであ

る。

　科学の名義でも、流行文化と個性文化の意義でも、血液型と性格との関係の話は人類が自らを認識して解釈して、自分の貴重な個性に関心を持って見守っている慈善行為である。

　実は、私達が血液型と性格の関係に対して上記の分析を展開する時に、ずっと本書で確立された自然的属性の分析方法を離れていないのである。一、民間でも、俗世の生活と流行文化の中でも、血液型と性格との関係に対する解釈はすべて血液型を不変な前提にして、それが性格特質に対する決定を探求して、そこで、事実上で、これは「感性的」に血液型を不変の自然的属性にして評価したのである。二、民間でも、俗世の生活と流行文化の中でも、血液型と性格との関係に対する解釈の道が曲折迂回であるが、私達の分析の中で、それが自然的属性の分析方法に理性的に導かれているので、この面で相応の結論を得たのである。そこで民間で、俗世の生活と流行文化の中で血液型と性格の関係の道を認知して解釈するのは、自然的属性の分析方法に理性的に定められた道で、自然的属性の分析方法の民間で、俗世の生活と流行文化での理性的な延伸である。

四、人類集団の区分意義での血液型の差異

　1、人間が集団で分けられるのは俗世の方向と習慣の力である。「集団で人間を分ける」のは人間の本能である。「集団で人間を分ける」基準は多種多様で、持っている財産の数の相違、信仰の不一致などはすべて「集団で人間を分ける」社会的属性の基準である。私達は、自然的属性の意義で、性別の区分が明確な集団区分の方向であるが、理論上で、**このような方向が理論上で人類集団を区分する現実的**

な標準になっていない。血液型の差異について、それが流行文化でどの程度に表現されても、それはこれまで理論上で人類集団を区分する基準になっていない。これは人類が自身を認識する時、理論上での重大な遺失であることに気づいた。

　2、性別のように、血液型は人類の別の自然的属性である。血液型の差異を人類の自然的属性とする再発見と理論上での正式な確認に基づいて、血液型の差異が理論上で血液型の差異の意義での集団の差だと見なされて、それによって人類集団の概念に転換されたのである。これによって、血液型の差異について理論上で延伸と開拓を行って、血液型の差異を直接に人類に対する集団区分に見なして、A、B、O と AB という四つの「字母」記号で代表される人類集団を形成した。

第三節 星座の所属の解説

一、星座の定義

　　星座は星占い学と天文学ですべて使われている概念である。この概念はとても巨大で複雑な知識体系である。私達の言った星座とは星座の範囲を「縮んで」、もっぱら黄道の十二星座を指して、流行文化で広い伝播を受けて、私達の日常生活で通常に言った牡羊座、牡牛座、双子座、蟹座、獅子座、乙女座、天枰座、蠍座、射手座、山羊座、水瓶座、魚座である。

　　それでは、どうして星座の範囲を「縮む」だろう。一、「縮んだ」星座の概念がみんなに知られている星座の概念である。二、このようなみんなに知られている星座の概念が流行文化の中の星座概念である。私達の出発点は、本書で確立された自然的属性の分析方法に基づいて、文化の意義で星座が人類の自然的属性の認知と解釈に持った意義を探求して発見するのである。星座から出発して、星座と人類の性格特質との関係を認識するのは本書で選んだ突入点で、私達が確立した一つの命題にもなった。更に広くて深い意義で、私達の理論視野はこの命題に限られていないのである。本質的には、星座が人類の三つの自然的属性の一つとされているので、私達が人類の自然的属性を認識して解釈するのに不可欠な内容になった。私達の認知と解釈は、主に自然的属性の分析とその方法に基づいて展開したのである。この過程では、私達はもちろん文化と科学を排斥しない。私達は、星座の話がかつての認知失敗の前例を繰り返して、こちらでなければあちらになって、科学でなければ迷信になる落とし穴に陥ることを見たくな

い。理論上で、本書は自然的属性の分析方法に基づいて、星座が科学的な手がかりを踏襲してそして科学的な成分を含む自然的属性の観念になって、そして個性文化の概念に転化するように極力に努めることだと言える。私達は理性的に星座が汎イデオロギーの意義で妖怪化にされて、不注意で遂行している科学主義で迷信だと見なされることを防備している。このことはその後で更にもっぱら述べる。

いわゆる十二星座は、黄道十二宮である。黄道とは何なのか。黄道とは地球が太陽をめぐって公転する軌道の平面と天球が交差する「大円」である。この「大円」は十二組、即ち十二宮に分けられて、各宮が 30 度で、すべての宮に星座の支配者が一つある。これは十二星座である。

二、人間の星座の所属

星座は時間の概念であるとともに、空間の概念でもある。星座と人類との関係とは人間が生まれる時に、地球にいるため、地球が宇宙間で回転することと発生した時空の関係である。人間が生まれてから、黄道十二宮の中の一宮、即ち一つの星座に対応する位置にいて、流行っている星占い文化で、この人間がどの（その）星座に属して、どの（その）星座の人間だという。そのため、いわゆる人間の星座の所属とは、人間が生まれた時間で決定された人間と星座の関係であるが、即ち、その時間に生まれたので、人間と宇宙間に構築した時空関係である。最も早い出所で星占い文化が科学的な手がかりを持って科学的な成分を含んでいるならば、星座の所属の意義は異なった時間に誕生した人間が星座と異なった関係を構築して、生まれてから異なった時空の烙印を打たれたのである。

三、星座の観念

1、星座の話が科学的なのかに関する争い

　科学主義が盛んに行われた背景で、星座の話はきわめて容易に「非科学的」なラベルを貼り付けられて、それによって捨てられて、そして死地に置かれるようになる。まさにこのような判断に基づいて、本書の序論に、私達は二十世紀で最も重要な思想家のハヤク氏が『科学の反革命』[19]という本にある科学主義に対する批判を背景して、この著作で提供された理論方向によって、科学的な方式、方法で世界を認知して解釈することと文化の方式、方法で世界を認知して解釈することが二本の同時に矛盾なく進む理論の道だという観点を表現した。更に重要なのは、まさにこの二本の理論の道をきちんと整理したから、私達はやっと人類自身を認知して解釈する時にこの二本の理論の道の以外に、「第三の方法」、即ち自然な属性の分析方法を選んで確立したのである。

　自然的属性の分析方法の理論方向と観点によって、一、科学はまだ星座を完璧で全面的に認識していないので、以前の星座の話に取って代わることができない。二、星座の話はきっと科学的な基準に合う必要はないので、更に科学主義の基準も言うまでもない。三、自然的属性の分析方法の方向によって、星座を人類の三つの自然的属性の一つに確認するのは理論上で、至簡の道である。そのため、私達は文化に偏って科学を捨てたり、科学に偏って文化を捨てたりする必要がな

---

19 【英】フリードリヒ.A.ハヤク氏：『科学の反革命』訳林出版社 2012 年 4 月第 1 版、第 7 ページ～第 20 ページを参照する。この問題に対して、この本の序論に専門的な論述をした。

いが、その他の道がある。

　この面で最も確定した構想は、科学で困難なことを無理に引き受けなくて、できることだけをやるのである。これもまさに私達がやったことで、即ち、星座の話に持った科学的な手がかりと含んだ科学的な成分を承認して指摘して、科学によってこの面で得た正しい結論を尊重するのである。しかし星座の話に科学的な手がかりを持って科学的な成分が含まれているのかに関わらず、科学は独占的に理論で星座の話が成立するのか、判定して、更に星座の話が理論上で人類自身を認識して解釈する地位を有するのか、決定することができない。それに応じて、人類は科学と同時に矛盾なく進む別の立場と理論方法を選んで以前の星座の話に対応して、そしてそれを前提にして、世界の一部とする人類自身を認識して解釈するべきである。実は、本書では星座の話に科学的な手がかりを持って科学的な成分を含んでいるという表現が人類に文化的と科学的な方法で世界と方法を認識して解釈する理性的認識を表したとともに、文化と科学以外にある程度このような理論の傾向を選ぶことができることも表した。

　自然的属性の分析理論の観点は、科学について、その極端な科学主義の方式で文化の世界に対する認知と解釈を排斥しなくて、文化について、科学によってこの面で得た成果を尊重するべきである。まさにこの理論を前提にした上で、自然的属性の分析は理論と方法で新しい道を切り開いたのである

　古来の星座の話が天道の道理なのか、宗教の信仰乃至迷信巫術なのか、これは星座の話がその誕生の日からすでに始まった論争である。星座の話について、深く信じて疑わない人間もいるし、信じたり信じなかったりしている人間もいるし、軽蔑する人間もいる。科学主

義の影響で、星座の話に対応する態度上で科学にある程度制限が見えるといえば、文化でとった態度がそれより寛容である。

　古い昔まで戻ると、私達は、とても長い時間、人間が一つの言葉で共に天文学者と星占い師を指したことを発見した。[20]今日の見方で、もし天文学者だけが科学を代表して、星占い師が科学を代表しないとしたら、星座の話は科学以外の宗教信仰乃至迷信巫術だろう。この時にはっきりと説明しにいのである。

　たとえ星座の話が宗教信仰だと見されたとしても、それは科学と対立する関係だけではなくて、その他の関係が存在している。星占い学（術）と天文学の形成時に、それらは互いに補完し合っていたのである。科学を系統的な観察と実験を行う学問に定義することができれば、事実上、星占い術と多くの星座の話も観測可能で量的な実験に基づいたのである。このため、星占う術、星座の話も私達が科学に対する定義に合っているのである。[21]星占い術、星座の話は表現上事実を誇張して、事実を曲解したことが存在して、そして一部の現象を極端に解釈したことについて、私達もそれによってそれが天道の道理に対する探求ではないと断定してはいけなく、それが天道の道理を探求するエピソードだと言うしかない。類似のエピソードが科学の形成と発展中に、同様に何度も目にしていて珍しくないので、私達はそれで科学を否定してはいけないだろう。

　私達の観点を表明するために、図 2-2（即ち第一章の図 1-4）で天

---

[20] 【英】ジュリア・パーク氏と【英】デレク・パーク氏：『占い術』。旅行教育出版社 2010年 8 月第一版、第 16 ページ。

[21] 【英】ジュリア・パーク氏と【英】デレク・パーク氏：『占い術』。旅行教育出版社 2010年 8 月第一版。

文学がと星占い学（術）の間の関係を示すことができる。これによって私達はその中に含まれた星座の話の延伸軌道（図 2-2 を参照）を発見することができる。

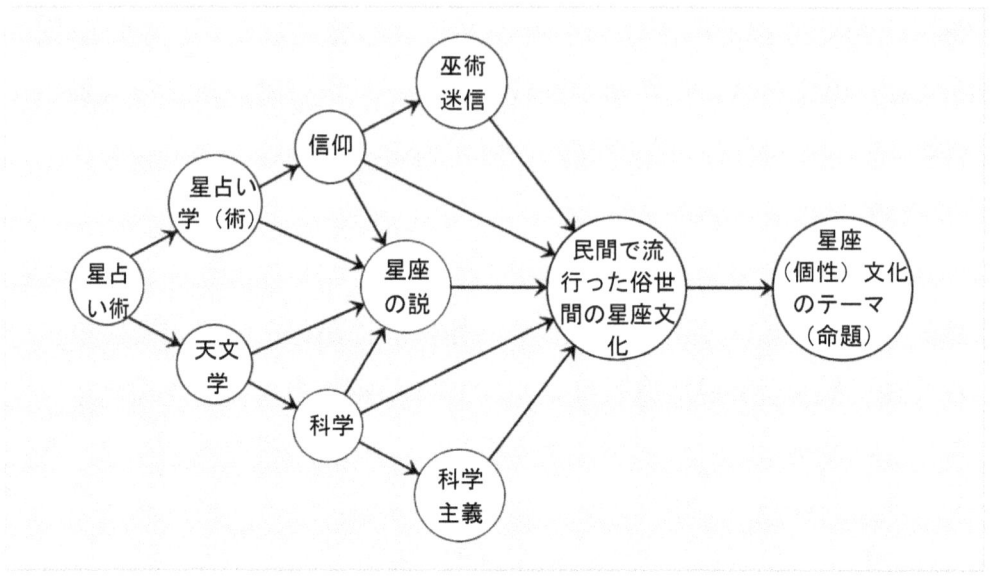

図 2-2　星座文化の起源と形成図

　この問題で、私達は先人に対して最も質素な敬意を心に抱くべきである。2600 数年前のバビロンのアックラヌ(AKKULLANU)氏から、前世紀 70 年代のイギリスの星占い師のジョン・エディ(Johan. Addy)氏がすべて星占い術と星座の話の旗で、同じか近い観点を出したが、これは彼らが心をこめて観察して分析してえられた一致した結果のためである。

2、科学主義と星座の話の科学的な手がかりと成分

　前に述べたが、たとえ星占い術が宗教信仰だとされたとしても、それも科学と完全に対立するものではないのである。しかも、千百年以来、多くの天文学者と星占い師は一人の体に二つの身分を有してい

るのである。私達は伝統的認知の中に、二つの気づきにくい偏見があるが、その一つが星占い術の「占」という言葉で、多くの場合、すべて迷信の色合いにかぶられているとかすかに感じることができる。特に科学主義の思想背景で、迷信はすでに本来の意義で簡単に解読される概念だけではなくて、拡大されて妖怪化にされた言葉になって、迷信と関連したいかなる「もの」と物事は存在空間がなくなって、いかなる価値がないと認定されている。星占い術と「占」という言葉は迷信と関係があって、たとえこのような関係が更に大きい程度想像されてきたとしても、それは基本的に徹頭徹尾の迷信だと見なされて、そこで存在する空間余地がないのである。二は科学に対応する態度と科学で得た尊い地位であるが、科学がとっくに科学自身を越えたため、世界に対する認識だけではなくて、普遍的な方法でもあって、多くの場合更に絶対化された意識と信念になって、それによってハヤク氏の『科学の反革命』という本で言われた科学主義になったのである。科学主義は科学にすでに異なった方式で世界を認識して解釈する空間を占めさせたのである。科学主義の絶対化によって、迷信の色合いをかぶった星占い術と星座の話が人類自身と自然的属性を認識して解釈する最小限の権力と空間での余地を剥奪されたことが避けられない。

　科学主義は普遍的な社会方向になって、更に深遠な経済社会と文化背景を有している。近代的な科学は西洋から発足して、西洋で興起して、そして西洋の飛躍を推進した。このような飛躍は西洋及び東洋と中国の力での対比を変えた。アヘン戦争から、西洋は強硬に中国の表門を開けて、「東洋」は弱者、被害者になった。あの時から、東洋で、中国で、科学への信仰が共通認識になった。20世紀初めに中国で発生した「五四」運動で出した「徳先生」と「賽先生」、即ち民主と科学は中国の近代化の精神での重要な始まりである。この後に、東洋

と西洋の文明的な対比で、東洋の文化でのかつての自信は次第に西洋の科学に取って代わり始めてきた。あの時から、西洋の科学は東洋で独特な尊い地位を受けたので、その神聖化の過程を始めた。あの時から、中国はずっと科学に頼って自分を強めることを試みて、この面でも確かに並外れた業績を得たのである。しかし、神聖化された科学は、必然的に本書の序論で述べられた科学主義を招いるのに違いないが、即ち、科学は人類の偉大な業績だと見なされただけではなくて、またほとんどすべてを測定する理論の模範と現実的な基準になって、それが信仰で、いくつかの場合といくつか条件で、科学乃至汎イデオロギーになって、事実上の思想教条にもなることを理知的に見なければならない。科学がすべてを評価する絶対的な基準になった時に、非科学的なことはきっと誤ったことで、科学に実証されていないものは存在する空間と余地がない。この絶対的な基準に合わないものは相対的な正当性さえも存在しなくなる。更に深刻なのは、科学主義が盛んに行われたことによって、人間がすでに多くの場合にそれと科学の境界線をはっきり区分することができなくなって、それが共に絶対的な優位を占めた言語になって、独占的地位を持っている言葉の権力になるのである。この場合、科学さえも科学主義のツールになったのである。

科学主義が盛んになると、星座の話の境遇と運命を容易に想像できる。

中国では、科学主義が盛んになった典型的な例として、漢方医の論戦とその結末である。漢方医はかつて数回に政府に取り消される運命に直面したが、漢方医の取消を主張した人の最も重要な理由は漢方医が非科学的ということである。幸いに漢方医はその巨大な生命力で「脅迫」を逃げたが、傷だらけなのである。漢方医の最大の傷跡は、

自分で科学に妥協して、自分に新しいラベル、即ち漢方医科学を付けたのである。抗争している一部の漢方医学界の人間がいるが、彼らの言い方は、漢方医がどうして科学的なものだろう、それともどうして科学の基準に合った学問だろう、どうして科学で証明されたものになるだろう、ということである。いわゆる科学主義者からみると、科学以外に真理がないのであるが、これは科学に対する風刺である。漢方医が形成した千百年以来、それが中国と周辺民族の生殖と増加、多くの人口を維持するのに捧げた貢献は比べられるものが何もないのである。たとえ今の基準によって漢方医に科学的な成分を含んだというとしても、漢方医は卑屈的に科学の名を付け加える必要はない。

私達はまた話題を本題から離れたのではないだろうか。違う。私達は絶対化された科学主義に対して批判の態度を持たなければならないが、科学に制限があるのかを問わず、絶対化された科学主義を思想的方法としてすべてを認識して解釈しようとする時、必然的に私達が世界と人類自身に対する一方的な理解を招く。あれは私達が世界を認知する死角である。この時に私達は、科学主義の極端な行為によって、それが同時に科学を脅迫して、科学にするべきではない事をさせて、引き受けるべきではない使命を引き受けたことを発見する。それに応じて、長年以来、文化の面で、文化の方式と方法による世界に対する認知と解釈は、科学主義の盛んさによって、理論上でほとんど空白になった。

科学主義の科学的な態度による漢方医に対する評価と星座の話に持った科学主義の態度は論理上、思想的方法と思惟方式上で、ぴったり合って、同じなことである。漢方医と星座の話はいくつかの場合の相似の立場が味わい深いのである。

ここで私達が特別に強調しなければならないのは、星占い術と星座の話に科学的な手がかりと科学的な成分を有したことを指摘したことが堅持したのは科学主義の方式と方法ではなくて、まさに文化上での世界の認識と解釈という方式と方法乃至この帽子をあくまで科学にかぶせる必要はないのである。科学は科学で、文化は文化である。

　私達は更にはっきりと下記の観点を示すことができる。

　星占い術、星座の話の科学的な手がかりと成分は下記のいくつかの面で示されている。

　(1) 星占い術および星占い術に含まれた星座の話は、人が誕生の時に、その時間に時空の烙印を打たれたことを信じているのである。このような烙印は何だろう。この問題を説明するのに、関わった範囲が広すぎる。この烙印がその時間に、星がこの人間とその性格特質に与えた大きかったり小さかったりしてデータで評価できない影響である。このような影響を数量化することができないが、人間の性格特質を説明するのは数量的な問題ではないからのである。しかしこのような影響の存在を確認するのは、科学上で難しいことではない。周知のように、宇宙から持ってきた植物の種は、その一部に遺伝子突然変異が発生して、もともと長さが十数センチメートルだけのナスが数十センチメートルにまで成長したことに対して、もとより小さくなったものもある。このような変化は間違いなく種が宇宙で宇宙空間の磁場、放射線を受けて、そして私達の未知要素の影響を受けた結果である。宇宙の種の遺伝子突然変異は、種が宇宙で時空の烙印を打たれたからだと解釈すればいいだろう。このように理解することができるだろう。答えが肯定的である。

　植物の種は宇宙の経歴で時空の烙印を打たれたため、異なった人

間が異なった時間に生まれて、それによって異なった時空の烙印を打たれたことは、もう理解できないことではなくなるが、逆に私達が否定することができないのである。もちろん、これも論理上で成立しているのである。

ローマ時期にあれらの偉人達のこの面での見方と学説を少し振りかえると、これらの問題で事に対する理解と理解に役立つかも知れない。プトレマイオス氏のことを述べよう。

ラウディオス・プトレマイオス(Claudius Ptolemaeus)氏は有名なアレクサンダー(Alexandria)の数学者、天文学者と地学者である。400年間の悠久の歴史を有したアレクサンダー大学で学術講演をする時に一人の力で各種類の星占い理論を収集して、そして整理して本を編纂した。『天文学の大成』(Almagest)を名にして本を作ったのである。

この『四書』は現存する初めての内容が完璧で、意義が重大な星占い術の著作で、天文学の教科書だと公認されている。

プトレマイオス氏は最初に自分の観点を出したが、即ち、四季の転換、潮の干満などの自然現象によって、人類は明らかに太陽と月が地球の万物に対する影響を感じることができて、それでは、人類がその他の天体の作用を探知する可能性もある。

「人類は四季の特性を予測することができるため、容易に自身の運命と性格に対して類似の推測を行うことができる。たとえ一人の胚胎形成期間にあるとしても、私達もその人の気性を感知して、彼の体型、智能容量および今後の災いと福を予知することができる……」

プトレマイオス氏の『四書』は内容が豊富で、関わった分野が広くて、まさに見出しに示されたように、「陽性天体と陰性天体の議

論」、「空間と目盛りの話」、「太陽位相の作用の議論」、「予測時間の話」、「気象研究に関して」、「両親に関して」、「寿命に関して」、「婚姻に関して」、「外国旅行に関して」がある。

十数年前に、人間はこの大著を 4000 数ページの近代的な訳本に訳した。[22]プトレマイオス氏は多くの人間の二千年前にこの面での観察と見解も持っているが、星座の所属が一人の生まれた時間に決定された人間と星座の関係が人間が生まれてから時空の烙印を打たれたという言い方に対する理解に役立つ。

私達は更に一つの証拠を補充することができる。ドイツの科学者は統計データで、冬に生まれた人間と夏に生まれた人間を比べると、前者の寿命がわりに長くて、しかも二組の人間がふだん患った疾病にも相違があることを実証した。季節が人間に対するこのような影響は人間が生まれた時に打たれた時空烙印のある表現形式だけである。

(2) 主流の星占い学と星座の話は、観測可能な数量化の事実に基づいたもので、システムでの観察と実践によって分析して得た結論である。そのため、星座は人間が生まれた時に確立された、時空との関係のある表現として、私達が科学の名で否定することができないのである。星座の名義で出て、ここから出発して形成した様々なでたらめな言い方は別のことである。

(3) 星座の話に科学的な成分を含んでいるのは、私達がホログラフィック原理で解釈することができる。ホログラフィー原理の基本的な原理は、「潜在的と明らかな情報の総計から見ると、いかなる一部

---

22 【英】ジュリア・パーク氏と【英】デレク・パーク氏：『占い術』を参照する。旅行教育出版社 2010 年 8 月第一版、第 20～21 ページ。

に全体の全ての情報を含んでいるのである。」[23]人間は宇宙の一部として、私達の言った人間がその生まれた時間に時空の烙印を打たれたのは、それが局部として持っている宇宙空間からの情報である。前に宇宙の種の実例は、地球を越えた時間に、種が宇宙空間の情報を得た（持った）のである。種に変異が発生したのはもちろん新しい時空点で新しい情報を持ったのである。生まれた時に時空の烙印を打たれたのは、人間が一生に持たなければならない宇宙空間の情報を得たのである。これによって、星座の話で人間の性格の特質を解釈するのは難解ではないのである。そこで、ホログラフィー原理の意義で、私達は星座の話を巫術と迷信に導く方法を否定したのである。

3、いくつかの参考可能な結論：星座は何を決定するのか。

(1) ホログラフィー原理によって推測した結論として、異なった時間に生まれたため、異なった星座の人間が持った情報に相違があるので、星座は人間の性格特質に影響を与えて、異なった星座の人間は性格特質で相違があるのである。このような相違を数学計算の方式と化学調合の方式で解釈することができるのか、別の問題で、別途に協議する。

(2) 有名な心理学者のユング（Carl Gustav・Jung、1875-1961）氏は、十二星座が個性の原型で、個人の全ての潜在的な性格を体現したと思っている。ユング氏は彼の言い方を証明するために、大量の面白い実験をした。研究の一部として、ユング氏はかつて 483 組の夫妻（共に 966 部）の「命運チャート」を分析したが、彼は各々の夫婦の

---

[23] 『ホログラフィック原理』を参照する http//www.baidu.com/

命運チャートを対比して分析しただけではなくて、その上すべての命運チャートを混乱させて、無作為で男女を夫婦にして分析したのである。3.222 万組の仮定の夫婦関係を研究した上で、ユング氏は、夫婦の感情基礎が安定するならば、彼らの命運チャートに調和がとれた関係を象徴する位相を探し当てることができることを発見した。ユング氏の態度はヨーロッパの各国の学者（特にフランスとスイスの学者）がこの面で更に広くて更に深い研究に従事する信念を強めた。[24]

　　星座に関するたくさんの言い方がすべて科学的な名義で現れた科学主義に否定された。私達は、人間が「既知」した宇宙の多すぎる神秘をあまり知らないが、宇宙と人間との関係について、知ったことが更に少ないことがわかるべきである。しかし「私達は私達が知らないことを知らない」が、これはまさに私達の制限である。これについて、私達は警戒を維持するべきで、簡単に星座の話とそれによって形成した人間の性格特質に関する見解、言い方を否定するのは賢明ではないことである。

　　(3) 西洋と比べて、東洋で、中国で星座とそれに関連した知識が非常に貧しい。これは星座がここで源を発していないこと及び文化の伝統と関係があるが、更に科学主義が独特で尊重的な地位を占めて、文化で禁忌を形成した結果である。しかし星座に関する各種類の言い方と方法はすでに流行文化の中の思想潮流になった。これは科学主義の背景で、文化がその取って代わることができない地位で表した力である。現実的な生活の中で、人間が星座の話で多くのことを解釈するのは偶然ではないのである。科学意義上で必ずしもいわゆる科学の標

---

[24] 【英】ジュリア・パーク氏と【英】デレク・パーク氏著：『占い術』。旅行教育出版社 2010 年 8 月第一版、第 44〜45 ページ。ダリエル・シャープ：『ユング人格のタイプ』を参照する。易之新訳。心霊工坊文化事業株式有限公司、2012 年 5 月版。

準に合っていないが、星座の話はすでに大衆の心理に広い影響を与えて、甚だしきに至っては彼らが人間と日常の物事に対する判断を左右している。多くの場合、人間はすでに星座から出発して人間と事を討論したのである。更に多くの人間は星座から出発して、私達がどうしてこのようにしたのか、私がどのようにするのかという人生の基本的な問題を考えている。これは星座の話が文化の方式で現れた独特な力であるが、これに対して、私達は見て見ぬふりをしてはいけない。少なくとも流行文化と個性文化の意義で、私達はすでに星座に関する様々な言い方が人間の生活に対する影響を否定することができなくて、更に主観的にこのような現実と現象を覆い隠してはいけない。この浮付きを避けられない商工消費時代に、信仰の遺失が激化しているのは人間がすべて感知できるのである。星座の話によって、人間がこの浮付いた商工消費時代に落ち着くのに役立って、自分が愁いなく生活するために精神的出口を探し当てるとすれば、これがよいことではないかと言えるだろう。

　これは、科学でまだ認知と解釈するのに間に合っていなくて、はっきりさせる方法もないことについて、民間の知恵に頼って、流行文化に身を置いた人間がすでに多くの場合にこの種類の事に対して社会や人生に役立つ文化の解釈を出したことを意味している。科学がもちろんとても「優れている」が、科学で多くの事に対して結論を得る前に、人間はすでに彼らの認識水準に基づいて、「いつの間にか」科学の精神に反しない文化の方法で進めているのである。このようなことが少ないだろう。科学によって私達が簡単に独断的になるべきではなくて、科学に実証されていない事は必然的に科学の精神に反したことではないのは、科学で持っている立場である。科学も自身に存在している制限を認可した時だけに、本当に科学の立場と精神に合った科学

の態度を確立する可能性がある。

4、星座に関する自然的属性の分析結論

　　科学主義を批判展開する分析の中で、私達は古今に星座の話の科学的な手がかりと持っている科学的成分を確認して、同時に文化意義での星座の話が人類自身を認識して解釈する時の正当な地位を確認した。この時に、**科学と文化で星座について得た結論はすべて自然的属性の分析理論の方向と同じであるが、即ち、星座は人間の一つの自然的属性である。この意義で、まさに自然的属性の分析理論が科学と文化で星座の話に対する認可を統合して、そしてそれを自然的属性の分析理論の内容にしたのである。**

5、星座の所属と人類の星座集団

　　性別の区分と血液型の差異を自然的属性の意義で人類集団に対する区分にしたように、この節で上記の分析は星座が性別及び血液型と同じで、人類の一つの自然的属性のことを確認した後に、星座の所属も同様に自然的属性の意義で人類集団に対する区分になった。

　　性別の区分に基づいて二つの性別の人類集団を形成して、血液型の差異に基づいて四つの血液型の人類集団を形成したといえば、星座の所属に基づいて自然的に十二の星座の人類集団を形成したのである。

第四節　自然的属性観念の解放

一、人類の三つの自然的属性に対する正式の確認

　　(1) 性別、血液型と星座は人類が生まれつき有した三つの自然的属性である。これらのほかに、私達はこの三つの自然的属性のように発見されて広く認知されて普遍的な意義を持っている第四のもの、あるいは更に多いその他の自然的属性を探し出していないのである。このようなことではないだろうか。

　　(2) 以前に私達の理論での認識の盲点は、一、性別、血液型と星座が理性的に人間の自然的属性だと見なされていないこと。二、理論の認知で、人類の三つの自然的属性は「散り」の状態にあること。三、そのため、私達が理論で性別の区分、血液型の差異と星座の所属で共に構成された人類の自然的属性の個性を確認する可能性はないこと。四、このような認識背景で、自然的属性の意義での性別の区分、血液型の差異と星座の所属及びそれらで共に構成された自然的属性の個性が発見されることがあり得ないが、その重要性が言い出されることができないこと。

　　(3) 理性的に人類の自然的属性から出発して、それと人間の性格特質との関係を探求することができないので、全体的には、性別、血液型及び星座と人間の性格特質との間の関係が実際には見落とされて、捨てられたのである。私達の分析の骨組みの中で、性別、血液型と星座は共に人間の性格特質を決定する三つの要素で、どれ一つが欠けてもいけないのである。

　　(4) 性別、血液型と星座は人間の性格特質を決定するだけではな

くて、人間のその他の面を決定する要素にもなるかもしれないが、これは未知で探求しなければならない問題である。同時に強調しなければならないのは、人間の性格特質がこの三つの自然的属性だけで決定されるわけではないが、人間の性格の形成が複雑な過程で、その他乃至私達が発見していない要素も効力を発揮して、人間性格の形成に影響を与えるからである。本書では人類のこの三個の自然的属性で人間の性格特質を決定することを指摘することを目指す。しかしこれに対して決して厳しい実際の説明をしていない。

このようにいうのは、これらの問題で入るべきではない袋小路に入って、死角に入って、盲域に踏み込むことを防ぐのである。人間の三つの自然的属性に対する認知の方向、即ち持っている立場、態度と堅持した分析方法にあまりに大きい違いが存在しているからである。これらの面で調和が取れた認知方向を維持して、共に認可した基礎で問題を探求するのは、まず私達の共通認識になるべきである。

二、星座観念の再確立

私達の観察によって、星座の話に懐疑の態度を持っている人間は少なくないが、星座の話を信じ星座の話に夢中になった人間でも、星座の話が立派な理論になることができるのかについて、落ち着いてそんなに自信を持っていないのである。それが反映したのはまさに科学主義とイデオロギーがこの面で与えた影響である。どこにもある科学主義とイデオロギーの影響はすでに私達が知らないうちに私達の立場を確定して、私達の星座観念を形作ったのである。民間の星座の話はずっとこのような暗い影にある。本書で人類の三つの自然的属性に対して確認した意義で星座の話にあるべき地位を与えて、即ちこのよう

な影響から抜け出すのである。そのため、私達は星座観念の再確立を自然的属性観念の開放を特別な強調内容とした。

　星座を人類の一つの自然的属性としたのは異議が存在しているのに違いない。私達が経歴した教化と教育によって、極めて星座の話を振り向いて見るに値しない迷信にしやすいが、これは星座の話がずっと俗世の民間で流行して、理論上で重視されていない原因だろう。星座の話について、私達は文化的意義で最小限の関心さえ持っていないのである。本書にはこの面で行った探求と発見がこのような現状を変えようとする努力だと言える。

1、星座の話と星座の観念に関して

　(1) 性別の区分及び血液型の差異と比べて、星座の所属が更に非科学的乃至迷信巫術だと思われやすい。**そのため、私達は大量の文章で人類の自然的属性の一つとする星座が人間の誕生時に時空の烙印を打たれたという本質的な言い方を確認せざるを得ないのである。このような言い方を承認すると、私達は星座の話を迷信と巫術の咒いから解脱してきたのである。**

　(2) 星座の話が持っている科学的な手がかりと含んだ科学的な成分を指摘したのは、星座の話の論理での成立を意味している。星座が人間と時空の関係に対する表現のことを承認したことによって、星座の話が少なくともすでに証明を必要とする仮説になったのである。これは別の段階で星座の話に対する解放である。

　(3) 上記の二つの結論を得る前に、私達はすでに、星座の話がとっくに流行文化と個性文化のホットな話題になったと気づいた。星占い術と天文学が出た時から、星座の話は「科学」（科学がとても遅く

現れた言葉にも関わらず）の名義で現れるとともに、また世の中の占い師の「筋道」で現れたが、星座に関する様々な理論、説教は開放的な社会の条件で、民間の人気がある文化の話題である。星座の話はその流行性と広い伝播性によって、重要な文化の力になった。それの二千年余りの流行と伝播史によって、私達はそれを軽視することができなくて、更にこの面で主観的な覆い隠しの態度をとってはいけない。

(4) 私達は星座を人間の一つの自然的属性とする前提で、更に流行文化分野で、文化で、星座の所属に理論と現実生活で符合した落ち着き先を探し当てるべきで、そして探し当てなければならない。これは私達がしっかりと守った一つの立場と持った星座の観念になるべきである。

星座の話が流行文化と個性文化の注目個所になったのは、星座という問題が天然的に流行文化と個性文化の注意力を集めるとともに、この時代にこのような現実的な需要が存在しているためである。星座の話が一度も正統的に認可を受けたことがない身分で二千年余りの流行と伝播史を成し遂げたのは、すでに文化の意義で世界を認知して解釈して、それによって科学を越えたのは偶然的ではなくて、そして一朝一夕の事ではないのである。

(5) 星座の話は依然として科学分野で探求して、うろうろしているが、これはその宿命である。科学的に人間と時空との関係のこの命題を説明するのに、この命題が間違いだと証明されても、すべて「路は曼曼として其れ修遠なり」である。現在星座の話はすでに流行文化と個性文化分野で盛んになって、科学主義が更に科学的な名義で科学を独占することができなくなって、流行文化と個性文化分野で星座の話に「個人保有地」を残すべきである。それによって、自然的属性の

分析で選んだ方法で、星座の話に直面して、そして星座の所属が人類の一つの自然的属性とすることを確認する。これによって、私達が人類自身を含めた世界を認知して解釈する時に貴重な空間を受けたのである。

2、星座の所属と十二星座の人類集団に関して

本書の中で、星座の所属を人類の自然的属性とするという再発見と理論での正式な確認に基づいて、理論上で星座の所属を星座意義での集団の所属に見なして、それによって人類集団の概念に転換した。これによって、解釈対象とする十二星座の人類集団を形成した。星座の所属が人類集団の概念に転換されると、この集団概念は私達の確立しようとする星座観念の重要な構成部分である。更に重要なのは、この集団概念に私達がかつて気づいたことがない思想的方法の方向を含んでいるのである。私達はこの面での理論探求を後の章に譲る。

指摘しなければならないのは、性別、血液型と星座がそれぞれ人類の自然的属性とする理論上での正式確認と性別の区分、血液型の差異と星座の所属に基づいて人類自身をどのように認知して解釈するのかということは同じことではないのである。理論上で、この二つのことを分けなければならない。

ここまで、私達はすでに人類の三つの自然的属性を発見すると同時に、性別、血液型と星座が人類の三つの自然的属性とする理論上での正式の確認を完成して、更に、性別の区分、血液型の差異と星座の所属をそれぞれ三つの人類集団の概念に転換した。それに応じて、三つの「新しい」人類集団を形成したが、即ち、二つの性別集団、四つの血液型集団と十二の星座集団である。

このように三つの人類集団は直接に人類に対して行った三回の集団区分である。

星座観念の再確立を含めた自然的属性の観念の解放は理論的に多すぎる余地を残した。以前の思想束縛から抜け出してから、私達は成果を上げるべきである.

第三章

人類集団の再区分：自然的属性文化記号シス

テムの構築

■本章の案内

　　前の二章においては、自然的属性の分析理論と方法によって、性別、血液型と星座が人類の先天的で、生まれつき有して、変えられない三つの自然的属性であることを再び発見し、そして理論面で正式に確認した。本章においては、自然的属性の分析理論の核心を詳しく解釈している。私達は、性別の区分、血液型の差異と星座の所属という三種の意義で人類集団に対する三回の連続的な区分を完了し、自然的属性の意義における九十六の人類集団、即ち九十六種類の人間を確立し、そして組合設計することで作られた九十六の個性文化記号を九十六の人類集団、即ち九十六種類の人間に与え、これによって人類の自然的属性の個性文化記号システム、即ち自然的属性文化記号システムを構築したのである。

　　1、かつて人類の三つの自然属性に対する認知上の限界によって、「感性的」に性別の区分、血液型の差異と星座の所属から出発して、それぞれ性別、血液型及び星座という三つの面で、人間の自然的属性の個性を区分したが、人間の三つの自然的属性は全体的に分割し

てはいけない三つの要素として、「各人」の中で「統一」され、そして人類が自身を認識する出発点になっていない。以前に性別の区分、血液型の差異と星座の所属に対する認知と解釈がどの程度に達したのかを問わず、理論上の理性不足により、人類の三つの自然的属性が「離散」状態にあったのである。即ち、我達は性別の区分、血液型の差異と星座の所属で共に人類の自然的属性の個性を構成するのを発見していないのである。

　2、人間は「先天的」で、生まれつき有した性別、血液型及び星座という三つの変えられない自然的属性の情報を持っているのである。人類の自然的属性の個性を構成する三つの「元素」として、性別の区分、血液型の差異と星座の所属は共に人間の性格特質を形成する役割を果たしている。

　3、性別の区分、血液型の差異と星座の所属に対する一緒で共通的な関心は私達をかつて思い付いたことがない別の分野に引き入れた。第二章においては、性別の区分、血液型の差異と星座の所属を人類の三つの自然的属性とすることを再び発見して理論上で正式に確認して、そしてこの三つの自然的属性を三つのそれに相応する人類集団の概念に転換した。本章においては、私達は理論的にこのような三つの人類集団の概念を受けて、更に性別の区分、血液型の差異と星座の所属を人類集団を区分する全く新しい方法に転換する。即ち、**性別の区分、血液型の差異と星座の所属という順に従い、私達は人類集団を三回連続的に区分することができる。一回目の区分は、性別の区分により、人類を性別の自然的属性の情報を持っている男女という二つの集団に区分する。二回目の区分は、血液型の差異により、一回目の区分で形成した二つの集団を A、B、O、AB という四種類の血液型で区分して、この時、人類はそれぞれ性別と血液型という二つの自然的属**

性の情報を持つ八つの集団に区分される。三回目の区分は、星座の所属によって、二回目の区分で形成した八つの集団を、牡羊座、牡牛座、双子座、蟹座、獅子座、乙女座、天秤座、蠍座、射手座、山羊座、水瓶座、魚座という十二星座で区分し、この時、人類はそれぞれ同時に性別、血液型及び星座という三つの自然的属性の情報を持つ九十六の集団、即ち九十六種類の人間に区分された。人類の九十六の集団の中の各集団は性別、血液型及び星座でそれぞれその自然的属性の身分を表すのではなく、性別、血液型及び星座の中の一つだけで共にその自然的属性の身分を表している。即ち、各集団は<u>何れも性別、血液型及び星座という三つの自然的属性でそれぞれその中の一つの自然的属性の情報を持つことをマークし</u>、その自然的属性の身分を確立するである。九十六種類の人間の各種類の人間と各人にとって、その結論も同じである。

　　4、性別の区分、血液型の差異と星座の所属という三つの自然的属性を表現する十八の記号を共に人類の自然的属性を表現する文化記号資源として、そしてそれを統合する。このような統合の直接的なの方向は、それぞれ性別の区分を表現する二つの記号、血液型の差異を表現する四つの記号、星座の所属を表現する十二の記号を「素材」とし、性別の区分、血液型の差異と星座の所属を表現する「三組」の記号のあらゆる組のあらゆる記号をすべてその他の二組の記号の中のあらゆる記号と組合設計を行うことにより、九十六の新しい記号を作り上げた。九十六の記号の中の各記号は、記号で表現する形式でそれぞれ同時に人類の性別、血液型及び星座という三つの自然的属性の情報を有している。この九十六の個性記号は、それぞれ人類の九十六の集団、即ち九十六種類の人間の自然的属性の個性を表しているほか、演繹した後に、当然のことながら人類の自然的属性の個性を表す個性文

化記号とされる。私達はこの九十六の個性文化記号を九十六の人類集団、即ち九十六種類の人間に与え、九十六の人類集団、即ち九十六種類の人間に対する完璧でシリーズ的な記号表現を形成する。これによって、私達は「人類自然的属性個性文化記号システム」を構築した。即ち自然的属性文化記号システムであり、「個性文化記号システム」と略称することもできる。

　5、本章においては、私達が自然的属性意義における人類集団に対する区分を完了して、九十六の人類集団、即ち九十六種類の人間を確立し、同時にそれに相応する自然的属性文化記号システムを構築した。これによって、私達は自然的属性分析方法を含めた自然的属性分析理論の初期構築を完了した。

　6、自然的属性分析理論とその中の自然的属性文化記号システムに表現面で「整合」し、更に十分に私達の観点を表現し、自然的属性分析の理論と方法に更に簡明に現すため、本章においては、私達は同時に自然的属性文化記号システムの中の九十六の個性文化記号言語にする表現を完了した。即ち、九十六の個性文化記号が「牡羊 A 男性」（第一）から「魚 AB 女性」（第九十六）までという九十六の音声にて読み出すことができる言語の名称、即ち正式の呼称名称を得たのである。

　7、本章においては、私達が「人類の自然的属性の木」を描いた。 人類の自然的属性の木は、自然的属性の分析理論とその方法に与えた図画表現形式だけではなく、更にこの理論と方法によって得られた成果の図画による完璧な展示である。人類の自然的属性の木は下から上へ生長し、人類の自然的属性の絵巻となり、人類の自然的属性の生き生きとした光景である。

第一節　人間の三つの自然的属性の再発見

　　第二章の人類の自然的属性に対する解説の中で、私達はそれぞれ性別の区分、血液型の差異と星座の所属がそれぞれ人類の先天的で、生まれつき有して、変えられない三つの自然的属性であることを再び発見し、そして理論的に正式に確認した。私達の解説の中で、人類の三つの自然的属性は依然として「分離」又は「離散」状態にある。今、私達がやろうとしているのは、人類のこの三つの自然的属性を同じ理論認識の面に置き、それらの間にある天然の関係を発見し、それによって理論的に展開して分析するということである。

一、人類の三つの自然的属性：軽視された常識

　　常識は人間が何れも知る普通の知識である。人間が何れも知る普通の知識がなぜ軽視されたのだろうか。実は、これは一般の人間の思いもよらないことではないのである。まさに常識なので、現実生活の中でよく人間の観察と認知における盲点になる。私達が犯すたくさんのミス、ひいては最も深刻なミスは、往々にして常識を軽視することによって生じるのである。

　　性別、血液型及び星座が人間の三つの自然的属性であることは常識である。しかし、このような常識こそ、基本的に又はとても大きい程度で私達に軽視されてきた。

1、「日常的に使われながら知られていない」という過ち

　　認知面から言うと、常識は往々にして最も軽視されやすい。この道理は、「日常的に使われながら知られていない」という言葉で解釈

することができるが、「よく見ていながら見えないふりをした」とい
う言葉で比喩することもできる。そのため、性別、血液型及び星座が
人類の三つの自然的属性であることを軽視したが、私達はこのことを
軽視したことを知らない。このような人類の三つの自然的属性に対す
る軽視は、「日常的に使われながら知られていない」という過ちだと
言える。

2、人類の自然的属性は対比の中で注目されていない

　　　これは認知の方法と認知の道の問題である。多くの場合、私達は
異なった物事の対比で、物事を認識する必要がある。これは多くの場
合に私達がよく比較の方法を使って、比較で物事を認知して解釈する
のに示された道理と同じである。比較とは対比であり、対比で更に目
標に対する発見をしやすいのである。第一章においては、私達が人類
社会の属性と対比するという意義において、明確に再び人類の自然的
属性を発見したのである。事実はまさに社会的属性の汎化で、それが
自然的属性と現実的な対比関係を形成していないのである。認知の意
義において、人間の三つの自然的属性、即ち性別、血液型及び星座は
現実的に存在している「もの」ではないようなので、ほとんどあって
もなくても良い「もの」にもなったのである。

　　　別の認識の面で、現実生活の中で、私達は性別、血液型及び星座
という三つの自然的属性と人間の性格特質との間に存在する天然的な
関係を軽視した。日常生活の中で、人間の性格特質は各種方式で注目
されたが、それは往々にして孤立して存在していたのである。人間の
性格特質と人類の自然的属性との間における天然的な関係を軽視した
ことによって、人間の性格特質とそれに応じて存在した自然的属性が

注目されにくく、重視されにくくなったのである。

　これは私達の認知におけるもう一つの盲点である。

3、人類の個性が二重に覆い隠されたことによる直接的な結果

　まさに第一章において指摘したように、社会的属性の汎化と同質化の氾濫が人類の個性に対する二重の覆い隠しとなったが、人類の個性の中の「先天的」な個性も人類の自然的属性の個性である。この意義において、人間の自然的属性を軽視したことは商工消費時代に人類の個性が二重に覆い隠されたことによる直接的な結果だと言える。

　私達は、性別、血液型及び星座が人類の三つの自然的属性であることを理解しさえすれば、自然的属性の意義において性別の区分、血液型の差異と星座の所属で人類集団の概念を確立するのは当然的な理論方向になるが、私達はこの三つの自然的属性から出発して、理論の視野を人類集団に対する区分まで広く開拓するべきであることに気づいた。しかし、実際においては、私達が性別の区分、血液型の差異と星座の所属を人類集団の概念に転換することができず、更に性別の区分、血液型の差異と星座の所属が最後に人類集団を区分する三つの自然的属性の根拠になることができず、それによって私達が性別、血液型及び星座という自然的属性自体も軽視したのである。これは別の認識の面で、認知の方法と認知の道を誤ったことによってもたらされた結果である。

　実際の生活の中で、人間は更に普遍的で更によく人類の社会的属性から出発して人類を集団で区分し、異なった階級、流派、グループ

などの集団の概念はすべて社会的属性から出発し、人類を集団で区分して形成したのである。社会的属性に基づいて人類を集団で区分するのは、人間の数多くの功利的要求を満たした。同じ階級、同じ流派、同じグループ、即ち同じ集団の人間の間において認め合うことによって人間はアイデンティティと帰属感を探し当てるが、このような承認と帰属は、この集団の人間を共に社会生活で更に有利な位置を発見して占有するように駆り立てる。そのため、社会的属性に基づいて人類集団を区分するのは、このような「功利的」な特色を持っているため、偏見を避けることができないのである。しかし、これは私達が避けることのできない、普遍的な社会の現実である。どこでも見られる社会的属性の区分によって、社会的属性の汎化が出て、人類が「知らないうち」にどこにも見られる社会現象になった。これは自然的属性に基づいて人類集団に対する区分を覆い隠しただけではなく、人間の先天的で、生まれつき有して、変えられない自然的属性自体も覆い隠した。私達は、共に人類の自然的属性とする性別、血液型及び星座を発見することができず、更に人間のこの三つの自然的属性を重視し、それをして私達が人類自身を認識する出発点にならしめることができなかった。

　第一章において述べたように、階級、流派、グループなどの人類集団とその社会的属性は人間の社会的身分と役割に対する確認である。このような確認は一方で人間の切実な利益に関係しているが、もう一方で人間の精神面における承認と帰属に関係している。これらのこと、これらのコンプレックスは、人類が永遠に捨てることができないものであるかもしれない。このような「人間が集団で分けられる」のはほとんど人類の本能になった。このような社会性の「人間が集団で分けられる」のは社会的属性の汎化が避けられないことを意味して

おり、それは商工消費時代の同質化と共に人類の自然的属性の個性に対する覆い隠しとなったのである。

二、人類の三つの自然的属性の「分離」状態

私達の分析は肝心な段階に入った。

1、人類性格の三種類の「質」の性別、血液型及び星座

本書の主な任務は、性別、血液型及び星座を人類性格の解釈ツールにすることではないが、性別、血液型及び星座と人間の性格の間における関係は避けられない問題である。性別、血液型及び星座それぞれと人類の性格の関係は早くから俗世の生活で流行っている話題であり、しかも、このような関係は文化面で多くの解釈を受けたからである。この話題を回避するのは困難である。そのため、私達の討論は当然のことながらここから入り、更に私達が選んだ道に入った上で、理論の分析を展開する。

文化面で、同時に私達の分析の枠組みの中で、性別、血液型及び星座が人間の性格を決定する三種類の「質」だと見なされており、この三種類の「質」は互いに関連し、そして互いに関連して形成される関係の中で人間の性格も決定する。この意義において人類の三つの自然的属性の人間の性格に対する決定を発見したのは、広い思想の空間を持ち、興味に満ちた事柄である。

この事柄は複雑ではないようであるが、性別、血液型及び星座と人間の性格の間に関係が存在していることを承認しさえすれば、性別、血液型及び星座が自然的属性意義において人間の性格を決定する

三種類の「質」となることを確認しやすい。自然的属性の意義におい
ては、一方で、私達が性別、血液型及び星座と人間の性格の間に存在
する必然的な関係を否定することができず、もう一方では、私達が性
別、血液型及び星座以外に人間の性格と必然的な関係がある第四の人
類の自然的属性を発見していない。そのため、性別、血液型及び星座
が性格を決定する三種類の「質」とすることを確認した以外に、私達
は別の結論を提供したり、別の選択をしたりすることができない。

2、人類の三つの自然的属性の「分離」不能と人為的な「離散」

　　性別と人間の性格、血液型と人間の性格及び星座と人間の性格と
いう三つの関係は、程度の差こそあれ何れも注目されている。しか
し、私達はほとんど性別の区分、血液型の差異と星座の所属という三
者の間における相違が人間の性格を共同で決定することに気づいてお
らず、この三つが共に人間の性格を決定するという意義において、共
に自然的属性の個性を構成するという方向を発見していない上に、人
間の性格を決定する時、性別、血液型及び星座という三種類の「質」
が分離しておらず、人間の性格又は性格の特質を共同で決定すること
も発見していない。言い換えると、自然的属性の意義において、人間
の性格を共同で決定する中で、性別（の区分）、血液型（の差異）及
び星座（の所属）は「一人」（同時に一つの集団）で包括されている
のである。これは理論的に考えてロジックに合った判断である。しか
し、実際においては、私達が理性的に人間の性格を決定する時に人間
の三つの自然的属性が分割してはいけない状態で包括されていること
を発見していないのである。この意義において、性別、血液型及び星

座という三つの分離してはいけない人類の自然的属性は、認知面で、私達が人為的に分離させた「離散」状態にある。これは私達が人類の自然的属性を認識する上で巨大な欠陥となっている。

3、理論面でそれぞれ放置された人類の自然的属性

　　人類の三つの自然的属性が認知で「離散」状態にあるのは、人間の三つの自然的属性が理論面でそれぞれ放置されていることを意味している。これは下記の二つの面に表れている。一方においては、人間の三つの自然的属性に直面する際、たとえ性別、血液型及び星座が人間の自然的属性として重要なことを理解していたとしても、性別は性別、血液型は血液型、星座は星座であり、三つがやはり「離散」状態にあって、それぞれ放置されている。もう一方においては、人間の三つの自然的属性自体はもとより重要であるが、同様に重要なのは、現実的に私達が人間の性格を分析する上での出発点になるべきだということである。さもないと、私達は私達が身を置く俗世の生活と流行文化から遠く離れ、人類の三つの自然的属性が放置され、現実の生活から遠く離れ、それが持つ積極的な意義が私達によって人為的に捨てられてしまうのである。科学主義の影響を受けたため、当然のことながらその他の原因もあるが、私達が共に黙認する理論の枠組みと言語の境界の中で、性別の区分、血液型の差異と星座の所属がそれぞれ放置されており、共に自然的属性の意義において人間の性格を分析する出発点と見なされていない。これは、少なくとも理論面で、人間の三つの自然的属性と人間の性格が関係のない二つの事柄だと見なされていることを意味している。少なくともこの面で、私達は共通的な理性判断が不足しているのである。これによって、私達が自然的属性の意義において人類の性格に対する認知は困難な事柄になり、一貫して続行

することができない任務になった。

三、自然的属性の空席：私達は何を失ったのか

1、私達が自身を認識する出発点はどこにあるのか

　　私達の分析によって、理論面であれ、大衆による認知の面であれ、人類の自然的属性は何れにおいても空席の状態にあるということがすでに判明している。このような空席状態は、私達が理性的に自然的属性から出発して私達の性格を含む人類自身を認識することができず、この自身を認識する出発点を喪失したことを意味している。この出発点が重要なのは、それが同時に私達が自身を認識する立場にあり、直接的には私達の自然的属性の身分の確認でもあるからである。この問題に関しては、後の分析で強調する。

2、認知から始まる個性の紛失

　　私達の人類自身に対する認識の中で、自然的属性と社会的属性はクロスリファレンスのかたちで存在しているが、どちらが欠けてもいけない。自然的属性の空席によって、人類自身に対する完璧な認識はなし遂げることが不可能になった。このような認知的な背景と現実的な背景で、人間の自然的属性の個性は軽視され、見落とされ、そして覆い隠され、「抑圧」された状態にある。このような「先天的」な個性は更に理論面でで現れることができず、紛失状態にある。これは、第一章において指摘した人類の個性が覆い隠されたことに対する別のかたちでの確認である。

3、私達の認知の欠陥と「先天的」な個性の紛失

　　私達の分析がここまでに来ると、指摘しなければならないのは、社会的属性の汎化が人間の自然的属性を覆い隠したが、これは自然的属性紛失の全ての原因ではないのである。自然的属性は人間が先天的に、生まれつき有して、変えられない個性であるが、たとえ社会的属性の汎化の時にも、このような「先天的」な個性を絶対に軽視され見落とされてはいけない。「先天的」な個性である自然的属性の紛失、これはきっと私達の自己認知における欠陥となるに違いない。科学主義の影響と社会的属性の汎化が、私達が「教化」されてイデオロギーにある「思想」背景となっていることに着目するべきである。この「思想」背景は、同時に私達が自身を認識する上での背景であるが、このような自己認識の背景下において、私達は理性的に人間の社会的属性に直面するとともに、理性的に人間の自然的属性に直面するというような人類自身を認識する正しい方向を確立するのは困難である。科学主義の影響と社会的属性の汎化によって形成された「教化」の力によって、知らず知らずのうちに私達の感覚を麻痺させ、私達は自然的属性から出発して自身を認識するという当然の方向から離れたが、理性的にこの問題を発見することができないのは、私達が人類自身を認識する上で一貫して存在していた巨大な欠陥である。

　　提起しやすい問題は、社会的属性の汎化がなければ、私達は必ず人類の三つの自然的属性を自己認識の出発点にすることができるのか、というものである。答えは、それとは限らない。別の角度で観察すると、人間の自然的属性とそれに相応する人間の「先天的」な個性の紛失を軽視して見落とすのは、社会的属性の汎化の原因ではないのだろう。これは、私達が「逆に推測して」得た結論である。

今、私達は何が何でもまず人類の自然的属性という原点に立ち返らなければならない。

第二節 人類集団の「三回」の区分の発見とその記号の表現

一、人類集団に対する三回の区分

1、九十六の人類集団：「三回の区分及びその結果」

　　社会的属性の意義において人類に対して集団の区分を行い、様々な人類集団を形成し、階級、流派とグループなどの様々な人類集団が出たように、自然的属性の意義において、性別の区分、血液型の差異と星座の所属に基づいて人類集団を区分するならば、新しい人類集団も形成するべきである。第二章において、私達はすでに性別の区分、血液型の差異と星座の所属を人類集団の概念と見なしたが、人類の三つの自然的属性の「離散」状態にあることに気づいたため、私達は依然として性別の区分、血液型の差異と星座の所属を共に人類に対して集団の区分を行う方法に転換していない。性別の区分、血液型の差異と星座の所属に基づいて人類に対して集団の区分を行うのは、私達が人類自身を認識するために確立した新しい理論の起点とロジックの起点であり、このような起点に基づいて人類集団を区分して得た結果は特に期待できる。**人類集団に対するこのような区分は、理論面で当然の選択であり、また「意外」な試みだということを示している。**この簡単で全く新しい試みは、私達もその結果を予測できない。

　　性別、血液型及び星座を人類の三つの自然的属性として再び発見して理論面で正式に確認したことに基づいて、私達は性別の区分、血

液型の差異と星座の所属を、自然的属性の意義において順に人類集団に対して行った「三回」の連続的な区分に転換する。一回目の区分、即ちステップ1は、性別の区分に基づいて、人類を性別の情報を持つ男女という二つの集団に区分する。二回目の区分は、更に四種類の血液型の差異に基づいて、一回目の区分ですでに確立した二つの集団を同時に性別と血液型という二つの自然的属性の情報を持っている八つの集団に区分する。三回目の区分は更に十二の星座の所属に基づいて、二回目の区分で確立した八つの集団を同時に性別、血液型及び星座という三つの自然的属性の情報を持っている九十六の集団、即ち九十六種類の人間に区分する。

　人類集団に対する「三回」の連続的な区分によって、人類は初めてこのような九十六の集団、即ち九十六種類の人間に分けられたのである。これは私達の「理論的な想像」の外にあって、私達が予測できない思想の成果である。

　自然的属性の分析理論とその方法に基づいて、私達は人類に対して順に三回の連続的な集団区分を行ったが、人類も初めて自然的属性の意義においてこのような集団の区分を行ったのである。これによって、人類は初めて全く新しい意義での九十六の人類集団、即ち九十六種類の人間を形成した。九十六の人類集団、即ち九十六種類の人間の中のすべての集団、即ちすべての人間はそれぞれ同時に性別、血液型及び星座という三つの自然的属性の情報を持っている。このような九十六の人類集団、即ち九十六種類の人間に対し、私達は理論面で継続的な認知と解釈を如何に展開するべきだろうか。これは更に困難な任務なのかもしれない。

2、新しい方法

　自然的属性の意義における性別の区分、血液型の差異と星座の所属を順に人類集団の三回の連続的な区分に転換する。このような人類集団の新しい区分方法は、これまでの理論及びその方法が取って代わることはできないのである。最も直接的なのは、このような区分方法が社会的属性に基づいて人類集団を区分するのと矛盾しない新しい人類集団の区分方法になることができるというものであり、これは当然のことながら極端に社会的属性に依存して人類集団を区分することの「補充」であり、一つの超越であるとも言える。

3、新しいロジックの起点

　三回の連続的な区分で形成した人類の九十六の集団、即ち九十六種類の人間は、きっと理論面と現実生活の中で、人類集団の存在と個体の存在を分析する新しい論理の起点になるに違いない。

4、新しい文化テーマ

　このような区分に基づいて全く新しい意義における九十六の人類集団、即ち九十六種類の人間を形成し、これは人類が自身を認識する時に新しい認知と解釈の対象になった。これは、私達が理論面で性別の区分、血液型の差異と星座の所属を人類の三つの自然的属性として人類の自然的属性を延伸し展開することを確認した分析で得た必然的な結論と当然的な結果になる。この必然的な結論と当然的な結果に対し、どういった分析と解釈を行うことができるのか。また、如何にして更に延伸し展開するのかということは、きっと全く新しい文化テー

マになるに違いない。

二、九十六の人類集団と人間の自然的属性の身分

自然的属性の意義において、私達はすでに人類を九十六の集団、即ち九十六種類の人間に区分した。この結果は直接的に、九十六の集団、即ち九十六種類の人間がそれぞれに自然的属性の意義において獲得した新しい身分、即ち自然的属性の身分であることを意味している。私達から見ると、自然的属性の身分は理論面でこれまでに提起されたことがない問題で、その重要性はこれまでに提起されたことがないことにあって、その重要性は理論面でも提起されたことがない。今、私達は理論面で道理にかなってこの問題を提起した。

1、性別、血液型及び星座で共通的に表された自然的属性の

身分

性別の区分、血液型の差異と星座の所属に基づいて、私達は人類を九十六の集団、即ち九十六種類の人間に区分した。九十六の集団、即ち九十六種類の人間の「形成」時に、私達は、まさにこのような順に行った三回の連続的な区分によって、人間の三つの自然的属性が人類のすべての集団（即ち各種類の人間）で包括されて「一体化」し共通的に表されたことを発見した。即ち、人類の九十六の集団のすべての集団（即ち、各種類の人間）は性別、血液型及び星座がそれぞれその自然的属性の身分を表すのではなくなり、性別、血液型及び星座の中の一つだけで、合計で三つの要素で共通的にその自然的属性の身分を表す。即ち、すべての集団は性別、血液型及び星座という三つの自

<u>然的属性でそれぞれその中の一つ（種類）の自然的属性の情報を持つ</u>
<u>ことを表し</u>、その自然的属性の身分を確立するのである。後の分析の
中で、私達は人間のこのような自然的属性の身分を人間の「第一身
分」として定義する。

　ここで、私達は人類の自然的属性の身分という概念を提起し確立
した。これは、私達が自然的属性分析理論とその方法に基づいて得た
新しい理論成果でもある。感性的な意義において、この理論成果は決
して私達が予想したものではないが、私達が確立した自然的属性分析
理論とその方法の枠組みの中において、この理論成果は私達の理論面
で必然的かつ当然的な収穫である。

　このあたりで、九十六の人類集団、即ち九十六種類の人間の形成
後に文化認知と思想的方法にて受けた感銘を少し議論するべきかも知
れない。

　私達から見ると、西洋、特に産業革命と科学技術革命を経験した
西洋では、科学がすでに最高の地位が与えられているが、科学は種々
の理論だけではなく、どこにもある方法で、ひいては宗教とは異なる
一種の信仰である。ルネッサンスの後、科学の世界に対する認知と解
釈はすでに独占的地位を占有しており、ひいては科学がすでに文化、
文化を含める世界に対する認知と解釈の空間となっている。科学主義
の隆盛により、浸食され割り込まれ、ひいては民間、俗世の生活と流
行文化の中で人類自身に対する認知と解釈も避けては通れない。この
ような原因により、思想面で、西洋の世界に対する認知と解釈は
「分」を主な方向としている。物事でさえあれば、何れも「分けられ
る場合に分ける」が、このような傾向はほとんど西洋の生活の全ての
面で表れているのである。しかし、東洋の中国においては、状況が逆

になるが、世界の認知と解釈時に、科学は東洋の中国で依然として西洋のような独占的地位を与えられていない。科学主義の影響が広いにもかかわらず、中国の伝統的な文化の継続により、世界の認知と解釈時に、文化は依然としてその深い基礎と伝統として持つ巨大な慣性力によって、根本的に揺り動かされにくい。文化の地位は依然としてあるが、イデオロギー化の科学主義によって、文化はかつての正式で正統的な地位を失っている。文化は隠れた力として、民間、俗世の生活と流行文化の中で現実的に役割を果たしている。このようなどこにでもある伝統的な文化が持つ影響力によって、東洋の中国では、文化面における「合併可能な場合に合併する」、即ち、「合」を主な方向にすることは、生活の中のたくさんの面でほぼ表れている。西洋では、民族国家は「分」の方向としているが、東洋の中国では、多民族国家は「合」の方向としている。西洋の個人主義は「分」の方向としているが、東洋の中国の家庭主義は「合」の方向としており、国については、更に「合」の方向としている。日常生活の中で、食べる方式と食品の作り方はすべて「合」の方向をとり、居住も「合」の方向をとり、四合院は私達があこがれたものだけではなく、集合群居が中国人の居住の楽しみである。行者は家を離れて、連れ立って行ったのは行者の「合」である……。様々なことは、「合」と「和」が東方中国の文化での思想傾向と行為習慣である。世界の認知と解釈の時に、このような思想傾向と行為習慣はきっと役割を果たすに違いない。**人類の九十六の集団、即ち九十六種類の人間の形成はもともと直接的に分の結果であるが、まさにこのような「分」で、すべての人類集団とすべての人間の体での性別、血液型及び星座という三つの自然的属性の「合」をなし、しかもこのような自然的属性の合で形成された人類の自然的属性の個性は、分割してはいけない全体の「合」になった。こ**

のような自然的属性の合の結果は、私達が自身を認識する出発点にな
ったが、即ち私達が自身を認識する時の自然的属性の原点と論理の起
点になったのである。

　自然的属性の分析理論とその方法、「分と合の間」をさすらって
いる理論とその方法なのかもしれないが、分から始まって、合を結果
にする。九十六の人類集団、即ち九十六種類の人間は、「分」から始
まり、「分」で続き、結果として「離散」で分けた性別の区分、血液
型の差異と星座の所属が「至簡の合」の域に達したのである。

　私達は、これが東洋の霊感なのかどうか分からない。しかし、東
洋の文化が無形の力としてここで役割を果たしたことは確かである。

2、人類の九十六の集団と九十六種類の人間

　このような言い方によって、九十六の集団の中のすべての集団は
「先天的」で同時に三つの自然的属性（性別、血液型及び星座）の情
報を持っていることをその自然的属性の個性の身分マークとしてい
る。性別の区分、血液型の差異と星座の所属を共に人類の区分「基
準」とし、この世界の人類が九十六の集団、即ち九十六種類の人間に
分けられ、すべての人間が天然的にそのうち一つの集団に属し、その
うち一種類の人間に属している。この結果は、少なくとも私達の最初
の理論予想になかったが、多少「意外」な理論の収穫である。この結
果は結局何を意味しているのだろうか。本書が導き出す解答は、導き
出すべき解答のほんの一部である。

3、自然的属性の意義における人類の身分の帰属

　人間の社会的属性は変化が発生するかもしれない。ある階級から別の階級に入る、ある流派から別の流派に入る、といった具合に、人間の後天的な身分には、選択の空間と選択の余地が存在しているのである。しかし、ある人、同時にすべての人間は必然的に自然的属性の意義において上記の九十六の集団の中のある集団に属しており、九十六種類の人間のうち一種類になるに違いない。このような自然的属性の意義における身分、即ち自然的属性の身分は先天的で、生まれつき有して、変えられないし、当然のことながら選ぶこともできない。そのため、自然的属性の身分は、私達が九十六の人類集団の中のある集団に属し、九十六種類の人間のうち一種類に属していることを避けられないので、特定の自然的属性の身分を持っている人間になったことを意味している。

　「身分」社会の中で、論争がない「基準」で再び人間の自然的属性の身分を確立することができるというのは、自然的属性の分析理論とその方法に基づいて、人間のこのような自然的属性の身分を発見することができるということであり、それが理論と現実生活に与える影響は見積もりにくいのである。これによって、私達はどのような理論の解説を始めることができるのか、このような解説がどれだけの理論空間を持っているのか、私達は今断言しないが、根気よく考えなければならない。

三、人類の九十六の集団の記号表現

1、流行文化の限界性と流行文化の人類の個性に対する記号表現

　　面白いのは、人間の三つの自然的属性が社会的属性の汎化と同質化の氾濫という二重の覆い隠しを受け、しかも認知面で「離散」状態にあるにも関らず、民間で、俗世の生活と流行文化の中で、民間と俗世の現実生活の中で、人間はやはりこの三つの「先天的」な自然的属性に対して感性的で同時に「本能的」な関心を持っており、しかも、このような関心がすでに黙認の共通認識と広い伝播の表現面に達した。このような感性的で「本能的」な関心があるべき力を表していないのは、以下の原因によるものである。一、このような関心が方法に演繹されて、人類の自然的属性の理性的な「ツール」になっていないこと。二、このような関心が人類の三つの自然的属性に対して共通的に認識して統合される理性的な方向に転換され、更に人類集団に対して順に三回の連続的な区分を形成していないこと。九十六の人類集団、即ち九十六種類の人間は、人類集団に対して三回の連続的な区分を行った必然的な結果であり、「三回の連続的な区分」がないと、この必然的かつ当然的な結果が出ない。

　　流行文化の中で、人類の三つの自然的属性に対する関心は実際に人類の三つの自然的属性を共通的に認識し、更にそれを統合する理性の方向を形成しておらず、人類集団に対して順に行う三回の連続的な区分に転換し、更に全く新しい九十六個の人類集団、即ち九十六種類の人間を確立するという域に達していない。これも思想的方法で、流

行文化が認識の面で表した限界性である。幸いなことに、人類の自然的属性の性別の区分、血液型の差異と星座の所属として、民間で、俗世の生活と流行文化の中で、その特有な記号で現れ、記号化の表現をされたのである。これは文化で、文化の伝播で巨大な効果を形成したが、即ち、まさにこのような記号化の表現で、人類の三つの自然的属性は「離散」状態にあるにも関らず、このような自然的属性の記号を代表することによって、認知、伝播及び運用をされて、一貫して理論によって軽視された黙認の共通認識になった。流行文化の限界性によって、このような黙認された共通認識が理性に欠けているだけではなく、多くの時、多少曖昧にも見えることには少しの疑問も抱かない。民間で、俗世の生活と流行文化の中で人類の三つの自然的属性に対する認知によって得られる精神の成果は人類の三つの自然的属性に対する記号の表現を含んでおり、流行文化の特別な貢献であり、当然のことながら自然的属性の分析の重要な思想出所でもあることを認めるべきである。自然的属性の分析は、このような精神成果の中にある人類の自然的属性に対する感性的で断続的な認知を理性的で連続的な認知に変えて昇華した。そのため、自然的属性の分析理論とその方法の方向によって、すでに人間に周知された人類の三つの自然的属性、及びこの三つの自然的属性を表す記号が、黙認する民間の共通認識とする同時に、当然のことながら理論面での共通認識になってそして私達によって使われることができる。これは確かに幸運である。民間の知恵に感謝し、俗世の生活と流行文化についてこの面ですでに達成した黙認の共通認識に感謝する。

　すでに広く伝播されて流行している性別、血液型及び星座の記号は九十六組の集団、即ち九十六種類の人間の記号化の表現に良好の条件を提供した。

このあたりで、私達は重要な観点を示さなければならない。それは、認知面で、文化面で、記号化の表現がとても重要な意義を持っているということである。イギリスの人類学者のミランダ・ブルース氏ーミットフォード氏とフィリップ・ウィルキンソン氏は『記号とシンボル』という著書に、「記号が私達に伝えたのは、瞬間に感覚検索を行うことができる簡単な情報で、シンボルである……視覚的な画像で、又はある思想を表現する記号である」と指摘した。[25]

　性別の区分、血液型の差異と星座の所属が流行文化で記号化の表現を受けたが、これは私達の理論分析の展開と延伸、及び私達がこれらのできあがった記号を「資源」とし、これらの記号を素材として新しい記号を組合設計によって構築し、更に人類の自然的属性の個性文化記号システムを構築するにあたり、最もすばらしい条件を提供した。

　性別の区分において、男女という二種類の記号の表現はそれぞれ♂（男性）、♠（男性）、♀（女性）、〇（女性）である。

　血液型の差異において、四種類の異なった血液型の記号に対してそれぞれ A、B、O、AB を表現する。

　星座の所属において、十二の異なった星座に対する表現はそれぞれ♈（牡羊）、♉（牡牛）、♊（双子）、♋（蟹）、♌（獅子）、♍（乙女）、♎（天秤）、♏（蠍）、♐（射手）、♑（山羊）、♒（水瓶）、♓（魚）である。

　上記の三つのシリーズの記号が人間の三種類の自然的属性に対す

25 【英】ミランダ・ブルース氏ーミットフォード氏とフィリップ・ウィルキンソン氏の『記号とシンボル』。周継嵐訳。生活.読書.新知三聯書店 2010 年 3 月 北京第一版 第 7 頁。

る最も直接的な展示と表現であることは明らかである。そのうち、性別の記号は象形のトーテムで、きわめて読出、識別及び認知をしやすい。血液型の記号の A、B、O、AB は象形のトーテムとは言えないが、それはまさに人間に周知された三つの英語字母とその組合せであり、きわめて識別、記憶しやすい。星座の十二の記号について、二千年間余りにわたって世界各地で各種の方式で伝播を行ったことによって、流行文化の中で、最低限度の星座常識を有する人間の中で、すでに深く人間の心に刻み込まれた形象トーテムである。

私達は、三つのシリーズの記号の実際の生活における表現力が異なっているのに関らず、たとえば、十二星座の表現力が最も強く、性別の記号がこれに次ぐ（これはこの記号が人間の性別の区分に対する「日常的に使われながら知られていない」こと、および自然的属性の性別の区分が社会的属性の性別の区分に覆い隠されたことと関係がある。）、その後が血液型の記号である。血液型の記号は星座の記号と性別の記号のように専用的な記号ではなく、その A、B、O、AB が二十六の英語字母の三つの字母で、そしてその中の前の二つの字母の簡単な組合せであるが、全体的に言うと、この三つのシリーズの記号は普遍的な認知性、識別可能性があり、きわめて読み出しやすい個性文化記号であることに着目した。この三つのシリーズ的な記号には、認知の障害、表現の障害及び伝播の障害がない。これは本当に幸運である。

2、記号の再組合と新しい記号の構築

自然的属性の分析理論とその方法によって、人類の二つの性別の記号、四つの血液型の記号及び十二の星座の記号に対して全く新しい

再組合を行うのは、記号に対する組合設計の過程である。私達は、性別の区分、血液型の差異及び星座の所属という三組の中のあらゆる組のあらゆる記号をそれぞれその他の二組のあらゆる記号と再び組み合せた。この再組合は当然のことながら全く新しい組合設計である。このような組合設計はまず先行的な理念である。先行的な理念がないと、このようにきわめて簡単だと見えて、再び組合せる方向を形成することができない。次に芸術である。組合設計は芸術的手法で形式の美を追求するための一種の表現である。第三は「技巧」で、設計手段の選択と元素の飾り付けである。最も重要なのは第四であるが、即ち、全体的で、このような再組合設計は思想と方法で、自然的属性の分析理論によって人類集団に対して行った三回の連続的な区分で現れた思想と方法の継続である。人類集団に対する三回の連続的な区分が自然的属性の分析理論の構成部分だとすれば、性別、血液型と星座の三組、即ち三つのシリーズ的な記号に行った組合設計は自然的属性の分析理論の延伸と展開であり、この理論の既定の道における継続であるに違いない。

これによって、私達は九十六の共通的に人類の性別の区分、血液型の差異と星座の所属という三つの自然的属性を表示して表現する個性記号を構築し、それは人類の九十六の集団、即ち九十六種類の人間を表すのである。この時、私達はこの九十六の個性記号を共に人類の自然的属性の個性記号システムと称する。下記の表（表一）の通りである。

表一 人類の自然的属性の個性記号システム

組合設計で九十六の人類の自然的属性を表示する個性記号、即ち自然的属性の個性記号システムを構築する時、私達は九十六の記号と人類の九十六の集団、即ち九十六種類の人間の表現での「関連」を実現した。人類の九十六の集団、即ち九十六種類の人間は、彼らのそれぞれの自然的属性の個性身分、即ち彼らの自然的属性の身分とその個性が人類の自然的属性個性記号システムの中の九十六の個性記号でそれぞれ表示、展示、表現されることができる。この九十六の記号は、九十六の人類集団、即ち九十六種類の人間のそれぞれの自然的属性身分のトーテムである。

第三節 人類の自然的属性の個性文化記号システムの構築

一、人類の自然的属性の演繹

　　人類の自然的属性の演繹に関する問題を提起したのは、以下の原因によるものである。一、私達が確立した自然的属性の分析理論とその方法が科学主義の「専門的」な陣営を打ち破り、すべてのことが「専門」だけを至上にした解釈を行うという習慣を変えなければならないこと。二、人類の自然的属性が認知と解釈をされていないので、これまでの文化と科学の面での行為が有限という事実を見たこと。自然的属性の分析理論とその方法によって、私達はこのような現実から抜け出したが、私達は文化と科学が人類の自然的属性を認知・解釈する面での現実的な限界を発見して、文化と科学が専門主義化にされたことで形成された範囲限定の構造を突破して、人類の自然的属性という立場に基づいて文化と科学で人類の自然的属性を認識した思想成果に対する引きつけと包括を実現するべきである。これによって、自然的属性の分析理論とその方法が文化と科学の対峙で比較的独立を維持し、理論面で以前の文化と科学の現実的な限界を超える理性的な選択を行う。三、このような相対的な独立で、自然的属性の分析理論とその方法が文化と科学に対する引きつけと包括は理性の方向になったこと。人類の自然的属性に対する演繹は、自然的属性の分析理論とその方法の延伸・展開だと言える。

1、人類集団に対する「三回の区分」と人類の自然的属性に対する理論の演繹

　私達は、「私達が性別の区分、血液型の差異と星座の所属に基づいて人類集団に対して三回に連続的な区分を行った結果、どうして今まで理性的な文化テーマになっていない上に、文化面でいかなる「専門的」な分析・説明も受けていないのだろう。そして、科学のテーマと科学に受け入れられた方法にもなって、更に人類の自然的属性に対して科学上で分析と説明をしていないのだろう」という問題を提起するべきである。事実は、文化と科学が人類の自然的属性に対して持続的で理性的な関心を持っているのである。

2、人類の自然的属性の認知と解釈の延伸

　私達の認識は新しい段階に入ることができる。即ち、私達は順に人類集団に対して行った三回の連続的な区分を人類の自然的属性に対する理論的な演繹を見なすことができる。私達はそれぞれ人類の三つの自然的属性の確認から出発し、人類集団に対する三回の連続的な区分を完了し、最後に三つの自然的属性に対する共同の認知と解釈をした。このような区分に基づいて形成して確立した九十六の人類集団、即ち九十六種類の人間もこのような理論的な演繹の結果である。

　第一章においてそれぞれ人間の三つの自然的属性を検討する時に、私達はすでに、性別、血液型及び星座に対する認識に科学的な手がかりがあるとともに、科学的な成分も含んでいるのに関らず、人間のこれらの問題に対する認知と解釈が性別、血液型及び星座の既定の境界を越えることが避けられず、しかも、たとえ科学主義の盛んな背

景下であっても、このような認知と解釈が科学で確定された境界を越えて、流行文化の分野に入り、文化のテーマになることに気づいた。確認した性別の区分、血液型の差異と星座の所属を共に人類の自然的属性とすることを前提にして、私達の自然的属性に対する認知と解釈が流行文化分野に延伸されるという現実的な方向に順応し、自然的属性の意義において人類自身に対する独特な認知と解釈を形成する。このような認知と解釈によって、性別の区分、血液型の差異と星座の所属が共に個性文化のテーマになったのである。即ち、人類集団に対する区分を完了し、そして九十六の記号からなる自然的属性個性記号システムを組合せで設計したため、人類の自然的属性を個性文化の方式で表して表現するように、私達は人類の自然的属性に対する認知と解釈を流行文化分野に延伸して展開せざるを得ない。これは、自然的属性の分析理論とその方法の自然な発展変化である。一方、文化面で、自然的属性がすでに得た感性的な表示と表現は理論で捨てたり回避したりすることができないのである。これは、私達が言う人類の自然的属性の演繹である。正確に言うと、このような演繹は普通性を有した人類の自然的属性から出発したが、自然的属性の既定の境界を越えて、それを再び認知して解釈し、それによって人類の自然的属性と文化で認知と解釈を受けた人類の自然的属性の関連を実現し、そして相応の結論を得たのである。この演繹過程は、いわゆる理性的な理論基準に合った推理では全くないが、自然的属性の分析が民間の感性と民間の理性を混合した対抗に対する統合と統一で、これによって、私達は人類の自然的属性に対して認知と解釈での共通認識を達成した。このような演繹の中で、人間は自然的属性に対する認知と解釈が流行文化に延伸されて入り、そして流行った個性文化テーマをこのような延伸の直接的な結果にした。事実上、私達の人類の自然的属性に対する

発見と分析は、一貫してこの道を歩いているのである。

　このような演繹のため、人類の自然的属性を表した九十六の記号は私達によって九十六の個性の文化記号だと見なされた。九十六の個性文化記号は、九十六の人類集団、即ち九十六種類の人間に対する表現であり、自然的属性の意義で人類の九十六の集団、即ち九十六種類の人間が得た文化的な表現方式である。このような演繹のため、私達は既定の自然的属性の境界を越えて、人類の自然的属性の個性記号はその延伸転換形式を受けたが、このような延伸転換形式は人類の九十六の自然的属性個性文化記号である。

　本書において確立した自然的属性の分析理論とその方法については、私達は本書の序論においてはっきりと述べたが、第一章と第二章において理論面で再び言及している。私達は自然的属性の分析方法を簡単に文化に帰属していないが、簡単に科学にも属していない。このようなため、自然的属性の分析方法は比較的独立に表現する空間を獲得し、私達が自然的属性に対するこのような演繹も出たのである。自然的属性の分析方法の意義において展開した人類の自然的属性の演繹によって、私達が俗世の生活と流行文化の中で人類の自然的属性を認知して解釈する成果を収穫した。即ち、まさにそこで、人類の三つの自然的属性が確認され、記号にて表現されたのである。

　特に必ず指摘しなければならないのは、俗世の生活と流行文化の中で、性別の区分、血液型の差異と星座の所属という三つの面に基づいて人間の個性に対する認識と表現が人間が民間で長期にわたり観察されることで得られた結論であり、民間の知恵の結晶であり、多くの場合に、それはいわゆる科学的な観察と矛盾しないので、簡単に民間で観察されることで得られた結論を否定するならば、あれは科学主義

の偏見しかと言えないのである。

　人類の自然的属性に対する演繹は、自然的属性の分析方法の流行分野における延伸になった。これによって、人類の自然的属性は文化の意義において独特な表現を得た。

3、文化と科学の自然的属性に対する演繹

　性別、血液型及び星座の科学意義での解釈については、どうしてもある限界性を表すことが避けられないことを発見しやすい。しかし、人類が自然的属性を含む自身を認識するのに、その足どりはこれまで休んだことがないのである。そのため、科学以外に、人間の性別、血液型及び星座を解釈するのは人間の当然な選択になる。性別の区分、血液型の差異と星座の所属が民間で、俗世の生活と流行文化の中で受けた認知と解釈は、すべて人類の自然的属性が科学的な境界を越えることに対する演繹である。

　科学と対比の方式で存在している流行文化が現れたのは別の俗世と社会の光景である。流行文化は境界がそれほど明確ではないが、とても広い分野で、科学で解釈できないすべての問題、明らかに解釈できない問題の大部分がここで解釈を探し当てることができるのである。このような解釈は科学の正しい基準に合うとは限らないが、この面の流行文化分野でのこのような認知の対抗は全体的に言うと、物事に対して正しい解釈の方向に進めて展開しているのである。まさに前文においてすでに述べたように、流行文化を含め、科学と文化の間の関係は対立にするべきではなく、互いに栄養をくみ取り、矛盾なく進むべきである。祭儀の中に表現された習慣と方法がいつも迷信だと見なされ、同様に科学的な基準の道理にも合わないという道理と同じ

く、それは依然として人間の世界に対する認知、解釈とそれ相応の表現方式である。それが人間に与えた精神の籍慰、ひいては思想と情緒の表現はすべて科学に取って代わられないのである。そのため、流行文化における認知の対抗は、多くの未知、未明の問題に対して解答を探して道を発見したことによって形成された感性的な方向と自然の方向である。このような走向と方向に感性的な色を持っているが、依然として理論の理性に取って代わることができないのである。

　科学と流行文化は互いに取って代わることができず、それぞれ機能を持っている。科学の物事に対する認知と解釈は、流行文化の物事に対する認知と解釈に取って代わることができないが、その逆も然りである。しかし、流行文化はほとんど見落とされている重要な機能を持っている。即ち、それは科学に必要な認知と解釈の課題を提供することができるだけではなく、民間と俗世の認知角度も提供し、当然のことながら科学で一時的に、ひいては永遠に得ることができない結論を得ることができるかも知れない。

　自然的属性の分析理論とその方法は、まさに文化科学がこのように共存するという背景下において、二者以外で、人類自身を認知して解釈する別の道になったのである。**民間で、俗世の生活と流行文化の中で、人類の三つの自然的属性の認知と解釈及びそれに応じた思想成果がすべて自然的属性の分析理論とその方法の理性的な延伸だと見なされ、それによって文化と科学の相応の成果で得た結論を引きつけて包括することができる。**

4、流行文化の個性に対する本能的な追求

　流行文化の中で個性に対する関心は、人類が個性を追求する本能

と当然的な反応がほとんどである。人間はいつも自身が一般のものとは異なった部分を求めて発見し、一般のものとは異なった部分によって、自身と「大衆」を区分するように努めている。人間もこれまでこのような問い詰めを停止していないが、即ち、人と人がどうして異なっているのかというような問い詰めは、個性を探して発見するという過程の感性的な起点と文化的な起点である。同時に、人間はまた個性面で自身と同じな「同類」を探して、「同類」に対して、及び「同類」との認め合いの中で自身の個性が確かに存在していることを実証し、それによって自身の個性の表現を自身一人の表現ではなく、同類の共通的な表現として、それによって個性の力を形成してこのような力を展示する。即ち、俗世の生活と流行文化の中で、人間は一方で一般のものとは異なる個性を発見するのに努め、もう一方では誰が私と同じで、同じ個性の人間との間の認め合いを探している。このような認め合いの中で、人間は共通の話題を探し当て、共通の精神的な慰めを受け、団結した行為の方向を形成する。

このような理解によって、性別の区分、血液型の差異と星座の所属で表現した人類の自然的属性の個性は、自然的に人間の認識で、流行文化の中で表現される。人間は民間的、即ち俗世的な方式での観察によって、性別の区分、血液型の差異と星座の所属で表した個性に対していくつか文化意義での解釈を提供する。これは私達が言う流行文化が人類の個性に対する本能的な追求で、このような追求はこれまで止まったことがない。このような追求は、私達が言う人類の自然的属性の演繹過程を構成している。この演繹過程は理論の理性的な引導に欠けているが、ずっと続けているのである。人類の三つの自然的属性は個性文化テーマとして、この演繹過程にあって、このような演繹の当然的な結果にもなった。

二、 自然的属性の個性記号に対する演繹と九十六の個性文化記号の構築

　実は、自然的属性の個性記号の演繹は自然的属性の演繹の一部である。単独でこの問題を提起したのは、民間で、俗世の生活と流行文化の中で、人類の三つの自然的属性がすでに得た記号の表現が、人間がすでに成し遂げた自然的属性に対する認識とこの認識の継続に対して、取って代わることができず、不可欠なもののためである。このような記号の表現がないと、この面の知識の広い伝播と流行があり得ないのである。これは記号の独特な力である。これらの記号資源を素材として組合設計することで作られた九十六の記号はもちろん広く伝播され流行し、このような理論予想を出す前提はこれらの記号が自身に独特な個性魅力と表現張力を備えるということである。これは自然的属性の個性記号は早くから個性文化記号になり、民間と俗世の生活に根を下ろした分かりやすい表現方式になり、人間の自然的属性身分とその個性を現し表現している。私達が理性的に人類の自然的属性の個性記号を演繹して、自然的属性の認知と解釈に対して理性的な延伸をする時、民間で、俗世の生活する中で、このような延伸がすでに感性的な記号表現方式で部分的に完了したのである。これは自然的属性に対して演繹する民間と俗世のバージョンである。

　このような判断に基づいて、自然的属性の記号に対する演繹を日程に入れなければならない。

　人類の自然で属性の認知と解釈を流行文化の方向へ演繹して、それによって個性文化テーマになる時、直接的に人類の自然的属性を表す九十六個性の記号がもう自然的属性個性を表現する記号だけではな

くなり、文化の方式で人類の自然的属性の個性を表現する個性文化記号に転換された。

　その前に、私達はすでに人類の三つの自然的属性である性別の区分、血液型の差異と星座の所属という三組で十八の記号のシリーズ的な表現を完了した。人類の生活の中で、口頭での表現に対して、文字での表現は進歩であり、口頭の表現を超えた表現の形式であり、文字とその内包に対する記号の表現であり、文字表現を超えたものであり、さらなる文化の形式である。記号は文化表現の高級な形式である。文化表現の高級な形式として、記号は極致の個性展示とその力を備え、大衆の承認を呼び覚まし、更には黙認の共通認識を形成するトーテムになった。[26]戦争、社会運動などのスーパー集団活動はすべてこのようなトーテムがあって、そしてこのようなトーテムを旗幟にし、このような旗幟で展開している。ファッションはこのようなトーテムと旗幟を持って、政党意志はこのようなトーテムと旗幟を持って、英雄主義もこのようなトーテムと旗幟を持っている……

　再び人類の三つの自然的属性の個性記号の表現方式を発見して確認するのは、自然的属性の記号に対する演繹過程であるが、それぞれ性別の区分、血液型の差異と星座の所属という十八の記号を表現するのは、すでに自然的属性の既定の境界を越え、共に人類の自然的属性の個性を表現する個性文化記号になった。このことは第二章においてすでに述べている。

　私達が強調しようとしているのは、九十六の個性記号の「素材」

---

[26]記号に対するこのような理解と表現は【英】ミランダ・ブルース氏ーミットフォード氏とフィリップ・ウィルキンソン氏の『記号とシンボル』を参照する。周継嵐訳。生活.読書.新知三聯書店 2010 年 3 月北京第 1 版。

を構築する三組で十八の記号は、最初に自然的属性を表す記号だけではなく、文化情報を持って来たものであり、「文化素材」として組合設計をされ、九十六の個性記号を形成した。その隠れていた理論と方法の方向は下記のように述べることができるが、即ち、私達は人類の二つの性別記号、四つの血液型記号と十二の星座記号を共に十八の文化意義を持つ文化記号として組合設計を行う。即ち、性別の区分、血液型の差異と星座の所属という三組の文化記号のあらゆる組のあらゆる文化記号をそれぞれその他の二組のあらゆる文化記号と再び組み合せて、これによって、九十六の人類性別の区分、血液型の差異と星座の所属という三つの自然的属性の個性を表現することができ、既定の自然的属性の境界を越えた個性文化記号を構築した。この九十六の個性文化記号が表しているのは、順に三回の連続的な区分をすることで形成された人類の九十六の集団、即ち九十六種類の人間である。ただ、この時に、私達が人類の自然的属性に対する表現がすでに自然的属性の分析理論とその方法の延伸意義で、自然的属性の既定の境界を越え、文化表現の方面に入っている。即ち、それによって、私達は人類の自然的属性の個性に対する個性文化記号の表現形式を得たのである。

事実上、以前に人類の自然的属性の演繹を述べた時に、私達は別の道で別の方式で自然的属性の個性記号が文化方向に向かう演繹を表現したのである。性別、血液型及び星座の記号がすでに流行った意義においても、これらの記号の素材に基づいて構築された九十六の個性記号がきっと流行る意義においても、私達は人類の自然的属性に対する認知と解釈を文化分野に延伸して展開せざるを得ない。それに応じて、人類の自然的属性を個性文化方式で現し表現するのは、必然的に記号表現の方式で達成するので、人類の自然的属性の個性記号は当然

的に人類の自然的属性の個性文化記号に延伸されて転換される。

　この面で、私達は二つの手段が異なっても結果が同じ理論の道と手がかりを表した。

　組合設計によって構築した九十六の個性文化記号、人類の九十六の集団（九十六種類の人間）の自然的属性を表す個性の徽章と個性のトーテムで、九十六の個性の旗幟である。

　このような九十六の個性徽章、個性トーテムと個性旗幟はすでに人類の九十六の集団、即ち九十六種類の人間の自然的属性に対する簡単な陳述ではなくなった。私達が最初にこのような九十六の記号で人類の自然的属性を簡単に述べることに留まりたくなかった。これは私達の理論と方法での選択である。

三、人類の自然的属性の個性文化記号システムの構築

1、人類の自然的属性の個性文化記号システムの構築

　自然的属性の分析理論とその方法は文化と科学が人類の自然的属性を認識した思想成果の引きつけと包括によって、自然的属性の分析理論とその方法が人類の自身を認知して解釈する時の延伸によって、人類の自然的属性を表す九十六の個性記号が文化意義で人類の自然的属性の個性を表現する九十六の個性の文化記号に転換した。私達はこの九十六の個性文化記号に共に構成された記号システムを人類の自然的属性の個性文化記号システムと称し、「自然的属性文化記号システム」を略称し、一部の状況においては「個性文化記号システム」とも略称する。自然的属性文化記号の英文の正式名称は「The Cultural

Symbols of Human Nature」で、CSHN が略称である。自然的属性文化記号システムの更に直接的で簡潔明瞭な英語表現方式は性別の区分、血液型の差異と星座の所属という三つの英文名称を直接に表すが、即ち Gender identity、Blood group と Horoscope attribution で、その英文略称は GBH である。星座という言葉に Astrology と Constellation を選択すると、その英文の略称も GBA と GBC とすることができる。下記の図（表 3-2）の通りである。

GBA001	GBA002	GBA003	GBA004
牡羊 A 男性 AR T-A M	牡羊 A 女性 AR T-A F	牡羊 B 男性 AR T-B M	牡羊 B 女性 AR T-B F
GBA005	GBA006	GBA007	GBA008
牡羊 O 男性 AR T-O M	牡羊 O 女性 AR T-O F	牡羊 AB 男性 AR T-AB M	牡羊 AB 女性 AR T-AB F
GBA009	GBA010	GBA011	GBA012
牡牛 A 男性 T T-A M	牡牛 A 女性 T T-A F	牡牛 B 男性 T T-B M	牡牛 B 女性 T T-B F
GBA013	GBA014	GBA015	GBA016
牡牛 O 男性 T T-O M	牡牛 O 女性 T T-O F	牡牛 AB 男性 T T-AB M	牡牛 AB 女性 T T-AB F

GBA017	GBA018	GBA019	GBA020
双子 A 男性 GT-A M	双子 A 女性 GT-A F	双子 B 男性 GT-B M	双子 B 女性 GT-B F

GBA021	GBA022	GBA023	GBA024
双子 O 男性 GT-O M	双子 O 女性 GT-O F	双子 AB 男性 GT-AB M	双子 AB 女性 GT-AB F

GBA025	GBA026	GBA027	GBA028
蟹 A 男性 CAN T-A M	蟹 A 女性 CAN T-A F	蟹 B 男性 CAN T-B M	蟹 B 女性 CAN T-B F

GBA029	GBA030	GBA031	GBA032
蟹 O 男性 CAN T-O M	蟹 O 女性 CAN T-O F	蟹 AB 男性 CAN T-AB M	蟹 AB 女性 CAN T-AB F

GBA033	GBA034	GBA035	GBA036
獅子 A 男性 LE T-A M	獅子 A 女性 LE T-A F	獅子 B 男性 LE T-B M	獅子 B 女性 LE T-B F
GBA037	GBA038	GBA039	GBA040
獅子 O 男性 LE T-O M	獅子 O 女性 LE T-O F	獅子 AB 男性 LE T-AB M	獅子 AB 女性 LE T-AB F
GBA041	GBA042	GBA043	GBA044
乙女 A 男性 V T-A M	乙女 A 女性 V T-A F	乙女 B 男性 V T-B M	乙女 B 女性 V T-B F
GBA045	GBA046	GBA047	GBA048
乙女 O 男性 V T-O M	乙女 O 女性 V T-O F	乙女 AB 男性 V T-AB M	乙女 AB 女性 V T-AB F

GBA049	GBA050	GBA051	GBA052
天枰 A 男性 LI T-A M	天枰 A 女性 LI T-A F	天枰 B 男性 LI T-B M	天枰 B 女性 LI T-B F
GBA053	GBA054	GBA055	GBA056
天枰 O 男性 LI T-O M	天枰 O 女性 LI T-O F	天枰 AB 男性 LI T-AB M	天枰 AB 女性 LI T-AB F
GBA057	GBA058	GBA059	GBA060
蠍 A 男性 SC T-A M	蠍 A 女性 SC T-A F	蠍 B 男性 SC T-B M	蠍 B 女性 SC T-B F
GBA061	GBA062	GBA063	GBA064
蠍 O 男性 SC T-O M	蠍 O 女性 SC T-O F	蠍 AB 男性 SC T-AB M	蠍 AB 女性 SC T-AB F

GBA065	GBA066	GBA067	GBA068
射手 A 男性 SA T-A M	射手 A 女性 SA T-A F	射手 B 男性 SA T-B M	射手 B 女性 SA T-B F
GBA069	GBA070	GBA071	GBA072
射手 O 男性 SA T-O M	射手 O 女性 SA T-O F	射手 AB 男性 SA T-AB M	射手 AB 女性 SA T-AB F
GBA073	GBA074	GBA075	GBA076
山羊 A 男性 CAP T-A M	山羊 A 女性 CAP T-A F	山羊 B 男性 CAP T-B M	山羊 B 女性 CAP T-B F
GBA077	GBA078	GBA079	GBA080
山羊 O 男性 CAP T-O M	山羊 O 女性 CAP T-O F	山羊 AB 男性 CAP T-AB M	山羊 AB 女性 CAP T-AB F

GBA081	GBA082	GBA083	GBA084
水瓶 A 男性 AQ T-A M	水瓶 A 女性 AQ T-A F	水瓶 B 男性 AQ T-B M	水瓶 B 女性 AQ T-B F

GBA085	GBA086	GBA087	GBA088
水瓶 O 男性 AQ T-O M	水瓶 O 女性 AQ T-O F	水瓶 AB 男性 AQ T-AB M	水瓶 AB 女性 AQ T-AB F

GBA089	GBA090	GBA091	GBA092
魚 A 男性 P T-A M	魚 A 女性 P T-A F	魚 B 男性 P T-B M	魚 B 女性 P T-B F

GBA093	GBA094	GBA095	GBA096
魚 O 男性 P T-O M	魚 O 女性 P T-O F	魚 AB 男性 P T-AB M	魚 AB 女性 P T-AB F

私達は下記のいくつかの意義で自然的属性文化記号システムも理解することができるが、そのようにするべきである。一、自然的属性文化記号システムは自然的属性に基づいて人類を区分して形成した九十六の人類集団、即ち九十六種類の人間に対する表現形式とともに、文化意義で九十六の個性文化記号を九十六の人類集団、即ち九十六種類の人間に与える当然的な結果でもある。二、自然的属性文化記号システムは自然的属性の個性記号システムの延伸と転換の形式である。三、自然的属性文化記号システムは自然的属性の意義で順に人類集団を三回に連続的に区分する最も徹底的で取って代わられない展示形式である。四、自然的属性文化記号システムは人類の九十六の集団、即ち九十六種類の人間の自然的属性の身分と個性に対する秩序的で、シリーズ的で、継続的で全面的な記号表現である。

　自然的属性の分析理論の後の展開と更に自然的属性の文化記号システムの伝播に便宜を図るために、現在、私達は自然的属性の文化記号システムに省略された個性、即ち個性文化記号システムの中の「個性」という言葉を厳格に説明する。

　私達は本書の中の多くの場所で「個性」という言葉を使っている。「個性」という言葉には、たくさんの意味がある。しかし、自然的属性文化記号システム、即ち個性文化記号システムの中「個性」はもっぱら性別、血液型と星座で共に定められた個性、即ち自然的属性の個性を指す。人間の自然的属性に含まれた内容は性別、血液型及び星座という三つの方面に限っていない。たとえば人間の人種の皮膚色が自然的属性で、ただそれが人類個性の認知の面で普遍的に認められる意義を備えていないのである。性別、血液型と星座は三つの普遍的な認められた人類の自然的属性で、それに定められた自然的属性の個性が安定的で、理論で分析の対象になることができる。本書の中で、

私達は自然的属性の個性で決定された人間の性格の包括と外在の方向を人間の「性格の特質」に称する。このような性格特質と個性文化記号システムの中の個性にも違いがあるのである。**個性文化記号システムの中の個性は人類の自然的属性の個性に同じで、直接的に性別、血液型及び星座という三つの自然的属性に対する表現で、本質で、それが人間の自然的属性の身分で、又は自然的属性の個性身分である。人間の性格特質は人間の自然的属性の身分に基づいて表した精神気質、自己の興味と典型的な需要選択などである。自然的属性身分の個性の一つの当然的な方向は、人間の性格特質の自身ではなく、それに決定された人間の性格特質である。**この時に、私達はすでに個性、即ち人類の自然的属性の個性と人間の性格特質を厳格に区分したのである。

個性に対して厳格に説明した後に、私達は「人格」という言葉で「個性」という言葉を「置換」することを検討することができ、それによって人類の自然的属性の個性文化記号システムを人類の自然的属性の人格文化記号システムという問題に転換する。

一、個性という言葉は本書においてこれまでに行った分析と表現の過程に、ほとんど取って代わってはいけないのである。私達は第一章において発見した社会的属性の汎化と同質化氾濫に二重に覆い隠された「もの」が社会的属性と同質化の対比の意義で存在した「個性」しかないのである。個性という言葉は、私達が社会的属性の汎化と同質化氾濫によって形成した特定の文脈を説明することで「生まれた」もので、適切である。このような特定の文脈で、個性という言葉のほかに、私達は選択できるものを持っていないのである。

二、私達が自然的属性文化記号システムを完成させた時に、この思想成果はすでに新しい起点になったが、この時に私達は全体的に、

更に広い理論の枠組みで、更に解読しやすいという意義において、「個性」という言葉で表現すると、時にはある種類の限界性が現れる。最も明らかなのは、人類の自然的属性の個性文化記号システムがその略称の「個性文化記号システム」で現れる時に、少なくともいくつかの時に、一部の人間にとってわずかに難解となる。即ち、いわゆる「個性文化記号システム」の「個性」がどんな個性を指すのか、だれの個性なのか、人間の個性なのかということである。この時、「個性文化記号システム」は「主語が完璧ではなく」、ひいては主語がないと感じさせる。「人類自然的属性の個性文化記号システムで表現する」時に、この問題は存在しなくなるが、その略称の「個性文化記号システム」で表現する時に、この問題は現れるようになった。そのため、私達が人類自然的属性の個性文化記号システムを完成させた後に、その略称もわずかに難解させないという意義において、当然のことながらこの意義なだけではないが、「個性」というキーワードに取って代わることができる別のキーワードを探し、更にその新しい略称で人類自然的属性の個性文化記号システムとその略称の「自然的属性文化記号システム」を更に簡明で更に適切に表現する形式を実現することを選択した。私達は「個性」という言葉を「置換」できる言葉が「人格」であることを発見した。

　三、実は、人格という言葉は早くから私達の視野に入っているが、それが前の二章において、人類の自然的属性の個性文化記号システムの構築前に、個性という言葉の置換用言葉になっておらず、そしてなることもできないのである。本書の後の理論分析と伝播のために、現在この面で試すことができるようなった。人格という言葉は、ラテン語の persona から生まれたという出所から見ると、人格という言葉の意味は個人の特有な特質モードと行為傾向の統一体を指すが、

個性ともいう。これは、私達が「人格」という言葉で「個性」という言葉を代替したり置換したりすることができることを意味している。「外来語」しかも学術用語が現れる意義で、人格と個性は同じであるが、これは人格という言葉に対する解釈に発見して確認しやすいのである。[27]しかし、「外来船の来航後に」で、同じ言葉の語句が中国語で個性と人格という二つの言葉で現れた場合、私達がこの二つの言葉を直接的に解読する時に、理解における相違が現れるが、これは私達が言う人間の「個性」に対するわずかな難解さである。たとえば、中

---

[27]人格は個人の特有な特質モードと行為傾向の統一体で、個性ともいう。人格は人間が社会化の過程で遺伝特性と環境の交互な作用で形成して安定的で個人傾向性を持っている心身組織システムである。ラテン語の中ではマスクが人格を指したが、実際には人間が外で他人に印象を与える特徴を持っているとともに、いくつかの外部に現れないものを持っていることを示した。これらの安定的で他人と異なっている特質モードによって、人間の行為に一定の傾向を持たせて、中から外へ、身と心を含める真実な個人である人格を表現した。比較的総合的な定義として、人格が個人の内在行為での傾向性だと言えるが、それは一人の絶え間ない変化での全体と総合を表現し、動力の一致性と連続性を持っている継続的な自己で、個人が社会化の過程で他人に特色を与える心身組織である。英文における人格という言葉は「personality」で、ラテン語 persona から変化して来たものであり、persona の意味が「マスク」である。即ち、芝居における人物の身分、性格特徴を示すのに用いられるもので、これは人格の最初の意味である。ギリシアの時に人格は比較的複雑な意味が派生したが、それは一人の外在行為の表現方式．生活における役割、人の内在品質などを指した。人格の概念の複雑性、広延性によって、それは非常に早くから心理学、教育学、哲学、社会学、法律学、経済学、管理学、文化学、人類学、文芸学などの学科で検討され広く使われている概念になった。この面で、心理学者のアルポート（G.Alport）氏はかつてたくさんの手がかりを出した。即ち、（1）「人格は個人行為の全ての品質である」（呉偉士、1947）。（2）「人格は人間のすべての行為から引き出した理論解釈である」（マックレイランド、1951）。（3）「人格は個人が遺伝と環境で決定された実際的で潜在的な行為モードの総計である」（アイゼンク、1955）。（4）「人格は人間が他人と異なるすべての心理的過程である。」（カールエン、1955）。（5）「人格は人の特質の独特なモードである」（ギルドフォード、1959）。（6）「人格はある傾向で、それによって一人の既定境地での行為を予測することができ、それが個人の外在的及び内在的な行為と関連しているのである」（キャッテル、1965）。（7）「人格は一人の生活様式である」（レアド、1968）(8)「特質は簡単な行為モードや行為の傾向で、人格は特質モードである」（ヤニース、1969）。(9)「人格は個人行為の観察によってその仮説を得たシステムである」（ボーマン、1972)。(10)「人格は基本的で安定的な心理構造と過程であり、それらは人間の経験を組織し、そして人間の行為と環境に対する反応を形成する」（ラザロ、1979)。（11）「人格は個人心理特徴の統一であるが、これらの特徴は人間の外在行為と内在行為を決定し、それによって他人の行為と安定的な相違がある」（レードル、1980）である。
対話百科 http://baike.com/wiki/と百度百科 http://baike.baidu.com を参照。

国語の中で「人格」で「個性」を置換する時、人格は直接的に「人の格」と理解され、「人間がその位にいる」ため、主語ももう空席とならなくなり、あのわずかな難解さがたちまち取り除かれるのである。

　四、特別な強調しなければならないのは、「人格」という言葉で「個性」を置換した後で、人格という言葉が個性という言葉に簡単に取って代わることを意味していない。人格という言葉は多数の分野で広く応用されているので、あいまいさが避けられないのである。本書の置換に使われている「人格」とは、人類の自然的属性の「人格」で、即ち性別の区分、血液型の差異と星座の所属で共に構成された自然的属性の個性の別の「呼称」である。この呼称は更に簡単に「自然的人格」と称することができるが、「人格」は自然な人格が得た更なる略称である。

　五、私達が人格という言葉で個性という言葉を置換した後に、本書の後に人類の自然的属性の個性文化記号システムを述べる時、略称の「自然的人格文化記号システム」や「人格文化記号システム」を選択することができる。しかし本書の中において、私達は「自然的属性文化記号システム」という略称だけを使ったが、これは、人間の認識、日常生活においては、自然的属性がまだ比較的に疎い概念で、説明の中で自然的属性という言葉を使わない場合、私達の観点の説明とこの記号システムの伝播に不便なためである。

　六、上記の説明に基づいて、理論面で、人類の自然的属性の個性文化記号システムの「人類の自然的属性の個性」を「自然的人格」に簡略化することができるので、人類の自然的属性の理論に関して、「自然的人格」の理論と略称することができる。この時、この意義においては、自然的属性の分析理論も自然的人格理論と称することを試

みることができる。この呼称は本書の中だけで出したが、使わない。

2、自然的属性の文化記号システムの系統性と創造性

（1）　自然的属性の文化記号システムの系統性に関して。一、自然的属性文化記号システムは、その構築後に、自然的属性を認知して解釈するための理論ツールになることができるので、私達が人類の自然的属性に対する認知と解釈も一貫性とシリーズ性を持って、しかも一体になっている。二、九十六の個性文化記号の中のすべての記号は、人類の九十六の集団、即ち九十六種類の人間が同時に持っている性別、血液型及び星座という三つの自然的属性の情報に対する系統的な表現と展示である。三、九十六の個性文化記号で表現した人類の自然的属性の個性は、人類の性別、血液型及び星座という三つの取って代わることができない自然的属性の個性に対して九十六の個性文化記号のあらゆる記号で行った表現であるとともに、この三つの自然的属性の個性に対して順に九十六の記号で行った秩序的で、連続的で、シリーズ的な表現である。

（2）　自然的属性の文化記号システムの創造性に関して。一、組合設計によってできた九十六の個性記号とその転換形式の九十六の個性文化記号は、すべて創造の意義において構築されたものであるが、この九十六の記号は新しい姿で現れた個性文化記号である。二、九十六の個性文化記号で構成された自然的属性文化記号システムは、九十六の人類集団、即ち九十六種類の人間に対して取って代わるものがない創造的な表現である。三、九十六の個性文化記号のあらゆる記号が共に同時にあらゆる集団（あらゆる人間）の性別、血液型及び星座の個性を表し、それが同時に持っているこの三つの自然的属性の情報を表

したのはいまだかつてないのである。

3、自然的属性文化記号システムのトーテム的な表現方式

(1) 自然的属性文化記号は、九十六の個性文化記号で人類の九十六の集団、即ち九十六種類の人間を表しているが、このような文化上の追求は取って代わることができない方式になり、人間が自身の個性を発見し、自身の個性を解釈し、自身の個性を表すことを満たす本能で適切な表現になった。

(2) 人類の九十六の集団と九十六種類の人間を表すこの九十六の個性文化記号に直面した人間は、この記号が代表するのは私達、つまり私だと口をついて出るだろう。自然的属性文化記号システムと九十六の個性文化記号の人類の自然的属性の個性に対する表示と表現は、純粋な自然的属性の意義と文化において、すべて取って代わるものがないのである。

(3) 九十六の個性文化記号は簡明で、きわめて見分けて識別しやすいので、きわめて伝播しやすい。これは、文化と流行文化の中で人間の自然的属性の個性を表し伝播する際に出会うものであるが、求めるものではない。

(4) 九十六の人類集団においては、すべての集団の人間がこの集団の個性を表す記号を探し当てることができ、この記号で「出会う」ことができる。同じ集団に属する人間は、この記号で自分と同じ個性を持っている同類を発見する。

このような認め合いは、自然的属性の意義での個性の承認であるとともに、同時に自然的属性の身分の承認である。このような承認に

基づいた帰属によって、すべての人間が九十六の集団の中のある集団に所属し、これによって九十六の人類集団、即ち九十六種類の人間を代表する個性文化記号は人間が認め合い、帰属を求める共通的に承認したマークになった。認め合い、帰属を求めるトーテムになった。このようなトーテムにおいては、人間が自身の自然的属性の個性を発見して自然的属性の身分を表す精神の集結である。

　九十六の個性文化記号は、九十六の人類集団、即ち九十六種類の人間に対するトーテム的な表現方式である。

4、自然的属性文化記号システムが人類の自然的属性の身分とその個性に対して持っている力

　九十六の個性文化記号の識別しやすさと解読しやすさは、それが流行文化の中で自身の地位を確立するのに先天的な優位性を持っている。九十六の個性文化記号はすべて人々が熟知している形である。

　これによって、九十六の個性文化記号の呼応と対比での伝播が系統的で連続的な延伸と展開の過程になる。自然的属性文化記号システムは、人類の自然的属性の身分に対する系統的な識別であるとともに、識別しやすさと解読しやすさの意義において、システムが人類の自然的属性の身分を表して伝播するための「ツール」になった。

　一方、自然的属性文化記号システムを構成する九十六の個性文化記号は、「天然的」に人類の自然的属性の個性に対する系統的な認知と系統的な表現であり、これによって自然的属性文化記号システムが系統的に人類の自然的属性の個性を伝播するための記号化ツールになった。識別しやすさと伝播しやすさにより、九十六の個性文化記号の

間に連鎖的な情報の展開と拡大を形成し、それによって系統性の効果が発生する。

　自然的属性文化記号システムとその九十六の個性文化記号の人類の自然的属性の身分とその個性に対する展示と表現にはいかなる認知と普及の障害も存在しておらず、それは人間の個性の発見、追求と展示という本能と相まって、きっと巨大な伝播と流行力を表すのに違いない。

第四節 人類の自然的属性の木

人類集団に対する区分を完了し、九十六の人類集団、即ち九十六種類の人間を形成し、そして自然的属性文化記号システムを構築した後、私達はこのような理論の成果に対して更に簡明で具体的な表現を行おうとした結果、私達は「人類の自然的属性の木」を作成した。

一、人類の「木の幹」と自然的属性の「分枝」と「枝」

私達は、人類全体を大きな木に見なし、この大きな木には木の幹、即ち本体がある。性別の区分で、この大きな木の上へ成長している木の幹に男女という二つの分枝に分けられている。男女という二つの分枝は血液型の差異によって、それぞれ四つの枝ができて、共に八つの枝がある。これが「男性」分枝の A 男性、B 男性、O 男性と AB 男性という四つの枝、並びに「女性」分枝の A 女性、B 女性、O 女性、AB 女性という四つの枝である。これによって、人類という大きな木に八つの枝ができた。

二、八つの枝にある九十六本の小枝

A 男性、B 男性、O 男性、AB 男性、A 女性、B 女性、O 女性、AB 女性という八つの枝に、また星座の所属によって、それぞれ十二本の小枝ができたが、八つの枝に共に九十六本の小枝ができた。この九十六本の小枝が表したのは人類の九十六の集団、即ち九十六種類の人間である。

人類の自然的属性の木において、八つの枝の A 男性、B 男性、O

男性、AB 男性、A 女性、B 女性、O 女性、AB 女性がそれぞれ十二星座と「一つとなる」と、GBA001～GBA096 という九十六の記号と対応する九十六の名称を形成したが、即ち：牡羊 A 男性(GBA001)、牡羊 A 女性(GBA002)、牡羊 B 男性(GBA003)、牡羊 B 女性(GBA004)、牡羊 O 男性(GBA005)、牡羊 O 女性(GBA006)、牡羊 AB 男性(GBA007)、牡羊 AB 女性(GBA008)、牡牛 A 男性(GBA009)、牡牛 A 女性(GBA010)、牡牛 B 男性(GBA011)、牡牛 B 女性(GBA012)、牡牛 O 男性(GBA01 三)、牡牛 O 女性(GBA014)、牡牛 AB 男性(GBA015)、牡牛 AB 女性(GBA016)、双子 A 男性(GBA017)、双子 A 女性(GBA018)、双子 B 男性(GBA019)、双子 B 女性(GBA020)、双子 O 男性(GBA021)、双子 O 女性(GBA022)、双子 AB 男性(GBA023)、双子 AB 女性(GBA024)、蟹 A 男性(GBA025)、蟹 A 女性(GBA026)、蟹 B 男性(GBA027)、蟹 B 女性(GBA028)、蟹 O 男性(GBA029)、蟹 O 女性(GBA030)、蟹 AB 男性(GBA031)、蟹 AB 女性(GBA032)、獅子 A 男性(GBA033)、獅子 A 女性(GBA034)、獅子 B 男性(GBA035)、獅子 B 女性(GBA036)、獅子 O 男性(GBA037)、獅子 O 女性(GBA038)、獅子 AB 男性(GBA039)、獅子 AB 女性(GBA040)、乙女 A 男性(GBA041)、乙女 A 女性(GBA042)、乙女 B 男性(GBA043)、乙女 B 女性(GBA044)、乙女 O 男性(GBA045)、乙女 O 女性(GBA046)、乙女 AB 男性(GBA047)、乙女 AB 女性(GBA048)、天秤 A 男性(GBA049)、天秤 A 女性(GBA050)、天秤 B 男性(GBA051)、天秤 B 女性(GBA052)、天秤 O 男性(GBA053)、天秤 O 女性(GBA054)、天秤 AB 男性(GBA055)、天秤 AB 女性(GBA056)、蠍 A 男性(GBA057)、蠍 A 女性(GBA058)、蠍 B 男性(GBA059)、蠍 B 女性(GBA060)、蠍 O 男性(GBA061)、蠍 O 女性(GBA062)、蠍 AB 男性(GBA063)、蠍 AB 女性(GBA064)、射手 A 男性(GBA065)、射手 A 女性(GBA066)、射手 B 男性(GBA067)、射手 B 女

性(GBA068)、射手 O 男性(GBA069)、射手 O 女性(GBA070)、射手 AB 男性(GBA071)、射手 AB 女性(GBA072)、山羊 A 男性(GBA073)、山羊 A 女性(GBA074)、山羊 B 男性(GBA075)、山羊 B 女性(GBA076)、山羊 O 男性(GBA077)、山羊 O 女性(GBA078)、山羊 AB 男性(GBA079)、山羊 AB 女性(GBA080)、水瓶 A 男性(GBA081)、水瓶 A 女性(GBA082)、水瓶 B 男性(GBA083)、水瓶 B 女性(GBA084)、水瓶 O 男性(GBA085)、水瓶 O 女性(GBA086)、水瓶 AB 男性(GBA087)、水瓶 AB 女性(GBA088)、魚 A 男性(GBA089)、魚 A 女性(GBA090)、魚 B 男性、(GBA091)、魚 B 女性(GBA092)、魚 O 男性(GBA093)、魚 O 女性(GBA094)、魚 AB 男性(GBA095)、魚 AB 女性(GBA096)である。このように、GBA96 の記号に対応する九十六の名称は同時に人類の九十六の集団の名称、即ち人類の九十六種類の人間の九十六の名称である。

GBA001～GBA096 という九十六の日本語の名称に対応する英文の名称は、ARIES TYPE A MALE (GBA001)、ARIES TYPE A FEMALE (GBA002)、ARIES TYPE B MALE (GBA003)、ARIES TYPE B FEMALE (GBA004)、ARIES TYPE O MALE (GBA005)、ARIES TYPE O FEMALE (GBA006)、ARIES TYPE AB MALE (GBA007)、ARIES TYPE AB FEMALE (GBA008)、TAURUS TYPE A MALE (GBA009)、TAURUS TYPE A FEMALE (GBA010)、TAURUS TYPE B MALE (GBA011)、TAURUS TYPE B FEMALE (GBA012)、TAURUS TYPE O MALE (GBA013)、TAURUS TYPE O FEMALE (GBA014)、TAURUS TYPE AB MALE (GBA015)、TAURUS TYPE AB FEMALE (GBA016)、GEMINI TYPE A MALE (GBA017)、GEMINI TYPE A FEMALE (GBA018)、GEMINI TYPE B MALE (GBA019)、GEMINI TYPE B FEMALE (GBA020)、GEMINI TYPE O MALE (GBA021)、

GEMINI TYPE O FEMALE (GBA022)、GEMINI TYPE AB MALE (GBA023)、GEMINI TYPE AB FEMALE (GBA024)、CANCER TYPE A MALE (GBA025)、CANCER TYPE A FEMALE (GBA026)、CANCER TYPE B MALE (GBA027)、CANCER TYPE B FEMALE (GBA028)、CANCER TYPE O MALE (GBA029)、CANCER TYPE O FEMALE (GBA030)、CANCER TYPE AB MALE (GBA031)、CANCER TYPE AB FEMALE (GBA032)、LEO TYPE A MALE (GBA033)、LEO TYPE A FEMALE (GBA034)、LEO TYPE B MALE (GBA035)、LEO TYPE B FEMALE (GBA036)、LEO TYPE O MALE (GBA037)、LEO TYPE O FEMALE (GBA038)、LEO TYPE AB MALE (GBA039)、LEO TYPE AB FEMALE (GBA040)、BIRGO TYPE A MALE (GBA041)、BIRGO TYPE A FEMALE (GBA042)、BIRGO TYPE B MALE (GBA043)、BIRGO TYPE B FEMALE (GBA044)、BIRGO TYPE O MALE (GBA045)、BIRGO TYPE O FEMALE (GBA046)、BIRGO TYPE AB MALE (GBA047)、BIRGO TYPE AB FEMALE (GBA048)、LIBRA TYPE A MALE (GBA049)、LIBRA TYPE A FEMALE (GBA050)、LIBRA TYPE B MALE (GBA051)、LIBRA TYPE B FEMALE (GBA052)、LIBRA TYPE O MALE (GBA053)、LIBRA TYPE O FEMALE (GBA054)、LIBRA TYPE AB MALE (GBA055)、LIBRA TYPE AB FEMALE (GBA056)、SCORPIO TYPE A MALE (GBA057)、SCORPIO TYPE A FEMALE (GBA058)、SCORPIO TYPE B MALE (GBA059)、SCORPIO TYPE B FEMALE (GBA060)、SCORPIO TYPE O MALE (GBA061)、SCORPIO TYPE O FEMALE (GBA062)、SCORPIO TYPE AB MALE (GBA063)、SCORPIO TYPE AB FEMALE (GBA064)、SAGITTARIUS TYPE A MALE (GBA065)、SAGITTARIUS TYPE A FEMALE (GBA066)、SAGITTARIUS TYPE B

MALE (GBA067)、SAGITTARIUS TYPE B FEMALE (GBA068)、SAGITTARIUS TYPE O MALE (GBA069)、SAGITTARIUS TYPE O FEMALE (GBA070)、SAGITTARIUS TYPE AB MALE (GBA071)、SAGITTARIUS TYPE AB FEMALE (GBA072)、CAPRICORN TYPE A MALE (GBA073)、CAPRICORN TYPE A FEMALE (GBA074)、CAPRICORN TYPE B MALE (GBA075)、CAPRICORN TYPE B FEMALE (GBA076)、CAPRICORN TYPE O MALE (GBA077)、CAPRICORN TYPE O FEMALE (GBA078)、CAPRICORN TYPE AB MALE (GBA079)、CAPRICORN TYPE AB FEMALE (GBA080)、AQUARIUS TYPE A MALE (GBA081)、AQUARIUS TYPE A FEMALE (GBA082)、AQUARIUS TYPE B MALE (GBA083)、AQUARIUS TYPE B FEMALE (GBA084)、AQUARIUS TYPE O MALE (GBA085)、AQUARIUS TYPE O FEMALE (GBA086)、AQUARIUS TYPE AB MALE (GBA087)、AQUARIUS TYPE AB FEMALE (GBA088)、PISCES TYPE A MALE (GBA089)、PISCES TYPE A FEMALE (GBA090)、PISCES TYPE B MALE (GBA091)、PISCES TYPE B FEMALE (GBA092)、PISCES TYPE O MALE (GBA093)、PISCES TYPE O FEMALE (GBA094)、PISCES TYPE AB MALE (GBA095)、PISCES TYPE AB FEMALE (GBA096)である。

　GBA001〜GBA096 の英文略称は、本書の第三章の表 3-2 と本書の付表１にて既に出ている。

　人類の自然的属性の木にある名称を読み出せる「果実」（実）は、自然的属性文化記号システムの中で九十六の記号が音声で読む方式で与えられた言語の名称であり、即ち正式の呼称でもある。一部の言語（たとえば中国語、日本語）の言語環境において、このような言語名称、即ち正式の呼称が与えられるのは、自然的属性文化記号シス

テムに対する認知と伝播、ないし流行にとって特に重要な意義を持っている。このような九十六の音声で読まれる言語名称、即ち正式の呼称（呼称、「呼び方」）は、九十六の人類集団、即ち九十六種類の人間と厳格にマッチングさせている。

　これこそが、私達が言う人類の自然的属性の木、即ち自然的属性の木である。（図3-3を参照する）

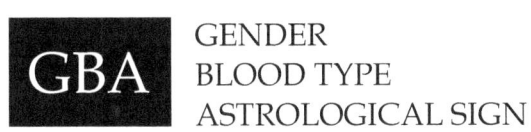

GBA GENDER
BLOOD TYPE
ASTROLOGICAL SIGN

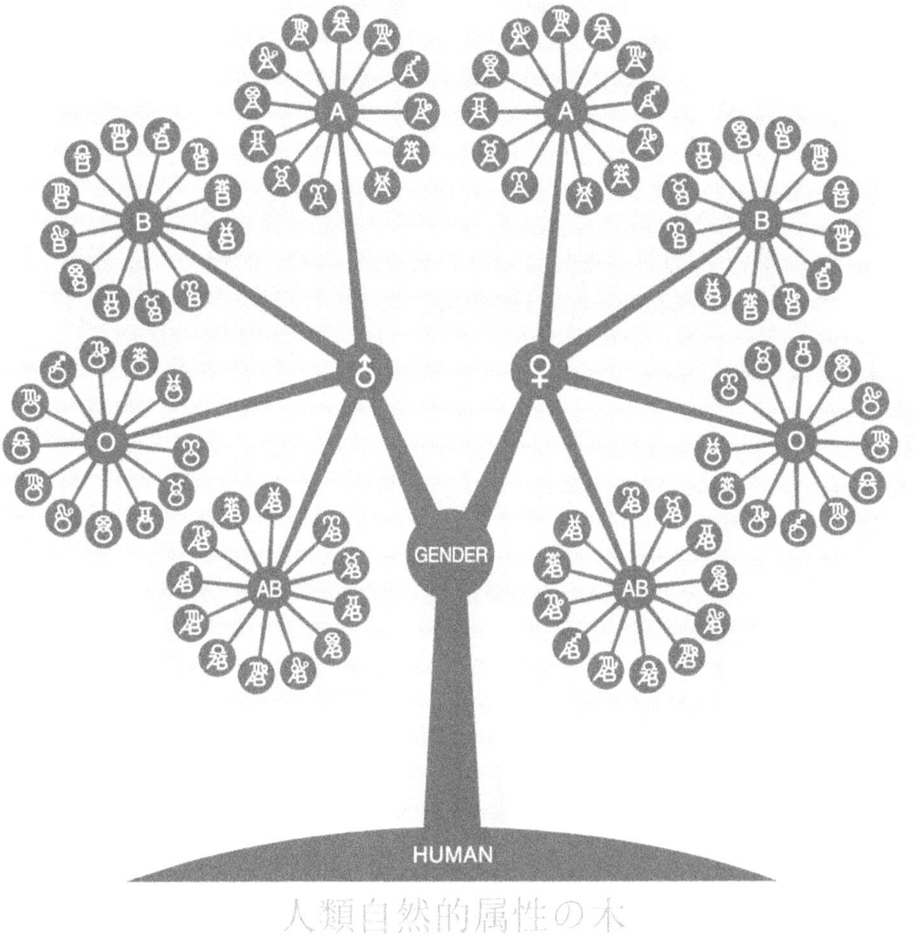

表 3-3 人類自然的属性の木

三、理論表現形式とする人類の自然的属性の木

　自然的属性の意義における九十六の集団、即ち九十六種類の人間を自然的属性文化記号システムで表現することで、私達の理論による説明はすでに完了した。上で作成した自然的属性の木は、自然的属性の分析理論とその方法であり、その理論成果の最も簡明で具体的な表現形式もある。

　私達は、人類の自然的属性の木を「自然的属性の木」と略称する。

　最も簡略的な方式で私達の思想と分析過程を表現するという意義において、系統的で秩序的に人類の自然的属性を表して展示するという意義において、人類の自然的属性の木は取って代わることができない図画表現形式である。

第四章

自然的属性文化記号システムの構築の意義

■本章の案内

　第三章において、私達は人類集団に対する三回の連続的な区分を完成し、人類の九十六の集団、即ち九十六種類の人間を形成した。そして組合設計で構築した九十六の記号を九十六の人類集団、即ち九十六種類の人間に与え、これによって自然的属性文化記号システムの構築を完成した。

　この章で、私達は自然的属性文化記号システムを自然的属性の分析理論とその方法の集中的な表現と見なし、そしてここから出発して、それによってすでに完成された人類集団の区分を発見した。このような区分の理論成果で九十六の人類集団、即ち九十六種類の人間、また自然的属性文化記号システムの理論と現実的な生活が持っている意義を確立した。

　1、自然的属性文化記号システムに基づいて、私達は人間の三重の身分を発見して確立したが、即ち自然的属性の身分である第一身分、社会的属性の身分である第二身分、現実的な行為の選択で決定した身分である第三身分である。自然的属性身分に対する記号表現として、自然的属性文化記号システムは人間の第三身分の一つである消費者の身分記号に対する記号表現に延伸して転換した。これによって消費者身分文化記号システムを形成することができる。

同時に、この章では、「身分社会」の中に、理論上で人間に対する身分の確立が不可欠だと明確に指摘した。このような理論方向に基づいて、本章では「身分社会」の中に人間の多重身分とその記号の表現について簡単に述べる。

　2、理論上、人類の自然的属性の身分、即ち「第一身分」の確立に基づいて、私達は道理にかなった人類のこのような自然的属性の身分を直接に人類が自身を認識する当然的な立場に転換したが、この立場は私達が過去かつて持っていなかったものである。これは、私達が以前に自身に対する認識が実際には巨大な死角にあることを意味している。ただ私達は理性的にこのことを感じていないのである。更に、私達が理論上で再び人類の自身を認識することを含めた一連の問題を出し、これらの問題に対する初歩的な回答を出した。

　3、自然的属性文化記号システムに基づいて、すべての人類集団、すべての人間はこの記号システムの中で自分の位置を発見し、一つの記号でその自然的属性の身分と個性を表して表現することができるので、自然的属性の意義での「自己」に戻して、「自己」の観念を再構築するのは私達が認可と帰属を実現する新しい道である。

　4、自然的属性文化記号システムは人類の個性に対する完璧な表現である。まさにこのような表現により、私達は自然的属性の意義での文化の共通認識を受け、人類の個性身分と個性の完璧な表現方式を発見した。即ち、自然的属性文化記号システムとその九十六の個性文化記号は人間が認可を求めて、帰属を発見する共通の言語になり、自身の個性身分とその個性を現す共通の言語となった。

　5、自然的属性文化記号システムと第三章に作成した「自然的属性の木」に、私達はまた、九十六の自然的属性個性文化記号が記号と

して人類の九十六の集団、即ち九十六種類の人間を表して表現することができるだけではなくて、それらがまた一緒に「牡羊 A 男性」（第一）から「魚 AB 女性」（第九十六）までという九十六の言語の名称、即ち正式の呼称を受けたことが分かったのである。この時、九十六の自然的属性個性文化記号は「自然的属性の木」の九十六本の小枝に同時にできた九十六の言語名称で読み出した九十六の「果実」になった。自然的属性の木は牡羊 A 男性から魚 AB 女性までという九十六の言語名称の確立と、自然的属性文化記号システムが人類の自然的属性の身分と個性を表現する言語として占有した地位を強化した。それは人類の自身を認知して解釈する時に受けた伝播と流行に取って代わることがないものである。

6、自然的属性に基づいて人類集団を区分し、九十六の人類集団、即ち九十六種類の人間を確立し、更にそれに応じた自然的属性文化記号システムを構築するのは、連続的な理論演繹過程である。私達はこのような集団区分とその結果に異議と異なった意見が存在しないとは言えないが、文化の表現方式として、自然的属性文化記号システムはすでに人類の自然的属性の身分とその個性に記号言語を媒介にした共通の表現方式を与えたのである。このような共通の表現方式とこのような表現方式の後ろに隠れた人類集団に対する区分及びその理論成果は人類に属する共通の価値を持っているのだろうか。回答は肯定的である。この面で、自然的属性の木の九十六の小枝で音声にて読み出された九十六の果実の名称によって、私達の回答は更に確かである。

第一節 自然的属性文化記号システムと人類の多重

身分及びその記号表現

　　自然的属性の意義において私達が誰なのか。私達が生まれてから他人との同じなところが何なのか。違ったところが何なのか。この問題に対する回答は私達が人類の自然的属性の身分に対する理論の説明である。このような理論の説明は自然的属性文化記号システムの構築を完成した後にやっとやり遂げることができる。

一、「身分社会」と人間の多重身分

　　この世界で、すべての人間はその自身の地位の認可と表現によって一つの身分（二つ、ひいては多種の身分でもよい）を受ける。私達は「身分社会」で生活しており、私達の身分は定められ確認されている。人間は自身の身分に定められ確認されて、現実的な生活で一定の位置を占めており、現実的な生活の座標軸にある。これは他人が自身に対する確認方式であるとともに、すべての人間が自ら選んだ自己確認方式でもある。身分社会の中で、異なった身分で形成した人間同士の関係に基づいて、このような関係で身分が確認されたのは、人類が自身を含める世界を認知して解釈する時選んだ簡略化した方法である。即ち、人間の身分が「あなたはどんな人か」という問題であるとともに、「あなたはどんな人と言われているか」という問題である。理論上と現実的な生活の中で、「あなたはどんな人か」と「あなたはどんな人と言われているか」ということは複雑な対抗過程で、このような対抗過程がどのようなものかに関わらず、ひとつの結果を形成す

る。即ち、あなたの身分に対する確認である。このような確認に基づいてあなたをある人類集団に分類して、ある種類の人間になる。社会的属性の意義において、このような確認と分類が毎日起きているので、異なった階級、党派、団体などの人類集団の間で、人間は流動状態にある。このような流動の中で、人間の身分に変化が起き、それによって他人との関係にも変化が起き、これは同時に私達の身分の確認と分類に対する調整であるが、このような調整によって私達の現実的な生活の座標軸での具体的な位置が変化する。

　第三章の分析と自然的属性文化記号システムの構築に基づいて、私達は人間の自然的属性の身分、即ち性別の区分、血液型の差異と星座の所属で一緒に定められた自然的属性の身分を確立した。人間のこのような自然的属性の身分が先天的で、生まれつき有して、変えられないので、私達はこのような自然的属性の身分を人間の「第一身分」という。このような「第一身分」は即ち自然的属性文化記号システムの九十六の個性文化記号でそれぞれ表した九十六の人類集団、即ち九十六種類の人間の自然的属性の身分である。人間のこのような第一身分は性別の区分、血液型の差異と星座の所属に基づいて人類集団を区分する当然の結果である。

　私達は社会的属性の意義において人類集団を区分して確立した社会的属性の身分を人間の「第二身分」と称する。社会的属性に基づく人類集団の区分は更に複雑で変化が多い社会的過程である。たとえば、階級区分のため、有産者と無産者に分けることができる。有産者と無産者は異なった社会的身分となる。職業が異なっているため、労働者、農民、軍人、教師などになることができるが、これも人間の社会的身分である。すべての社会的属性の意義での人間の区分が同時に人間の社会的身分に対する確認なので、人間の「第二身分」は多種多

様である。

　人間の「第二身分」は多種多様であるだけでなく、変化している。無産者と有産者のこのような身分は不変なものではない。貧乏人が金持ちになることがあり、金持ちも貧乏人になることがある。職業の異なりで確立された第二身分は更に変化が発生しやすいのである。

　人生のある段階と時期に、あなたは労働者でもよいが、別の段階と時期に、あなたは農民、軍人、教師になることができる。このような変化は一人の社会生活での職業変化による。しかも、人間の「第二身分」は重なるかもしれない。たとえば、有産者でも無産者でも、同時に労働者、農民、軍人でもよい。

　人間の「第二身分」は社会的属性に基づいて人類集団を区分した結果である。人間の「第二身分」の変化が社会的属性の「変動」だと理解することができる。

　人間の自然的属性の身分が不変で、社会的属性の身分が比較的変化しやすいことは容易に見てとれる。前者は先天的で、時間の順序で前にあるが、後者は後天的で、時間の順序では後にある。このため、私達はこのような「第一身分」と「第二身分」の区分、呼称と確認を用いるのである。

　「第一身分」と「第二身分」のほかに、人間は「第三身分」があるが、それは行為に基づいて与えられる身分を選ぶのである。例えば、買い物の時、あなたは消費者である。消費者はあなたが「第一身分」と「第二身分」を備える同時にまた得た「第三身分」である。飛行機の中で、あなたが旅客の身分を与えられ、公園の中で、あなたが観光者の身分を与えられるなどである。これらは人間の行為に基づいて与えられる「第三身分」を選ぶのである。

これは私達が表現しようとするいわゆる身分社会で人間の「三重」身分である。

　この後、私達は人間の「第四身分」、即ち個性文化身分を確立することを試みる。

二、「三重身分」に対する認知とその態度

　身分社会の中で、身分は人間にとって最も重要なマークである。人間の身分に対する確認と分類がないと、人間は現実的な生活の座標軸で各自の位置を探し当てることができなくなり、社会の秩序も作り上げることができなくなる。このような状況は私達が想像もつかないものである。しかしこれ以前に、「三重」身分の問題はかつて出されたことがないものである。自身を認知して解釈する時に自然的属性の空席のため、人間の「第一身分」、即ち自然的属性の身分が実際に出されて確認されることがないのである。「第二身分」、即ち社会的属性の身分は常に確認されているが、私達は別に「第二身分」という概念を構築していない。「第三身分」について、事実上見落とされているのである。

　「三重」身分の中で、「第二身分」を除き、「第一身分」と「第三身分」がかなりの程度人間の個性に、また人為的に覆い隠されてしまったのである。第一章の中で、自然的属性が覆い隠されたことに関して、私達はすでに分析した。自然的属性が覆い隠されたことは人間の自然的属性の身分、即ち「第一身分」が覆い隠されたことを意味している。覆い隠されると、当然見落とされるのである。現実的な生活で、人間の「第三身分」は厳密に言うと、覆い隠されたのである。以前に私達はまったく「第三身分」の意味を表現する言い方を見たこと

がない。社会的属性の汎化と同質化の氾濫の中で、人類の個性があまねく覆い隠される時、理性的に人間の「第三身分」を発見して確認することはできないであろう。

三、「第一身分」の延伸と転換及び「第三身分」

人間の「三重の身分」に対する認知はとても難しい。本書の中で、私達は人間の「第三身分」から物質主義と消費主義が盛んな背景で最も重要な身分を引き出すことを試みるが、それは消費者の身分である。そして「第一身分」とこのような「第三身分」を関係付けることに極力努める。これは論理に合った選択で、私達は「三重身分」という方向で分析を展開し継続する。もちろん、「第二身分」と「第一身分」及び「第三身分」の間にも現実的な関係が存在し、そしてそれらを理論上で確認するべきではあるが、それは本書でするべきことではない。

私達から見ると、自然的属性の意義において、九十六の人類集団、即ち九十六種類の人間、すべての集団、すべての人間はそのそれぞれの自然的属性の身分がそれぞれの行為がなされる重要な出発点であるべきで、即ち、彼らが「第三身分」で現実の行為を行った時、それは自然的属性身分の好みに基づき、彼らの相応の行為へと導き、影響を与える力になるべきである。これについて、私達は更に述べることができるが、即ち、ある人が消費者としてその自然的属性の身分から出発して消費の選択を行った時、彼は新しい身分を受け、その第一身分が延伸して、第三身分に転換した。

人間の第一身分が第三身分に変えられたのは、それが消費者として始めて自然的属性の身分とその個性に基づいて消費選択をした立場

とそれに応じた理性を受けたことを意味する。これは商工消費時代の消費倫理と商業倫理に対するいまだかつてない挑戦である。これも私達が予測できなかったものである。この問題に関して、私達は後で更に述べることにする。

四、「第一身分」文化記号システムと消費者身分文化記号システム

自然的属性文化記号システム、即ち人間の自然的属性身分記号システムは「第一身分文化記号システム」である。身分社会で人間の三重身分を確認した後に、私達が提起する重要な問題は、第一身分の記号システムを消費者身分文化記号システムに転換することができるのかということである。回答は肯定的である。

人間の「第三身分」の中で、「消費者」の身分を確立して、相応の身分記号システムの構築という理論方向を確立すれば、私達は直接自然的属性文化記号システムを消費者身分文化記号システムに転換することができる。これは、先天的な自然的属性身分の「優先的」な存在と確認を前提にして、私達が理論上で人間の自然的属性の身分を延伸し、再び消費者に自然的属性の身分の意義を与えることを意味している。**即ち、私達は自然的属性から自身を認識する出発点を消費者が消費行為また消費選択時の当然で現実的な出発点に転換し、それにより、私達は消費者にかつて受けたことがない消費立場を確立したのである。**私達は人間の自然的属性の身分から転換してきた消費者身分を消費者文化身分と称し、それに応じて、自然的属性文化記号システムを消費者文化身分記号システムに転換した。これはとても重要な問題

であるが、私達は後の章節で分析を展開する。

五、自然的属性文化記号システムと人間の多重身分記号システム

　自然的属性文化記号システムと人間の多重身分の問題に関して、少しまとめよう。

　人類集団の区分とその結果の表現形式として、自然的属性文化記号システムの構築は、人間の自然的属性身分に対する正式な確認とこのような自然的属性身分が人間のその他の身分に転化できることを前提にして、私達が同時に人間の「その他」の身分を表す「身分記号」システムを構築することができることを意味している。

　一、自然的属性文化記号システムの延伸と転換として、私達は同時に自然的属性文化記号システムと一体両面にした消費者身分記号システムを構築した。

　二、自然的属性文化記号システムの九十六の個性文化記号は九十六の人類集団、即ち九十六種類の人間に対して自然的属性に基づいて形成した性格の記号表現形式であり、それに応じて、自然的属性文化記号システムは同時に人間の性格身分記号システムであるといえる。前の分析の中に、すでに三つの自然的属性に定められた自然的属性の個性身分とこのような自然的属性の個性に決定された人間の性格特質を区分した。人間の性格特質は自然的属性の個性を原因として決定された「様々」な結果の一つに過ぎない。私達が人類自身の性格特質を認識する独特な視角を発見したため、このような「因果」関係が人類自身に対する認識と解釈にとても重要な意義を持っていることには少

しも疑問がない。自然的属性文化記号システムはそれを構成した九十六の個性文化記号によって明確な方向を確立した。即ち、人類の自然的属性に基づいて、この世界に九十六種類の性格特質の人間がいるのである。それで、私達は自然的属性文化記号システムを人間の性格身分記号システムだと述べた。九十六の個性文化記号の人間の性格特質に対するシンボルと表示によって、全く新しい起点で人類の性格に対する認知と解釈を行うことができる。

三、自然的属性文化記号システムは同時に人間の個性文化身分記号システムになることができる。前の分析で、私達はすでに、自然的属性文化記号システムが第三身分の一つである消費者身分文化記号システムに延伸して転換することができることを発見した。ここで明示したいのは、民間で、俗世の生活と流行文化の中で、**人間に対する認知、解釈と表現がいくつかの時に人間の第一身分、第二身分と第三身分を越えて、この三重身分の既定境界の外で人間の個性に対して認知、解釈と表現を行うことができることである。**このような認知、解釈と表現は上記の三重身分から出発したわけではないとともに、明確な方向もないが、日常の交流と伝播で、直接人間の個性に対する説明、推定ないし演繹することである。**このような説明、推定と演繹で、人間は第一身分と第二身分と関係がないだけではなく、行為の選択と関係がない「第四身分」を受けたが、私達はこのような身分を個性文化身分と称する。**「第四身分」が理論で確認されたのは、私達が自然的属性文化記号システムの伝播と流行に従って、九十六の個性文化記号に表された人間が同時に上記の三重の具体的な身分を越えた記号化ラベルと読出可能な言語名称、即ち正式の呼称を備えていることに気づいたためである。私達はこのような言語名称によって九十六の個性文化記号の名称を読み出した。即ち、あなたが牡羊 A 男性（第

一）で、彼女が魚 AB 女性（第九十六）で……全部で九十六のラベル
がこのように読み出されると、九十六の人類集団、即ち九十六種類の
人間に貼り付けられる。このような局面をいったん形成すると、九十
六の記号化のラベルと九十六の個性文化記号の言語名称、即ち正式の
呼称、「呼び方」は直接人々の個性に対する説明、推定と演繹とな
り、人間が認知し、解釈して表現する直接の対象と出発点になる。

　いわゆる人間の「第四身分」、即ち個性文化身分はまさに上記の
三重の身分とその境界を越えて三重身分の以外で人類が受けた身分で
ある。このような身分は第二身分に比べて不確定な面を更に備えてい
る。即ち、第四身分は九十六の個性文化記号に基づいて人間に対して
認知、解釈と表現を行う、日常の表現で確立された個性文化身分であ
る。私達はこのような人間に対する認知、解釈と表現を直接人間の個
性文化身分に対する表現だと見なす。この意味において、私達は自然
的属性文化記号システムを同時に人間の個性文化身分記号システム、
即ち個性文化身分記号システムと見なす。

　九十六の個性文化記号の人間の個性文化身分に対する表示と表現
はいつも既定の境界を越え、そして無作為で上記の三重身分との「接
続」が発生している。しかしこのような個性文化身分に対する表示と
表現そのものの意義は変わっていない。九十六の自然的属性文化記号
表現を受けた人間はいかなる時、いかなる状況でも、このような身分
を示し、そしてそれによって自身とその個性を掲げることができるの
で、このような身分とその個性を示し掲げることは人間の群れで「同
類」を発見し同じ好みと方向性を持つグループを形成するものとな
る。この時に人間はいかなる功利の心もないので、このような表現は
境界がなく、どこにでも見られるが、それは文化の認可と帰属を求め
る社会的行為である。私達もこの意味において自然的属性文化記号シ

ステムが同時に人間の個性文化身分記号システムになったことを確認し理解したのである。

六、自然的属性文化記号システムと人類自身に対する認知と解釈

　　自然的属性の分析理論によって人類集団に対する再区分を完成し、自然的属性の意義における九十六の人類集団、即ち九十六種類の人間を確立した。そして自然的属性文化記号システムを構築し、更に自然的属性文化記号システムが人類の多重身分に対する記号表現を発見した。これによって、私達は以前の異なった立場と理論の視角を受け、しかもこのような以前と異なった立場が延伸可能となり、このような理論の視角の転換が可能となった。更に人間の異なった身分に基づいて、人類の自身に対する以前と異なった認知、解釈と表現により、以前と異なった人類の認識結論を得ることができる。これは身分社会にある人間がどのように自身に直面し、どのようにこの身分社会に直面するのかについて、新しい道を切り開いた。この意味において、自然的属性の分析理論の成す事柄はほんの始まりに過ぎない。

第二節 人類が自身を認識する立場の発見と確立

　人間の自然的属性の身分、即ち「第一身分」を発見して確認した後、人類が自身の立場を認識することに関して当然答えなければならない問題が生じる。

一、過去の立場に対する反省

1、私達が自身を認識する立場が問題になる

　人類の自身の認識に対して立場の問題が存在しているのか。これは今私達が提起したばかりの問題である。回答は肯定的である。自然的属性に基づいて人類集団の区分を完成して自然的属性文化記号システムを構築する前に、私達はこのことを理解していないのである。

　キリスト教の長年に渡る影響により、人類はすでに観念上万物の支配者としての地位を確立していた。人はこのような観念によって物事を進めていたのである。産業革命と科学技術革命の後に、人間のこのような支配地位に対する自信は人間の能力（認識能力と行動能力を含む）のいまだかつてない拡張によって更に十分に表現された。地球上で、私達はすでにほとんど全ての動物と植物を征服した。人類が毎年消費した海洋動物の重量はおよそ全人類の体重の総計に等しいのである。人類の活動によって、大量の種が絶滅した。地球以外で、私達はすでに宇宙に到着し、宇宙も私達の征服対象となった。人類は生物圏を越えた初めての種となった。このような征服は人間と外部世界の関係で基本的な立場を示した。即ち人間が征服者として世界を征服し、ひいては生物圏を越える立場となったのである。この立場は人類

が外部世界に対して考え行動する出発点となるのである。

　それでは、人類は自身を認識し対処する面で、立場の問題が存在しているのか。回答は同様に肯定的である。それは私達が「どこ」から出発し、何を出発点にして自身を認識するのかということである。更に具体的に言うと、私達は人間の自然的属性から出発して自身を認識するのか、それとも人間の社会的属性から出発して自身を認識するのか、或いはこの二種類の属性を自身を認識する出発点にしているのか。自然的属性と社会的属性を自身を認識する出発点にした時、認識の順序の問題が存在しているのか。即ち、自然的属性と社会的属性について、どれを優先的な位置に置くのかということである。

　この簡単に見える問題の背後に、巨大な認知の落とし穴が隠れている。即ち、先に出した問題に直面する時、私達は依然として人間の自然的属性から出発して人類自身を認識する必要性を見ていないのである。**事実からすると、現実的な生活の中で、人類の自然的属性が覆い隠されると同時に、私達がいつの間にかすでに自然的属性から自身を認識するという立場を失ったのかもしれないということである。**

　たとえ人類の自然的属性から出発したとしても、この自身を認識する立場を探し当て、どんな発見と収穫を得るのか、という人がいるかもしれないが、功利心の必要性についてここでは言及しない。問題は私達がこの立場に立っておらず、ある程度の発見と収穫についていかなる意見を表明する資格を持っていないことにある。私達は、自然的属性の意義において人類集団の区分を完成し構築した自然的属性文化記号システムが私達のすべての発見と収穫だとは思わないが、私達もこのような発見と収穫を絶対的で重要な地位に置く気はないのである。しかし間違いのない点として、性別の区分、血液型の差異と星座

の所属に基づいて人類に対して三回の連続的な区分を行い、全く新しい九十六の人類集団（即ち九十六種類の人間）を確立し、自然的属性文化記号システムを構築した。同時に、私達は人間の自然的属性の身分を確立し、しかもこのような身分に九十六の個性文化記号での表現を当てはめたのである。これは、人間のこのような自然的属性の身分がすでに人類が自身を認識する当然の立場になったことを意味している。私達はこの当然の立場から出発して自身を認識し、私達の内在の必要と精神の傾向を考えなければならない。私達は社会的属性の汎化に極端に麻痺された思想観念を開放するべきである。人間の自然的属性の身分を確立したゆえに、私達はこの角度からこの問題を提起することができる。

　立場の問題は最も重要な問題である。

　立場が態度を決定するためである。私達が「どこ」から出発し、自身を認識するのかということは私達が自身に対する態度によって決定される。続いて聞くが、私達の自身に対する態度に問題があるのか、回答は当然態度に問題が存在するのである。人類は誕生以来、自身に対応する態度に問題があり、しかもこの「問題」は今も存在している。イギリスの歴史学者トインビー氏は、「人類は今まで現れた最も強大な種であるが、ただ人類だけが罪深いのだ」と言った。[28]罪悪は人類が自身に対応する態度の極端の形式かもしれない。戦争による殺戮、平和な時期における殺害はすべて人類の自身に対する極端な態度であり、このような態度にはもちろん問題がある。たとえばどのように人類を生物圏での位置に置くのか、ということは、表面から見る

---

28 【英】アーノルド.トインビー：『人類と大地の母親』。許波ら訳。上海世紀出版グループ 2012 年 8 月 1 日。

と、人類と外部の関係の問題ではあるが、これは本質的に自身に対応する態度の問題である。これらの態度の問題はずっと私達を悩ませている。論理に合う結論は、人類が自身に対する態度の問題の背後に、気づきにくい立場の問題が存在していることである。

　前に出した問題に戻る。私達が万物の支配と絶対的な征服者の立場に立つ時に、直面しなければならない現実は十数億光年外の星を征服したが、地下の何キロメートルの「こと」をほとんど何も知らないことである。生物界で、動物でも植物でも、私達は人類以外の全ての動物と植物を壊滅する能力を備える同時に、自身を滅ぼす能力を備えている。トインビー氏が述べたように、人類は生物圏の中に生物圏の力より大きい始めての住民である。かわいそうだと思うかも知れないが、私達はまだ完全に理性を失っておらず、征服する力を発揮したしても、後の結末を見たこともない。しかし、人類はこのような力を持っていると同時に、私達は顕微鏡でしか見ることができないウィルスと病原菌に対してどうすることもできない。私達はずっと努力し続けているが、地下のことを理解し、思案をめぐらして私達に危害を及ぼすウィルスと病原菌を消滅しているのである。永遠にできないかも知れないが、これは人類の運命で、宿命でもある。これはまさに正義と邪悪の関係に含まれた道理のように、私達はいつも、正義がきっと邪悪に打ち勝つといっているが、正義が邪悪に打ち勝ったのはこれまですべて個別事件で、通例ではないのである。私達は正義が徹底的に打ち勝ち邪悪が消えてなくなった後に、正義がどんな方法で存在するのか、どこに存在するのか、知らない。これによって、私達は思想的な意味において万物の支配と絶対的な征服者とする立場とに問題があることを広めることができる。

　人間の自然的属性の身分を捨てて、自然的属性から自身を認識す

ることができないのは、人類が自身を認識する立場に問題を持っていることを意味している。

　人類が万物の支配と絶対的な征服者とする立場の背後に人類の尊大さと偏狭さである。私達は簡単な事実を軽視している。動物界で、ワニはすでに三度の絶滅の危険にさらされたが、人類は一度もその経験がない。

　地球誕生以来の 46 億年間の歴史を少し振りかえるべきだろう。この 46 億年を一日の 24 時間に例えると、この 24 時間の中で、最後の 3 分間に人間が登場したのである。近代的な人類は最後の 1 分 10 秒に現れたのである。6500 万年前、即ち 23 時 37 分に、地球は五回の種の絶滅を経験したが、その絶滅で、1400 万年間続いた恐竜時代が終わったのである。この時から、三度の生物絶滅災難を逃れたワニはずっと今日まで生活してきた。[29]

　3 分間の歴史だけを持っている私達は 46 億年間の歴史の地球とかつての絶滅災難に直面して、いわゆる支配の立場、また尊大さと偏狭さを捨てるべきである。

2、私達が自身を認識する立場にどんな問題が起こったのか

　(1) 私達は自然的属性の立場で自身を認識する機会を喪失した。これはまず、私達が認知の面で自然的属性の意義での完璧な身分、即ち「自然的属性身分」を受けていないことある。この意味において、人類の「身分不明」に相応して、自身を認識する立場について、私達

---

[29]劉奎峰の『地球の誕生から今まで 24 時間しかないと』を参照する。『地球』2012 年第 3 号

は全面的で適切な選択をすることができない。そのため、私達は自身に対する認識に理性的な視角を選び取ることができず、完璧な認識も得られない。

(2) 社会的属性の汎化（時にはより遅く発生した同質化の氾濫を含む）が人類の自然的属性（性別の区分、血液型の差異と星座の所属を含む）によって覆い隠されることによって、私達はいつの間にか自然的属性から自身を認識するという当然の立場を喪失したのである。これは同時に私達が自己認知で自然的属性の身分を捨てて、極端に「社会身分化」にされたことを意味している。

(3) 社会的属性で育成した人間同士の間の後天的な違いが大きくなり、人間が自身を認識する出発点と当然的な立場となった。この立場に基づいて人類の生活を組織し、人類集団の離合に最も重要で継続的な力を形成した。これによって、後天的な人間の集団区分が汎イデオロギーの意義での社会習慣となった。このような背景で、人類の自然的属性が人類の自身を認識する出発点になることができない。

(4) 私達がいつの間にか自然的属性から出発して自身を認識する立場を喪失した時、人類の三つの自然的属性である性別の区分、血液型の差異と星座の所属はそれによって認知された価値を失った。即ち、前で述べたように、この三つの自然的属性は事実上放置された状態にあるのである。人類の三つの自然的属性に対する興味の不足ないし無知によって、人類の自然的属性が人類の自身を認識する出発点となり、理論の認知と現実的な判断を行うことができない。

3、自然的属性の立場を喪失した結果

(1) 少なくとも性別、血液型と星座で共通的に構成された人間の

自然的属性の個性という意味において、人間のこのような自然的属性の身分は理論上と俗世の判断で、正式に確認されていないのである。人類の自然的属性の身分のこのような喪失によって、私達が客観的で正しい立場に立つことができなくなるが、これは直接私達の自身に対する認識の欠陥を招いた。

(2) 私達は全面的に正しく自身を認識する機会を失った。人類の自然的属性から出発する立場に立たないと、私達は先天的な「自己」に対する全面的で正しい認識を得ることができない。これも私達が習慣的に社会的属性から出発し、一方的で極端な後天的身分を強調した直接の原因の一つである。

(3) 社会的属性の汎化と汎イデオロギー及び人類の先天的な「自己」の立場の喪失が互いの背景にあり、しかも共に人類の自身認知背景を構成した。この背景で形成し私達に認可され認められた人類集団に、階級、流派と群体の烙印を打ったが、認知と現実的な生活の中で、彼らの間の格差がクローズアップされ、また大ざっぱに簡略化されたが、それにより、彼らの社会的身分も大きく強調されたのである。そのため、社会の異なった意見と社会矛盾の拡大が避けられない社会の現実となった。

(4) 論理上、自然的属性が空席であり、自然的属性の立場で自身を認識することを喪失したことは、私達が自身を認識する過程で、理性的な視角を得られず、偏見や狭量な態度の影響を免れられないことを意味している。

二、人類の自身認識立場の調整

1、自然的属性から出発する立場に戻らなければならない。

　過去に私達が自然的属性から出発して自身を認識する立場を喪失したので、今この立場に戻らなければならない。これは人類が再び自身を認識する新しい始まりであることに少しの疑問もない。

　私達が構築した自然的属性文化記号システムは私達にこの立場に戻る理論的で現実的な条件を提供した。このシステムは再び私達の自然的属性の身分を確認して表し、直接私達に自身の自然的属性の個性を認識する解読対象、即ち九十六の自然的属性個性文化記号を与えている。

　複雑な人類と個性に直面して、私達は自然的属性文化記号システムを通して、それだけで全面的ないわゆる科学的な判断基準に合う説明をし、適切でまちがいのない解答を出そうとしてはいけない。私達は確かに客観的に自身を認識する立場に立つことにより、文化上人類とその個性に対して更に正確な（最も正確ではない）説明を行う目標に向かって邁進することができる。この過程で、私達は絶えず自身を認識して理解する方式を学び熟知するようにしている。更に深い意味において、私達は自然的属性から出発して自身を認識するという立場と方式を選ぶと、理論上で理性的な起点になるだけではなく、民間で、普遍的な認知習慣にもなることができる。これは人類の自身認識にとても重要な意義を持っている。

2、自然的属性文化記号システムと人類の自身認識の立場と方式

　　自然的属性文化記号システムに備わっている機能は最初にすべて予測できたわけではない。しかし自然的属性文化記号システムの構築を完成した後に、私達は、このシステムが再び人類の自身を認識する立場を確立しただけではなく、自身を認識する別の方式も確立した。それが直接九十六の個性文化記号を九十六の人類集団、即ち九十六種類の人間の自然的属性の個性に対して説明を行う対象として、そして更に正確な説明を行う方向と目標に近づいたことを発見した。これによって、私達は自然的属性文化記号システムの機能で人類が自身を認識する特別な意義を発見することができる。

3、私達の選択可能な立場

　　人類の自身認識立場の調整について、それが立場の問題とともに、信念の問題でもあることを特に強調しなければならない。問題は、人類の先天的で、生まれつき有して、変えられないという三つの自然的属性を私達が自身を認識する出発点としない理由があるのかということである。

4、立場選択の平衡と対抗

　　(1) 私達人類が自身の自然的属性を認識する立場を探し出し、見つけることは、人類の自身の社会的属性を認識する立場を放棄することを意味してはいない。自然的属性から出発するとともに、また社会

的属性から出発して人類の自身を認識さえすれば、人類に対して全面的で正しい認識が行える。このような自己認識の過程で、私達はまず自然的属性から出発して、更に社会的属性から出発することを主張するが、理由として、一、人類の自然的属性が社会的属性の「前提」と「基礎」であること。二、自然的属性から出発すると、いわゆる「科学的」な結論を容易に得られないかも知れないが、認識対象にとって、自然的属性は人類の安定的で不変の個性であるのに対して、社会的属性はそれほど安定してはおらず変化しやすい個性であること。まず自然的属性から出発し、次に社会的属性から出発するのは認識と分析にとって都合がよい。このような選択は依然として自然的属性と社会的属性の両方に配慮を加える平衡のとれた選択である。指摘しなければならないのは、このような前後の区分が計算の問題ではないことである。これをあまりに悩んでも、何の意味もない。

(2) 自然的属性から出発するとともに、社会的属性から出発するのは人類の自身を認識する点での対抗である。私達はこの対抗に直面しそしてこの対抗で自身を発見し、人類自身と個性に対する十分な説明を求めなければならない。

(3) 自然的属性から出発し、また社会的属性から出発するこの対抗の中で、私達は、人類の自身認識対象として、対抗する自然的属性と社会的属性がそれぞれ互いに相手のマイナス面を抑える力になり、互いに相手が認知する個性を補い合うことを発見することができる。これは典型的な意義を持つ文化演繹過程になった。

(4) 過去に社会的属性から出発し、多くのことを行ったので、本書の主旨は自然的属性文化記号システムの構築を通じて、人間の自然的属性から出発することにあり、人類の自身を認識する面で発見或い

は収穫するところがあった。

　この面での発見と収穫はもちろん社会的属性だけから出発して人類自身を認識することで形成したいくつかの結論に対する補充と修正である。私達がこのようにすると、更に「一体両面」の完璧な人類の個性を発見するという目標に近づける。

三、人類の自身に直面する宿命と境界に関して

1、自然的属性と人類の宿命

　人類の自然的属性は人間の先天的な個性を決定した。このような先天的な個性は私達の変えてはいけない運命を決定したが、それは私達の宿命である。この言い方は誤解を引き起こしやすいかも知れないが、宿命が運命の全部に理解されるかもしれないからである。しかし実情はそうではない。この問題は二つの面で理解できるかもしれないが、一、自然的属性が人間の一部の運命を決定し、別の一部は社会的属性によって決定されること。二、人類が自然的属性の意義において、このような自然的属性が変えられないという現実を尊重しなければならないこと。

　私達が述べたいのは、先天的な変えられないものが宿命であることを理解するのが人類の自身に対する最も深い理解とこれによって現れ出た善意である。私達はもちろん、すでに形成された言語環境の中で、宿命という言葉が「宿命論」によって宗教と迷信の色を持つかもしれない言葉であり、それによって宗教と迷信の方向性を持つことも知っている。実にこれが私達の特定の認知背景での思想混乱である。このような現実的な言語背景の観察に基づいて、私達は本書に宿命と

いう言葉に対する定義を出した。厳密に言うと、私達が言った宿命は自然的属性の個性に決定された、変えられない「あの部分」の運命である。

たとえば、女性として、男性の妻と子供の母になる運命は変えられない。それは宿命である。問題は、人類にとって、変えられないものがこれだけではないが、ただこの面で、理性的な探求が少なすぎたことである。もちろん、俗世と民間の観点から見ると、このような宿命に対する例は「言い争い」の方式であるが、理論上、それは論理に合った力によって、私達がその「道理」を否定することはできない。しかも、この道理は広げることができるのである。私達は誤って読まれた宿命という言葉に縛られるべきではない。私達も上記の観点を表すその他の更に適切な言葉を探し出すことはできない。

宿命は必ずしも直接に結局ではないが、変えられない方向である。このような表現は理解され受け入れやすいかも知れない。

私達は「宿命」という言葉が持つ汎イデオロギー的な理解を放棄し、更に宿命という言葉に対する汎イデオロギー的な偏見を捨てなければならない。

2、自然的属性からの出発と人類の自身認識の境界

もしかとすると、宿命を受け入れることにより、全てがうまくいくことはないかもしれないが、宿命の否定は、通常とりとめのない問題を招く。これに対して、私達は理性的で注意を怠らないようにするべきである。

社会的属性から出発して自身を認識する面で私達が行ってきたこ

とがあまりにも多いことは事実で、それが現実である。このような事実と現実の中で、私達の精神生活はあまりにも悩みが多いのである。階級、流派と群体の違いは利益の争い、思想の違い、偏見、欺き、争いを招いた。この過程の中に、人間はますます闊達になるわけではなく、ますます狭量になるのである。静かで穏やかに暮らせるわけではなく、せわしく動くようになっているのである……。不幸にも、この過程の中で、多くの人間がいつも汎イデオロギーの意味において、いつの間にか少数者のツールに成り果てたのである。

　自然的属性文化記号システムとその切り開いた人類の自身認識の道は人類が別の境界で自身に対する別の認識になることができる。この面で、疑問を持っている人がいるかも知れないが、軽率に否定するべきではない。なぜならこれまでの私達の分析も話し始めたばかりであるからだ。

第三節 自然的属性への回帰：「自己」観念の再構築及び人間の認可と帰属

　私達が九十六の個性文化記号を組み合せて設計し、自然的属性文化記号システムの構築を完成した時、私達は少し茫然としていた。これが予想外な結果ではなくて、それはまさに私達が探していたものであるが、九十六の個性文化記号に代表された人類の九十六の人類集団、即ち九十六種類の人間に対して、どのように基本的な解釈と派生を行うのかということは大きく深い命題である。私達は、この命題に直面する時、心に恐れを感じ、やりたいが力不足な感もある。そのため、これに対して私達は反省検討を続けなければならない。私達が構築した自然的属性文化記号システムを「背景」にして、人類が自身を認識する立場を発見して確立したが、これ以外の構築した自然的属性文化記号システムにどんな意義があるのか、考えてみよう。

一、 自然的属性への回帰：「自己」観念の再構築

　人類の自身個性を認識する面で、社会的属性に基づいて人類集団を区分するのに、私達が行ったことは多く、やりすぎたと言えるかもしれない。私達の分析によって、社会的属性の汎化が人類の先天的で、生まれつき有して、変えられない自然的属性の個性を覆い隠したことはすでに述べた。これについて、私達はもう説明を加えないが、どこにでもある集団の異なった意見、流派の争いなどはすべて社会的属性の汎化によって人間の社会的属性の個性が極端に表現されたものである。このような背景で、理性を持ち、自然的属性の意味において

出発する立場に戻り、再び自分自身を観察するのは、重要である。

　もちろん、自然的属性に基づいて人類集団を区分しそして自然的属性文化記号システムを構築したからこそ、冷静にこのような理性を表すことができるのである。自然的属性文化記号システムがなければ、この目的の達成は困難である。

1、自然的属性の意義での「自己」

　自然的属性個性の差に基づいて、私達は人類を九十六の集団、即ち九十六種類の人間に区分した。このような区分は私達が組合設計で自然的属性文化記号システムを構築した時、完成を見たのである。自然的属性文化記号システムの中で、すべての記号は一人を代表或いは一つの集団を代表している。すべての人間、すべての集団の自然的属性の個性がその所属の記号を持っており、この記号で代表された自然的属性の個性情報で表現される。この記号は全ての人間と全ての集団のマークで、彼（私）と彼達（私達）の個性のトーテムである。

　自然的属性文化記号システムは人類の個性に対する全面的で完璧な表現方式である。このような方式の表現で、私達は先天的で、生まれつき有して、変えられない「自己」の状態に戻るが、即ち私が私で、私達が私達である。人間である私と私達は、九十六の個性文化記号で構成された自然的属性文化記号システムで自分の自然的属性の個性身分に対する理性的な確認に戻る。これも自然的属性の意義を持つ。即ち先天的で、生まれつき有して、変えられない意義であり、私と私達の自然的属性の個性身分が確立されたことを意味している。このような自然的属性の個性身分も即ち自然的属性の意義における「自己」である。

2、私達が変化可能な「部分」と変えられない「部分」

　　私達は世界を変えることができるが、私達には自身の自然的属性の個性を変える方法がない。これは私達が直面する現実である。

　　長い間、汎イデオロギーの意義において過度に後天が人間の形成に果たす役割を強調したため、人間の「先天的」な個性の中で「先天的」という言葉は前に言った「宿命」という言葉と同じで、すでに私達の避けようとする言葉になった。人間は変えられないとは言えないが、私達は有限に自身を変えることしかできない。人類が自分で行った各行動で自分に対する「改造」は自分を変える極致的な方式であるが、これによって私達はすでに荒唐に向かっている。このような「改造」の中で、人間の個性はすでに社会的属性の汎化で形成した偏見に覆い隠されたのである。

　　この意味において、私達はこれまでずっと間違いをし、またずっと間違いを正してきた。間違いをしたのは私達が先天的な個性を軽視したためで、間違いを是正する私達の先天的な個性は本能が大きな役割を果たしている。私達はいつも知らず知らずのうちに、感性的に自然的属性の意義における自己に向かっている。一方、私達が理性的にこのような本能を認知することができないため、理性的に自己の自然的属性の個性に対する確認を行うことはできないのである。私達はこのような悩みを抱えながら生活しているといえる。

　　いずれにしても、私達は自然的属性文化記号システムで表わされた「先天的」な自然的属性の個性を失うことはできないのである。複雑な商工消費時代に、社会的属性の汎化と同質化の氾濫は、確かに私達を変えたかもしれない。私達の個性がねじ曲げられても、人類の自然的属性の個性はまだ存在する。覆い隠されただけなのである。その

ため、後天的な変化は有限の力で、まさに私達が望んでいるかどうかに関わらず、私達は有限に自分を変えることができる。

人類の自然的属性における改造を見落とすことは、間違いである。社会的属性の意義において、私達は改造されることはできるが、自然的属性の意義において、私達は改造できない、変えられないのである。更に重要なのは、私達が変えられるべきではないのである。社会的属性の意義での改造は「自己」の自然的属性の個性を覆い隠したりねじ曲げたりすることができないとともに、するべきではない。これは私達が変えられなくて、変えるべきではない部分である。このような立場を持ちしっかりと守るのは、人類が自身に対して行える最大の善である。

3、積極的な自然的属性宿命観念の提唱

まさに私達が以前に述べた観点のように、「先天的」という言葉がイデオロギーに、「へり化」、ひいては「妖怪化」されたように、「宿命」という言葉も同等な情況に直面しているのである。尊大な私達は独り善がりになり、すでに有頂天になっていたのである。

今日、私達が宿命について再びふれたのは、独善的な思想を解放した私達が、まだ偏狭に宿命を消極的な観念と見なしているかどうか、試しているのである。太陽のエネルギーは絶対に消耗し尽くすので、地球は絶対に人類の生存に適さない。これは人類の宿命であり、私達が変えられない運命である。今日そして未来の人類が直面するほかない。人間が自分で変えられない宿命を知るのは悪い事だと見なされるべきではない。もちろんこれは消極的な見方ではない。人類はすでに以前の地域断絶、民族断絶と国家断絶から抜け出して、グローバ

ル化に向かったが、これは人類が自身を認識する立場に対して行った挑戦である。私達は新しい地球観、世界観を持っているのである。上記に言った宿命観を、まさか地球観と世界観を越えた宇宙観と理解するべきではないだろう。

　自身を認識する自然的属性の立場を喪失し、構築していない「地球観」、世界観を越える宇宙観、万物の支配者を吹聴する私達は、宇宙と自然的属性の意義での人類の間の「二重層」にあって、私達の社会的属性に対する極端な強調などはこの「二重層」で行ったことといえるかもしれない。

　話をもとに戻そう。自然的属性文化記号システムの旗印のもと、私達は先天的で、生まれつき有して、変えられない自然的属性を有した人間であり、性別の区分、血液型の差異と星座の所属といった自然的属性の身分を変えることはできない。性別、血液型と星座という三つの自然的情報を捨てることはできず、私達の自然的属性の個人情報は生まれつきである。私達の後天的な個性はこのような自然的属性の個性の「延伸」と「添加」でしかなく、自然的属性の個性に対する代替とするべきではないが、これは私達の述べた人間の自然的属性の宿命観念である。

　このように自然的属性の宿命観念は消極的ではないのである。原因として、(1)このような宿命観念は人間の自然的属性の身分に対する客観的な確認で、これによって人間が自身と他人に対する客観的な対応を形成し、いずれにしても消極的な解釈を行ってはいけない。(2)このような宿命観念は人間が持つ三つの自然的属性情報を捨てることができないことを確認したが、これは人間に対する再認知である。このような認知は、私達がこの三つの自然的属性情報が自身に対する後天

的な改造を投げ捨てる（あるいは投げ捨てようとする）必要はないことを意味している。(3)「後天的」な個性が「先天的」な自然的属性の個性の「延伸」と「添加」でしかないことを受け入れるのは、理論上人間の先天的な個性と後天的の個性に対するすばらしい接ぎ木で、人間の完璧な個性を完備して健全にするための理性的な道であることを指摘した。(4)社会規則で生活している人間が他人に差し障りがない規則の制約の中で、自身の自然的属性の身分と個性を表すのであるが、「自己」の表現として、このような自然的属性の身分と個性の表現を行うことは人間の基本的な精神に合ったもので、積極的である。

自然的属性の宿命観念は人類の自己観念に対する超越で、自己観念の解放である。

二、自然的属性への回帰：私達の別の認可と帰属の道

自然的属性への回帰とは人間の自然的属性から出発して人類の自身を認識して、人間の個性存在と個性化の方向を解釈するものである。この時、私達は過去と異なった認可と帰属の道に足を踏み入れる。

1、人類の三つの自然的属性の分割不能と一体になった記号化の表現

人類は性別の区分、血液型の差異と星座の所属という三つの人間が知られ、共に認可された自然的属性の個性だけを持っている。私達はまだそれ以外の第四の自然的属性の個性を発見していない。この三つの自然的属性の個性が理論上で成立するのかについて、この面での

異議を排除することはできないが、私達は更に述べることはしない。一度に科学主義が人間の形成した規則を変えようとするのは困難である。私達が重ねて言明するのは、以前、性別、血液型と星座が人類の先天的で、生まれつき有して、変えられないという三つの自然的属性とされていなかったため、私達は自然的属性の意義において、この三つの自然的属性を分割不能の先天的な個性全体と見なしていた。更にこの先天的な個性全体、即ち全体の個性に対して、共に完全な認知と表現をすることできなかったのである。今私達はこのことをやり遂げただけではなく、更にこの三つの自然的属性の個性に対して記号化組合を完成し、人類の分割不能な三つの自然的属性を私達の構築した自然的属性文化記号システムで全面的に、即ち統一的に記号化表現する。

2、一つの全く新しい命題

人類の三つの自然的属性の個性は九十六記号で代表された九十六の集団、即ち九十六種類の人間で分割不能な融合と一体になった統一表現を実現したが、これはいまだかつてなかったものである。

それでは、自然的属性文化記号システムの中で九十六の記号で代表された九十六の人類集団、即ち九十六種類の人間が持った性格の個性について、私達はどのように説明をするべきだろう。

これは一つの全く新しく、私達がかつて直面したことがないテーマである。これは文化的なテーマであるとともに、科学的なテーマでもあり、文化と科学の範中におさまらない時、それは両分野の外に浮かんでいるテーマである。この面で、文化は成果をあげるべきである。科学の成果は限られたものである。人類の三つの自然的属性に直

面して、科学は一貫した方法で、それを科学的な説明対象にしにくいのである。これはずっと科学主義により教化されている私達が人類の三つの自然的属性に対する認識の面で自覚と意識不足が重要な原因である。

　自然的属性の分析理論により、科学的な手法に基づき科学的な成分をくみ取り、文化面で自然的属性の認知と解釈の結論を含めることを前提にして、私達は自然的属性文化記号システムを構築した。この時、自然的属性文化記号システムと九十六の個性文化記号は直接私達の確立した説明対象となり、それによって全く新しいテーマとなった。これによって人間の自然的属性の性格個性に対して相応の認知と解読を展開することは論理と方法で実行可能となった。これによって、別の人類が自身を認識する全く新しい道は切り開かれたのである。

3、自然的属性と生まれつき：「先天的」な異なりで現れた平等

　私達は、「生まれながらに平等である」と言う時、主に人間が生まれつき同等な権利を持っていること、即ちいわゆる「生まれつきの人権」を言った。しかし事実上、この生まれつきの人権は後天的に与えられたのである。即ち、出身を問わず、すべてに同等な生存と生活の権利を与えられるのである。しかし後天的にこのような権利を与える時、自然的属性の意味において人間が生まれてから異なったところがあることを軽視し、時には受け入れていないことに気づいただろう。ここで、私達は「転換」を行い、別の自身を認識する視角を選んで、即ち人間が生まれてから異なったところがあり、人間が生まれつ

きに持つ天然的な差を受け入れ自然的属性の身分を承認するのである。このため、彼（彼ら）と私（私達）はそれぞれ自然的属性文化記号システムの中に相応で取って代わってはいけない位置を占めている。取って代わってはいけないこのような位置は世の中の天然的で本原の平等である。このような生まれつきの自然的属性の身分とその個性が認可と社会の評価を受けるのは、世の中で最も重要な平等であり、社会的属性を越えた平等である。いずれにしても、これは自然的属性の差の承認と確認で承認と確認を受ける平等である。平等は世の中の後天的な大同で表現されてはいけないが、天然であり、先天的な自然的属性の身分と個性とは異なる、即ち差があることが認可されたことで表現するものであることを発見した。

4、別の認可と帰属の道

　　人間が自然的属性の身分とその個性で天然的な差別が存在することを承認したからこそ、人類は最も基本的な認可と帰属の共通認識を形成することができる。広範囲の生まれつきの平等は、きわめてこのような天然的な差別を抹殺して、生まれつきの平等を汎イデオロギー化と世俗化という二重の意義での人間同士のいわゆる対等に転換しやすい。これも「順番に皇帝になって、明日に私がなる」ということのイデオロギーと俗世の二重意義での思想根源である。

　　私達が言おうとするのは、まさに九十六の個性文化記号が自然的属性の意義で差別がある九十六の集団、即ち九十六種類の人間を代表して表すことができるため、九十六の個性文化記号は天然的にこの九十六の集団、即ち九十六種類の人間が認知方向で同じになるような傾向がある旗印になる。即ち、九十六の個性文化記号はそれぞれ九十六

の集団（即ち、九十六種類の人間）が認可のマークと帰属のトーテムになるのである。

　　自然的属性の身分とその個性が異なった人間（人々）が九十六個性文化記号を旗幟にする認可と帰属はすばらしさに満ちており多彩な文化の未来図である。私達は少なくともすでに一部の人間（人々）のこのような認可と帰属が自身で発生した効果と直接な結果を知ったが、これはまさに本書の前にずっと表現してきた観点のようである。しかしこのような認可と帰属の過程に人間（人々）は精神面でどんな境界に向かうのか、まだ軽率に推測して考えることができない。この面で、私達は理性と慎重を維持しなければならない。

　　私達が少しも疑わない点であるが、このような認可と帰属の中に、更に多くの人間が多くの自分の自然的属性の身分とその個性と同じ人間に直面する時、彼らが共通の言語で交流を行う時に落ち着くことができるに違いない。とっくに沸き立ち浮付いた人類生活の中に、人間にこのような認可と帰属の方式で落ち着かせるのは更に貴重である。

　　落ち着きは人類の力の尽きない源である。

第四節　自然的属性文化記号システムと人類個性の表現

一、自然的属性の演繹から自然的属性文化記号システムまで

　　自然的属性文化記号システムは私達が人類の自然的属性の個性に対する独特な表現方式である。以前に私達の分析は、九十六の自然的属性の個性記号の構築が演繹で、このような演繹が続くと、その必然的な結果が自然的属性文化記号システムを形成することをすでに表明した。

1、自然的属性に対する文化的な演繹

　　性別、血液型と星座という三つの自然的属性から自然的属性文化記号システムの形成まで、この過程は人類の自然的属性の既定の境界を越える文化的演繹である。一、性別、血液型と星座という三種類の記号を元素、即ち題材にして組合設計を行い、新しい個性文化記号を形成したのは文化的演繹である。二、性別、血液型と星座が始めて組み合わせられ、三つの分けられた状態にある記号ではなく、同時に性別の区分、血液型の差異と星座の所属という三つの自然的属性の情報を表現した完璧な記号として、理論上で全く新しい識別と解読の対象になったのも文化的演繹である。三、私達が本書に設けた目標に決定されたが、私達は性別の区分、血液型の差異と星座の所属が科学的な

のか、という認知段階に悩んで、それによって抜け出しにくくなった。私達は人類集団に対する区分に基づいて、九十六の人類集団、即ち九十六種類の人間を形成して、そして自然的属性文化記号システムを構築し、これによって人類の自然的属性の再発見と認知、解釈、表現を自分の説のつじつまと合わせて、即ち既定の理論目標の実現を達成した。

　自然的属性文化記号システムは自然的属性の分析理論とその方法に対する集中的な表現であるが、ここから入って、私達は人類の自然的属性を認知して解釈する新しい道を切り開いた。私達は永遠にこの目標を実現することができないとは言えないが、ずっとこの目標に向かって歩いているのである。これは人類の自然的属性の認知と解釈という任務の複雑さと困難さを予告している。**本書にとって、重要なのは私達が正しい立場を選んで、占有するべき出発点に立っていることである。**

2、自然的属性に対する文化的な共通認識

　三つの自然的属性の個性とその記号に対する演繹から自然的属性文化記号システムの最終の形成までは一回の大きいまたがりである。このようなまたがりは、私達が自然的属性のこの段階に滞在して人間の個性に対して解釈を行っていないことを意味している。この段階に滞在して解釈を行うと、私達はきわめて科学主義の落とし穴と科学主義の苦しい立場に陥りやすいからである。自然的属性文化記号とそのシステムは自然的属性の分析理論が文化で人類の自然的属性に対する表現を選ぶ最も直接で最も簡明な展示と表現方式であることが言える。私達はすでに人類の自然的属性に対する認知と解釈を文化的なテ

一マに転換したが、これは認識と表現上の自己解放である。即ち、私達は自然的属性の個性に対する解釈を個性文化記号の人類自然的属性の個性に対する表現に転換したのである。私達は「自己」の自然的属性の個性を離れず、文化で自然的属性の個性に対する認知と表現を求めて、それによって自然的属性の認知での共通認識を達成するのである。自然的属性文化記号システムの構築によって、このような共通認識はすでに達成した。自然的属性文化記号システムはその九十六の個性文化記号で人間の自然的属性の個性に完璧な表現を行うと同時に、私達が人類の自然的属性の個性に対して文化上で認知と解釈を行うのに共通認可の対象を提供したからである。

　自然的属性に基づいた文化の共通認識について、私達は人類の自然的属性に対する認知と解釈がどんなレベルに達するのか、及びどんな理論的な成果を得られるのかについては、別の問題である。

　自然的属性文化記号システムが人類の自然的属性の認知と解釈の面で共通認識を達成したこと及びこのような共通認識が受けた記号の表現は人類の自己認識について、全く新しい始まりである。これには少しの疑問もない。

3、人類の自然的属性の個性文化記号の表現方式

　三種類の自然的属性記号の組合設計を完成した後に、九十六種類の人間、同時に九十六の人類集団を代表して表した九十六の記号は一つのシステムになったのである。私達は「でっち上げ」でそれぞれ九十六自然的属性の個性記号を創造したわけではなく、すでに公衆に共通に認知されて、しかもすでに流行した性別、血液型と星座の記号を私達が系統的で完璧に表現したこのような「方向」と「好み」によっ

て再び組合せて設計したのである。このような組合設計によって、性別、血液型と星座の記号は私達が構築した個性記号の三つの構成要素になり、ここから全く新しい人類の三つの自然的属性の個性を表現する九十六の記号を形成した。

　まさに上記で述べた通り、このような組合設計は、まず理念で、それから芸術で、最後に「技巧」である。これによって、九十六の個性文化記号とそのシステムが構築されたのは、理念、芸術と技巧という三方面の「代価」を払って得た成果である。

　組合設計によって形成した九十六の個性記号はそれぞれ全く新しい記号になった同時に、また性別、血液型と星座の記号を構成元素にしたため、三つの自然的属性の情報を持っている。これによって、九十六の個性文化記号は人類の三つの自然的属性に対する同じ流れを汲むことで、人間は容易に性別の区分、血液型の差異と星座の所属という三つの記号に対する熟知を九十六の個性文化記号に対する熟知に転換しやすい。そのため、記号の面で性別の区分、血液型の差異と星座の所属の常識を備えるので、九十六の個性文化記号はきわめて読み出しやすくて識別されやすい全く新しい記号になった。九十六の個性文化記号は私達が全く新しく組合せて設計した結果であるが、それが全く新しい記号によって人間がそれを識別して順調に読み出すのに影響を与えたり、ひいては妨げたりしていない。これはまさに九十六の個性文化記号の構築の素晴らしさを物語っている。そのため、自然的属性文化記号システムがきわめて読み出しやすくて識別しやすいこと及びその九十六の個性文化記号がその構築の完成時からすでに人間の認知と伝播の道を切り開いたことには大きな意義がある。

　自然的属性の意義での性別、血液型と星座はとっくに流行文化分

野で文化方向での好みを形成したが、性別の区分、血液型の差異と星座の所属を表す三種類の記号はとっくに人類の自然的属性の個性に対する単純な表現ではなくなっており、同時に文化上で人類の個性に対する表現と展示でもある。私達は注意深く性別の区分の二つの記号と星座の所属の十二星座の記号を見て、これらの記号の視覚上の映像を見て、これらの記号の形成から持った蘊意を少し探究すると、私達は容易に理解できるのである。認知と伝播の意義において、更に普及と流行の意義において、性別の区分、血液型の差異と星座の所属という三組の記号、およびそれを基礎にして組合せて設計してなった九十六の個性文化記号は、識別するだけで、解読する必要はないので、その伝播と流行がきわめて容易である。それによって短縮した認知と普及の時間は、更に広大で更に高速の認知、伝播、普及と流行を意味している。これによって形成した伝播と流行の力は私達が軽視してはいけないのである。

さかのぼると、これはまさに第二章にすでに表明した。血液型が百年余り前にようやく発見されたため、四つの血液型の記号に著しい文化のシンボルと文化の蘊意がないが、それが人間の自然的属性に指す意義が明確なので、今ほぼ全ての人間に知られている。特に性別と星座の記号が一緒に現れた時、それが自然的属性での血液型の方向が著しくはっきり知られていた。そのため、性別、血液型と星座は自然的属性の個性記号として、私達が九十六個性の記号を組み合わせて設計する時に、すでに自然的属性の情報として、しかもこのような自然的属性の情報も同時に文化の情報として続いて来たのである。私達が始めに確立した理念は感性的な芸術の好みがあるかも知れないが、最後に一つの事から類推して多くの事を知る技術手段で、一緒に九十六の個性文化記号の組合設計を完成するように助けて、そしてこれによ

って九十六の個性文化記号から構成された自然的属性文化記号システムを構築した。この今に見ると簡単な過程は出会うものであるが、求めるものではない。

4、個性文化記号及びその伝播と流行の力

　　性別、血液型と星座の個性記号は基本的に広く知れ渡り、流行している。**血液型個性記号の流行状態は比較的に弱いが、星座の個性記号の伝播と流行及び血液型との密接な関連によって、血液型の個性記号は「連れ」の中で「伝播」と流行にある。性別の記号ついて、私達の分析で、すでに「日常的に使われながら知られていない」という説明で指摘した。特に「自然的属性の木」では、男女という二つの分枝がただあまりに著しい人類個性の表現で、性別の区分とその記号について、私達はどうして理論上で忘れたのか、どうして現実的な生活の中で見て見ぬふりをしているのか。**このため、性別の区分の二つの記号、血液型の差異の四つの記号と星座の所属の十二の記号は文化の記号として、すでに一緒に現実生活の中で流行文化の潮流にあると言える。伝播と流行状態にある三種類の自然的属性の個性記号から組合設計によって成り立つ九十六の個性文化記号はその著しさと識別性によってきっと更に幅広い伝播と流行状態に入り、人間に共に知られた個性文化記号になって、そして私達の予想しにくい伝播と流行の力を表すに違いない。特に九十六の個性文化記号は牡羊 A 男性から魚 AB 女性までの九十六の中国語名称によって表現された後に、その伝播と流行の力はほとんど止められないのである。

　　これは期待に値している。

　　すべて伝播し流行するもの、しかも伝播し流行し続けるものは必

然的に文化的意義を受ける。流行は伝播の結果で、更に伝播の原動力である。九十六の個性文化記号はその伝播と流行によって、きっと人間が自身を認知する「ツール的」な力になり、このような力も同様に強大で、過小評価できない。

二、人類個性に対する自然的属性文化記号システムと個性身分に対する系統的な表現

1、人類の個性に対する系統的な表現

　　私達の分析は再び性別の区分、血液型の差異と星座の所属を認識することから始まり、このような深い分析と展開に従って、性別の区分、血液型の差異と星座の所属の個性文化記号は分析に取り入れられてきた。この時、性別の区分、血液型の差異と星座の所属の個性文化記号は不可欠な表現方式となり、文字の説明のような言語になったのである。更に重要なのは、このような記号化の表現が単一の記号で一種類の情報を伝達し、一つの「物事」を表現するわけではなく、私達が組合設計で構築した自然的属性文化記号システムで表現するのである。自然的属性文化記号システムを構成する九十六個の記号は、すべての記号に性別、血液型と星座という三つの人類の自然的属性の情報を含んでおり、同時にこの三つの自然的属性の情報に対する直接の表現である。自然的属性文化記号システムの九十六の個性文化記号はすべての人間の自然的属性の意義での個性に対して文化意義で現れたものである。

　　それでは、どのように個性文化記号システムが人類の個性に対す

る系統的な表現を理解するのだろう。

(1) このシステムは人類の性別の区分、血液型の差異と星座の所属という三つの自然的属性情報に対する系統的な表現であること。**人類のこの三つの自然的属性情報はすべての個性文化記号と九十六の記号から構成された自然的属性文化記号システムの中で秩序的に、連続的に、全面的に展示された。**

(2) このシステムが三回の連続的な人類集団区分によって九十六の人類集団、即ち九十六種類の人間を形成したという論理に合った過程によって演繹されたので、**九十六の個性文化記号は九十六の人類集団、即ち九十六種類の人間の個性に対する秩序的、連続的で全面的な表現である。**

(3) すべての人間はこの自然的属性文化記号システムの中で自分に属する個性記号を探し当て、それによってあなたが同時に持っている三つの自然的属性の情報で持った個性を表明して、表現することができる。このような個性はもちろんあなたが他人と異なったある性格特質を持っていることに派生されることができる。これは、自然的属性文化記号システムとその九十六の個性文化記号に基づいて、人類の自然的属性の個性及びそれに応じた性格特質を系統的に対比することができることを意味している。

2、人類の多重身分に対する系統的な表現

本章の第一節で、私達はすでに自然的属性文化記号システムと九十六の個性文化記号が人類の九十六の集団、即ち九十六種類の人間の自然的属性の身分に対する系統的な確認と記号の表現だけでなく、自然的属性文化記号システムもこのような直接な確認と記号表現に限ら

れていないことを指摘したが、私達はここで立ち止まってはいない。一、自然的属性文化記号システムは人類の「第三身分」の一つである消費者の身分文化記号システムに延伸して転換することができる。二、自然的属性文化記号システムは同時に自然的属性の個性で決定された人間の性格特質に対するシリーズ的な展示で、人間の性格身分文化記号システムになった。三、人間の第一身分、第二身分と第三身分のほかに、人間にはその他の明確な境界がない身分があるが、それは第一身分、第二身分と第三身分の既定の境界を越えて、この三つの身分の以外に人間の個性が文化で表されたことで受けた身分、即ち人間の個性文化身分である「第四身分」である。自然的属性文化記号システムは同時に「第四身分」、即ち人間の個性文化身分記号システムである。

　　自然的属性文化記号システムから消費者身分記号システムへの延伸と転換の意義について、第五章に分析する。私達が指摘したいのは、自然的属性文化記号システムのこのような延伸と転換にほとんど認知の障害が存在していないので、九十六の個性文化記号が消費者の身分記号とする伝播が制限を受けず、特に九十六の個性文化記号は消費者の身分マークを物のマークに転換することができ、これによってこの記号システムは限定がない広大な空間を得た。自然的属性文化記号システムが人類の三重身分の境界を越えて人間の個性文化身分の「第四身分」に対する確認と表現で持った意義について、本書では分析を展開しない。しかし表明できるのは、**自然的属性文化記号システムが同時に人間の個性文化身分記号システムになったことに基づいて、人間がこのような身分に対する展示と表現はきっと理論の構想を越えて、功利を越えた流行話題に転換し、これによる社会的な影響は推定することができないのである。これは私達が理論上で別途に切り**

開かなければならない空間である。

三、人類の個性と個性身分の完璧な表現方式の発見

　　自然的属性文化記号システムの構築の初めに、私達はすでに、こ
のシステムと九十六の個性文化記号の自身の認知、伝播、普及と流行
しやすい特徴によって、それが個性身分とその個性に対する表現がい
つも理論上のいかなる境界を越えるため、自然的属性文化記号とシス
テムが個性身分とその個性に対して障害がなく広範に現れることを可
能にする完璧な表現方式となったことに気づいた。私達は、自然的属
性文化記号システムが人類の個性身分とその個性に対する展示が分か
れた理論の範囲ではなく、それが自然的属性文化記号システムの延伸
によって転換され、それによって構築の初めに、民間と流行文化の中
で養分を受けたため、制限なく民間と「俗世」の段階に達することが
できることを容易に発見した。このような理論が民間の知恵と俗世の
認知に対する収容の展示は自然的属性文化記号システムの独特な部分
である。このような独特さは、別種の完璧さである。

　　本書は一般的な意義における人類個性の分析から初めたので、ど
れだけ述べても、すべてその起点に戻ってくるべきである。これは、
私達が理論上できっと人類の個性を表現しなければならないことを意
味している。私達の個性に対する表現の中で、この概念はますます具
体的で適切なものになった。しかしこの時に、このような表現は依然
として私達が最初に言った普通の意義での人類個性の表現にも適用し
ている。私達が再び個性のこの話題に帰ってきたのは、個性の追求と
個性の展示のためであるが、社会的属性の汎化と同質化の氾濫の中に
いる人類にとってとても重要である。**自然的属性文化記号システムの**

個性に対する追求と展示は物質生活の意義だけではなく、人間が社会的属性の汎化と同質化の氾濫から抜け出し、自己個性解放の道を探し当てて、精神生活で、商工消費時代で、物質主義と消費主義が盛んな潮流の中で、同じ精神的傾向から抜け出す積極的な力を得ることができるかもしれない。同じ精神的傾向を抜け出すことは、いわゆる「普遍的な価値」に対して冷静な再評価を行うことかもしれない。

1、人類個性身分の発見と構築及びその個性記号化言語

ここで言った個性身分は直接に人類の自然的属性身分を指す。自然的属性個性文化記号でこの身分を表現する時、この身分に延伸と転換が発生するのは前に述べたとおりである。このような身分に相応する個性に対して、理解の面で広範囲に失いやすく、境界はないが、私達はこの個性をこのように述べることができる。即ち、自然的属性文化記号システムと九十六の個性文化記号で現れた人間同士の相違性と差別は、すべて人間の個性である。必ず指摘しなければならないのは、現実的な展示の中で、私達は自然的属性文化記号システムが人類の個性身分に対する表現と個性に対する表現を分けることができないのである。

人類の個性身分とその個性に対する表現方式はきわめて重要である。正しい表現方式がないと、私達はひいては人類の個性身分とその個性の自身を認識しにくい。これは表現方式が言語のためである。私達が構築した自然的属性文化記号システムは、人類の個性身分とその個性に対するほぼ完璧な表現方式である。このような表現方式が完璧なのは、それが私達の構築した記号を表現の言語として、このような記号言語が簡単で、明確で、読みやすくて、伝播と流行がしやすいた

めである。

　これによって、私達が構築し同時に人類の個性身分とその個性を表現する記号化言語を発見したと言える。私達がこのような記号化言語で人類の個性身分とその個性を発見して詳しく解釈して解説することができて、それによって人間の個性身分とその個性を見分けて解読する。このため、私達は人類自身を認識する全く新しい分野に足を踏み入れることになる。

2、記号化言語とする自然的属性文化記号システム

　私達の展開した分析で、自然的属性文化記号システムが人類の多重身分とその個性を表現する共通の記号言語になった。

　人間の三つの自然的属性に対する共通の認知がなく、この三つの自然的属性個性記号に対する再発見と組合設計がなく、このような組合で形成した九十六の記号がないと、私たち自身でさえ人類の多重身分とその個性の話題を延伸し、展開してゆくことに興味がなかったかもしれない。

　現在、九十六の個性文化記号はすでに理性的な言語になった。私達がこのような言語を字母言語に見なすと、このような言語は性別の記号、血液型の記号と星座の記号という三組の字母だけあるが、この三組の字母が共通共用だといえ、この三組の「字母」からなる九十六の記号はその著しい形態、簡明さと識別性で、周知共通の言語になることができる。そしてきっとなるに違いない。性別、血液型と星座の個性記号はある言語であり、性別、血液型と星座という三組の記号を組合せて設計して構築した九十六の記号もある言語で、私達がやっと「発明」した記号言語である。

3、人間の個性身分と個性：取って代わるものがない記号表現

　　自然的属性文化記号システムにより、すべての人間は指定の席を持ち、あなた（あなた達）の個性身分を確認することができる。あなた（あなた達）はまずこのようなもので、そのようなものではないと認定される。このような先入観にとらわれる自己確認によって、もちろん私達が属するその個性の記号に従って行われる。九十六の個性文化記号は人類の個性身分を表すと同時に、九十六種類の人間になり、それは同時に九十六の人類集団個性の旗印でもある。

　　まさに性別の区分、血液型の差異と星座の所属という「三組」の人類の自然的属性を表す記号を再「発見」し、そしてそれを組合せて設計して、九十六の新しい記号を形成したため、自然的属性文化記号システムが最後に構築されたのである。その中で、記号の機能と作用はとても重要である。

　　人類文明の形成と進化の過程で、記号及び記号と同じ作用を持った象徴物は人類の自己認知、人間同士の間の認可、信仰と思想の伝播に対して不可欠な重要な意義を持っている。例えばキリスト教の十字架は、キリスト教の最も重要な記号であるとともに、キリスト教の最も重要なシンボルである。最初から、十字架はキリスト教を代表するきわめて識別しやすい記号と象徴物で、十字架の識別しやすさのため、それが伝播しやすく、便利なため、十字架はキリスト教の伝播と世界的な影響力に取って代わるものがない意義と作用を持っている。

　　私達は一つの例を挙げてこのことを説明することができる。例えば十字軍の東征で、見るとすぐに、これはキリスト教を代表しており

別の宗教に対する征伐であることが分かる。今に至るまで、十字架という記号と象徴物のないキリスト教の伝播は、想像しにくいのである。

　更に表現しようとすると、記号と象徴物とする十字架はキリスト教の初期の基本的精神に対する最も簡明な表現で、キリスト教の伝播の中で、それは取って代わることができないのである。伝播の意義において、その伝播効果と正確性により、その代表したストーリがキリスト教の簡明で通達的な張顕と伝播に巨大な力を表していた。

　私達は構築した性別、血液型と星座の個性文化記号システムが宗教から生まれ、ひいては宗教と関係があるとは絶対に述べていない。私達は、自然的属性文化記号システムの著しくて簡単な記号形式と記号形態が識別しやすさ、解読しやすさを持ち、認知、伝播の障害がほとんどなく、その普及と流行は止められないと言いたいだけである。私達は自然的属性文化記号システムの人類の個性身分とその個性の表現に対する不可欠さを見るとともに、その隠れていた巨大な伝播と流行力も見るべきである。もちろん、それも私達が借りたシステム伝播手段になるべきである。この面で、私達は最低限度の「手段の理性」を維持するべきである。

4、新しい個性認知立場の発見：独りよがりで意見が入り乱れる対抗

　社会的属性の意義でも、自然的属性の意義でも、人間は本能的に一般のものとは異なる個性を表現している。事実上、この時に人間がすでに理性的に自身の個性を認識したわけではなく、本能として、自

身の個性に対する表現は感性的で知らずの個性の発見過程でもよい。このような感性的で知らずの個性発見過程に、人間は決して何もしないわけではないが、確かに自身個性の認識で進歩も見られたのである。人間の感性的で知らずの自身個性の表現と発見は同時に人の群れで異なった人間の個性に対して対比と選別を行ったのである。このような対比と選別は人の群れでたとえば「あなたはどのような人だと思うか」と「他の人があなたをどんな人と言うか」などの絶えず広く展開している対抗である。これは即ち「独りよがり」と「意見が入り乱れた」対抗過程である。この対抗過程で、人間の個性は次第に明確になってきた。これは民間、俗世の生活と流行文化の中で、毎日発生している事である。

　独りよがりで意見が入り乱れた対抗で認知され確立された人間の個性は、真相かもしれず、仮相かもしれず、それとも更に真相と仮相が混じったものかもしれないのである。しかしいずれにしても、このような対抗の中で認知されて確立された人間の個性は安定的な個性になりにくい。**これは、民間、俗世の生活と流行文化の中で、多くの場合、「あなたはどのような人だと思うか」と「他の人はあなたをどんな人だと言うか」これは別問題である。同様に多数の時に、重要なのがあなたはどのような人だと思うかということではなくて、他の人はあなたをどんな人と言うかということである。**この道理は哲学家の歴史観で現れた道理のようであるが、歴史は現代人間の歴史で、人間の心の中の歴史である。真実の歴史は歴史学者が元に戻すことができないものである。歴史はよく歴史学者の立場が異なると、異なった解読と表現を受けている。真実の歴史は一つであるが、歴史学者の言葉遣いでの歴史は別のことである。更に難解かも知れないが、きわめて面白いのは、多くの場合、人間がよく「他の人に言われた様子」によっ

253

て事を進めたのである。これは更に複雑な社会的問題と文化的問題なので、説明はここまでにしておく。しかしこれによって、私達は人類が自身を認識する巨大な欠陥を発見したが、それは人間の「独りよがり」と「意見が入り乱れた」対抗の中で、人間が自身個性に対する認知と確認はよく「本性」と「自己」から出発する認識の基礎に欠けているのである。問題はどこにあるのだろう。人類の先天的で、生まれつき有して、変えられない三つの自然的属性の個性を見落とすのは、人類が自身を認識する最大の欠陥だと言える。このような欠陥のため、人間は自身の個性に対して明確で正確な表現をすることができない。このため、「独りよがり」と「意見が入り乱れる」対抗は最初から個性を認定する基礎的な尺度と標準に欠けて、対抗結果は予想しにくいのである。

私達は通常まず私達を性別、血液型と星座という三つの自然的属性に共通的に決定し、個性身分と性格特質をもって、他人と区分した人間と言う。それから、私達は私達が同時にその他の各種類の社会的属性を持っている人間で、たとえば私達がある階級、党派と群体に属するものだと言う。**ここには人類の自己認識の立場問題を含んでいるが、私達はどうしてまず先天的な自己の自然的属性から自身を認識するのではなく、後天的な社会的属性から自身を認識するのだろう。ひいては自然的属性から、また社会的属性から自身を認識することもやり遂げていないのである。**これも私達が本書のはじめから繰り返し表現した、社会的属性の汎化と同質化の氾濫によって人間の自然的属性が覆い隠されたのである。人類が自身に対して認知と解釈を行う時、自然的属性、更に具体的に言うと、性別、血液型と星座から構成された自然的属性の個性がずっと欠席の状態にある。

自然的属性から人類の自身を認識するのがどんな発見と収穫をも

たらすのかと思っている人がいるかもしれないが、これはまず立場の問題になる。即ち、自然的属性から人類の自身を認識するのがある程度発見と収穫を伴うかどうかを問わず、私達は必ず理論上の実用主義を捨てて、まずここから人類の自身を認識しなければならないのである。問題として、私達はまずこの起点に立っていないため、ある程度の発見と収穫を得たのか、断定することができないのである。

今日、私達はすでに自然的属性から出発する立場に立っているため、自然的属性記号システムを構築した。これによって切り開いた人類が自身を認識する道によって、すでに全く新しい視角で人類を見て観察することができるようになった。更に多くの発見と収穫について、私達がどんな方式でするのかを見る。

5、まとめ：いくつかの重要な結論

(1) 私達はすでに自然的属性文化記号システムの九十六の個性文化記号が人類の自身認識時に占めた独特な地位に対して分析を行った。私達がそれぞれの自然的属性文化記号システムでの位置を探し当てて、その私（私達）を代表する記号を発見し、理性的にその位置にある自分を見る時に、私達は、それが鏡のようであるが、鏡の中に、自己の身分を発見し、私達の性格特質である個性の顔を見た。これが私、私達で、それが彼、彼らの好みと気性の方向で、私と私達、彼と彼らがそれぞれの一般のものとは異なるものを表していること……を発見することができる。あなた、私、彼（あなた達、私達、彼ら）は誰なのか、あなた、私、彼（あなた達、私達、彼ら）の生まれつきの様子なのか、あなた、私、彼（あなた達、私達、彼ら）がどんなものであるべきで、今どんなものであるのか、……。

このような問題に直面して、私達は自然的属性文化記号システムの助けを借りて解答を探し当てることができるかも知れない。私達はすでに新しい分野に入り、再び人類自身と個性を認識し、そしてあなた、私、彼（あなた達、私達、彼ら）の自然的属性と関係がある好み、性格特質を発見する別の境界に入った。

　このように私達は結局何をやり遂げることができるのかについて、自然的属性の立場の上に立つ辛抱強さと発生した力、及びどんな精神態度を持ち、どのように自分に直面するのかということにもよるが、もちろん果報と理解力がある。

　この分野に入ったため、私達が落ち着いて「本来」の「自己」に対する理解に興味が出て、それによって心のよりどころとなる啓発と力を得た。できることとできないことを知れたことでも十分ではあるが、このほかに、幸運でもあった。

　(2) 商業と消費の持つ力と自然的属性文化記号システム及びその延伸、転換で得た新しい存在の形態によって、私達は自然的属性文化記号システムの意義について更に幅広くて深い分析と討論を行わざるを得ない。この任務を次の章に記す。

　(3) 自然的属性に基づいて人類集団を区分して、九十六の人類集団、即ち九十六種類の人間を確立して、更にそれに応じた自然的属性文化記号システムを構築するのは、連続的な理論演繹過程である。私達はこのような人類集団区分とその結果に異議と異なった意見が存在していないとは言えないが、文化の表現方式として、自然的属性文化記号システムはすでに人類の自然的属性の身分とその個性に記号言語を媒介にした共通の表現方式を与えたのである。このような共通の表現方式とこのような表現方式の背後にある、人類集団に対する区分と

その理論成果が普遍的な価値を持っているのか。本書ではこの方面についてある程度触れたが、回答は肯定的なはずである。本書は精力を集中して既定の理論任務を完成するので、この話題を記すことになった。

第五節　自然的属性文化記号システムの二種類の延伸形式とその意義

一、自然的属性個性文化記号の中国語名称の伝播と流行力

1、九十六の個性文化記号の生命力に関して

　　人類集団に対する区分の完成は集団意義で九十六の人類集団、即ち九十六種類の人間を確立して、そして自然的属性文化記号システムの九十六の個性文化記号で表現している。この時に私達の直面した最大の挑戦は、どのように言語（識別可能な記号ではない）でこの九十六の個性文化記号を読み出すのかということであるが、これは解決しなければならない問題である。この問題の本質は、九十六の個性文化記号を出すことであるが、同時に九十六の人類集団、即ち九十六種類の人間に言語、即ち読み出すことができる名称を与えることである。集団区分と自然的属性文化記号システムの構築を完成した時、私達はこの任務をまだ完成していない。この簡単に見える命名任務は実は簡単ではない。

　　名が正しくないと、正しく言えない。正しく言えないと、何もできない。このような命名任務を完成することができないと、理論上の欠陥とともに、それに応じた伝播と流行の障害を構成することになるのである。

私達は九十六の人類集団、即ち九十六種類の人間、同時に九十六
の個性文化記号に牡羊 A 男性(GBA001)、牡羊 A 女性(GBA002)、牡羊
B 男性(GBA003)、牡羊 B 女性(GBA004)、牡羊 O 男性(GBA005)、牡羊
O 女性(GBA006)、牡羊 AB 男性(GBA007)、牡羊 AB 女性(GBA008)、
牡牛　A　男性 (GBA009) 、牡牛　A　女性 (GBA010) 、牡牛　B　男性
(GBA011)、牡牛 B 女性(GBA012)、牡牛 O 男性(GBA013)、牡牛 O 女
性(GBA014)、牡牛 AB 男性(GBA015)、牡牛 AB 女性(GBA016)、双子
A 男性(GBA017)、双子 A 女性(GBA018)、双子 B 男性(GBA019)、双子
B 女性(GBA020)、双子 O 男性(GBA021)、双子 O 女性(GBA022)、双子
AB 男性(GBA023)、双子 AB 女性(GBA024)、蟹 A 男性(GBA025)、蟹
A 女性(GBA026)、蟹 B 男性(GBA027)、蟹 B 女性(GBA028)、蟹 O 男
性(GBA029)、蟹 O 女性(GBA030)、蟹 AB 男性(GBA031)、蟹 AB 女性
(GBA032)、獅子 A 男性(GBA033)、獅子 A 女性(GBA034)、獅子 B 男
性(GBA035)、獅子 B 女性(GBA036)、獅子 O 男性(GBA037)、獅子 O
女性(GBA038)、獅子 AB 男性(GBA039)、獅子 AB 女性(GBA040)、乙
女 A 男性(GBA041)、乙女 A 女性(GBA042)、乙女 B 男性(GBA043)、
乙女　B　女性 (GBA044) 、乙女　O　男性 (GBA045) 、乙女　O　女性
(GBA046)、乙女 AB 男性(GBA047)、乙女 AB 女性(GBA048)、天枰 A
男性(GBA049)、天枰 A 女性(GBA050)、天枰 B 男性(GBA051)、天枰 B
女性(GBA052)、天枰 O 男性(GBA053)、天枰 O 女性(GBA054)、天枰
AB 男性(GBA055)、天枰 AB 女性(GBA056)、蠍 A 男性(GBA057)、蠍
A 女性(GBA058)、蠍 B 男性(GBA059)、蠍 B 女性(GBA060)、蠍 O 男
性(GBA061)、蠍 O 女性(GBA062)、蠍 AB 男性(GBA063)、蠍 AB 女性
(GBA064)、射手 A 男性(GBA065)、射手 A 女性(GBA066)、射手 B 男
性(GBA067)、射手 B 女性(GBA068)、射手 O 男性(GBA069)、射手 O
女性(GBA070)、射手 AB 男性(GBA071)、射手 AB 女性(GBA072)、山

羊 A 男性(GBA073)、山羊 A 女性(GBA074)、山羊 B 男性(GBA075)、山羊 B 女性 (GBA076) 、 山羊 O 男性 (GBA077) 、 山羊 O 女性 (GBA078)、山羊 AB 男性(GBA079)、山羊 AB 女性(GBA080)、水瓶 A 男性(GBA081)、水瓶 A 女性(GBA082)、水瓶 B 男性(GBA083)、水瓶 B 女性(GBA084)、水瓶 O 男性(GBA085)、水瓶 O 女性(GBA086)、水瓶 AB 男性(GBA087)、水瓶 AB 女性(GBA088)、魚 A 男性(GBA089)、魚 A 女性(GBA090)、魚 B 男性、(GBA091)、魚 B 女性(GBA092)、魚 O 男性(GBA093)、魚 O 女性(GBA094)、魚 AB 男性(GBA095)、魚 AB 女性(GBA096)及びこのような 96 の日本語の名称に対応する英語の名称である ARIES TYPE A MALE (GBA001)、ARIES TYPE A FEMALE (GBA002) 、 ARIES TYPE B MALE (GBA003) 、 ARIES TYPE B FEMALE (GBA004)、ARIES TYPE O MALE (GBA005)、ARIES TYPE O FEMALE (GBA006)、ARIES TYPE AB MALE (GBA007)、ARIES TYPE AB FEMALE (GBA008)、TAURUS TYPE A MALE (GBA009)、TAURUS TYPE A FEMALE (GBA010)、TAURUS TYPE B MALE (GBA011)、TAURUS TYPE B FEMALE (GBA012)、TAURUS TYPE O MALE (GBA013)、TAURUS TYPE O FEMALE (GBA014)、TAURUS TYPE AB MALE (GBA015) 、 TAURUS TYPE AB FEMALE (GBA016)、GEMINI TYPE A MALE (GBA017)、GEMINI TYPE A FEMALE (GBA018)、GEMINI TYPE B MALE (GBA019)、GEMINI TYPE B FEMALE (GBA020)、GEMINI TYPE O MALE (GBA021)、GEMINI TYPE O FEMALE (GBA022)、GEMINI TYPE AB MALE (GBA023)、GEMINI TYPE AB FEMALE (GBA024)、CANCER TYPE A MALE (GBA025) 、 CANCER TYPE A FEMALE (GBA026) 、 CANCER TYPE B MALE (GBA027)、CANCER TYPE B FEMALE (GBA028)、CANCER TYPE O MALE (GBA029)、CANCER TYPE O

FEMALE (GBA030)、 CANCER TYPE AB MALE (GBA031)、
CANCER TYPE AB FEMALE (GBA032)、 LEO TYPE A MALE
(GBA033)、LEO TYPE A FEMALE (GBA034)、LEO TYPE B MALE
(GBA035)、LEO TYPE B FEMALE (GBA036)、LEO TYPE O MALE
(GBA037)、LEO TYPE O FEMALE (GBA038)、LEO TYPE AB MALE
(GBA039)、 LEO TYPE AB FEMALE (GBA040)、 BIRGO TYPE A
MALE (GBA041)、BIRGO TYPE A FEMALE (GBA042)、BIRGO TYPE
B MALE (GBA043)、 BIRGO TYPE B FEMALE (GBA044)、 BIRGO
TYPE O MALE (GBA045)、 BIRGO TYPE O FEMALE (GBA046)、
BIRGO TYPE AB MALE (GBA047)、 BIRGO TYPE AB FEMALE
(GBA048)、 LIBRA TYPE A MALE (GBA049)、 LIBRA TYPE A
FEMALE (GBA050)、LIBRA TYPE B MALE (GBA051)、LIBRA TYPE
B FEMALE (GBA052)、 LIBRA TYPE O MALE (GBA053)、 LIBRA
TYPE O FEMALE (GBA054)、LIBRA TYPE AB MALE (GBA055)、
LIBRA TYPE AB FEMALE (GBA056)、 SCORPIO TYPE A MALE
(GBA057)、SCORPIO TYPE A FEMALE (GBA058)、SCORPIO TYPE
B MALE (GBA059)、 SCORPIO TYPE B FEMALE (GBA060)、
SCORPIO TYPE O MALE (GBA061)、SCORPIO TYPE O FEMALE
(GBA062)、SCORPIO TYPE AB MALE (GBA063)、 SCORPIO TYPE
AB FEMALE (GBA064)、SAGITTARIUS TYPE A MALE (GBA065)、
SAGITTARIUS TYPE A FEMALE (GBA066)、SAGITTARIUS TYPE B
MALE (GBA067)、 SAGITTARIUS TYPE B FEMALE (GBA068)、
SAGITTARIUS TYPE O MALE (GBA069)、SAGITTARIUS TYPE O
FEMALE (GBA070)、 SAGITTARIUS TYPE AB MALE (GBA071)、
SAGITTARIUS TYPE AB FEMALE (GBA072)、CAPRICORN TYPE A
MALE (GBA073)、 CAPRICORN TYPE A FEMALE (GBA074)、

CAPRICORN TYPE B MALE (GBA075)、CAPRICORN TYPE B FEMALE (GBA076)、CAPRICORN TYPE O MALE (GBA077)、CAPRICORN TYPE O FEMALE (GBA078)、CAPRICORN TYPE AB MALE (GBA079)、CAPRICORN TYPE AB FEMALE (GBA080)、AQUARIUS TYPE A MALE (GBA081)、AQUARIUS TYPE A FEMALE (GBA082)、AQUARIUS TYPE B MALE (GBA083)、AQUARIUS TYPE B FEMALE (GBA084)、AQUARIUS TYPE O MALE (GBA085)、AQUARIUS TYPE O FEMALE (GBA086)、AQUARIUS TYPE AB MALE (GBA087)、AQUARIUS TYPE AB FEMALE (GBA088)、PISCES TYPE A MALE (GBA089)、PISCES TYPE A FEMALE (GBA090)、PISCES TYPE B MALE (GBA091)、PISCES TYPE B FEMALE (GBA092)、PISCES TYPE O MALE (GBA093)、PISCES TYPE O FEMALE (GBA094)、PISCES TYPE AB MALE (GBA095)、PISCES TYPE AB FEMALE (GBA096)という九十六の言語名称、即ち正式の呼称を与えたが、これは自然的属性文化記号システムの延伸形式とそれに応じた九十六の個性文化記号言語の延伸形式と見なされている。まさにこのような延伸で、すべての言語名称がすべての人類集団、即ち人間の自然的属性身分と個性の適切で、十分で、取って代わるものがない口頭音声表現になった。

表現を受けていない生命力は潜在的な生命力である。「牡羊 A 男性」、（第一）から「魚 AB 女性」（第九十六）まで、このような九十六の言語名称は直接に九十六の人類集団、即ち九十六種類の人間の表現と展示に対する興味の励起である。すべての人間はこの九十六の言語名称の一つを受けることができ、自分を呼び、他人に呼ばれ、これは私達の自然的属性の身分が口頭言語、即ち音声の表現を受けた楽しみであり、私達がこのように表現されて呼ばれたことを発見した楽

しみは、もちろんすべての人間がこのような呼称によって得ることができるものである。九十六の個性文化記号が言語呼称の方式で読まれたのは、九十六の個性文化記号に言語名称を与えて、九十六の個性文化記号とそれが代表する九十六の人類集団、即ち九十六種類の人間に新しい生命を与えるためである。

　一方、私達は構築した九十六の個性文化記号で九十六の人類集団、即ち九十六種類の人間を表しているが、もう一方で、私達はまたこのような九十六の個性文化記号を音声で読み出すことができる言語名称にした。これは人類の自然的属性とその身分の認知、解釈、伝播などにとても重要な意義を持っている。

2、九十六の言語名称の伝播と流行力

　直接九十六の個性文化記号を読みだして、それに相応の九十六の言語名称を与え、自然的属性文化記号システムの認知、普及、伝播と流行を構成することに対して克服できない巨大な言語の障害がない。このような障害を克服した後に、自然的属性文化記号システムに認知、普及及び伝播と流行の障害がなくなる。九十六の個性文化記号に九十六の言語名称を与えたことによって、人類の九十六の集団、即ち九十六種類の人間に対して、自然的属性の意義で表現を行う徹底的な「完成」を実現した。この時、私達は各自の自然的属性身分とその個性に対する言語表現、このような表現が人類の自然的属性身分とその個性情報（性別、血液型と星座）に対する直接の表現は直接に人間が認可を追及して帰属を発見する過程であるが、このような言語表現は直接に人間がそれぞれの自然的属性の身分とその個性に対する張顕になった。これはコントロールできない自然発生的な行為と自覚行為

で、理性的に支配されている感性的な興奮である。そのため、九十六の個性文化記号の延伸形式とする九十六の言語名称はそれが人類集団とその個性に対する表現によって、巨大な伝播と流行力を持っている。

　私達は、自然的属性文化記号システムと九十六の個性文化記号が九十六の言語名称という延伸形式を受けたため、伝播と流行の中で自身を超える独特な生命力を受けたことに気づくべきである。

二、自然的属性の木：自然的属性文化記号システムの独特な延伸形式とその伝播と流行力

1、自然的属性の木の収容と展示形式

　自然的属性の木は人類集団に対する区分方法と集団概念、区分結果とする九十六の人類集団、即ち九十六種類の人間、及び九十六の人類集団、即ち九十六種類の人間に対する記号表現と言語名称表現を収めているが、これは自然的属性の分析理論とその方法の具体化の表現形式とともに、更に自然的属性文化記号システムの別の延伸形式でもある。

2、自然的属性の木の理論的手がかり

　自然的属性の木の下から上への生長図の中には本書の基本的な観点の全ての重要な理論的手がかりを含んでいる。これによって、このような理論的手がかりの具体化の延伸は私達が人類の自然的属性を述

べる新しい始まりだといえる。ここから、更に広い理論空間を開拓することができる。

3、自然的属性の木の図画と人類の自然的属性の生長光景

自然的属性の木は人類の自然的属性の図画であるが、この図画は自然的属性の分析理論とその方法に対する独特で完璧な表現形式である。これは一つの窓を開けたが、この窓を通して、私達は自然的属性の木が木の幹から分枝、枝と小枝まで上へ拡大して生長して、九十六本の小枝に九十六の個性文化記号と言語名称で表された九十六の人類集団、即ち九十六種類の人間という「果実」を結びだしたことを見ることができる。これは人類の自然的属性が上へ成長する独特な光景である。

自然的属性文化記号システムの延伸形式として、自然的属性の木という図画による自然的属性の生長光景に対する展示は独特な生命力を持っており、そして自然的属性文化記号システムに独特な理論気質と表現魅力を与えた。これによって、自然的属性の木に直接に独特で取って代わるものがない伝播力と流行力を与えたのである。

第五章

商業から消費まで：個性の光芒でこの時代を

照らす

■本章の案内

　多くの人からすると、商業時代がちょうど多彩な「青春」の時で、この時代の悩みがすべて「青年」の悩みであると見えるかもしれないが、実はそうではない。非常に冷静にこの時代に向き合い、じっくりと反省する時なのかもしれない。

　私達が消費主義に対する批判と反省をする時、必然的に消費倫理の再構築を行うことになる。私達の分析のフレームワークの中では、「自己」需要と「自己」個性を表現する消費倫理の構築は、自然的属性文化記号システムが人の個性と物の個性の符合を達成したため、理論上では実現している。

　同様に、自然的属性文化記号システムにより提供された方向性では、私達は人間の「第三身分」の一つである消費者の身分を確立した。即ち、私達は自然的属性文化記号システムで人間に確立した自然的属性の身分を消費者の身分に変えて、しかも、まさに消費者のこのような身分によって、直接に消費者の消費立場を定めたのである。この時、消費立場はもちろん「自己」需要と「自己」の個性表現という

消費倫理に合致する。これにより、消費の理性の形成が始まったのである。

　自然的属性文化記号システムは人間と物の関係の再構築について現実的な選択肢を明示した。認知に基づいて、このように再構築した人間と物の関係は、これまでの商業と消費形態に対する重大な変化である。

　更に重要なのは、自然的属性文化記号システムが別の商業の道筋を切り開いたのである。この商業の道筋は人と物の関係の再構築を基礎にして、自然的属性文化記号システム及びその延伸を実現形式とするものである。

　私達が構築した自然的属性文化記号システムの背景の下では、私達は物を媒介にして、物化された個性文化記号で人類自身の個性を表現する。この時、人類の自然的属性の個性の九十六の記号を表現するのは、同時に物の個性を表現する文化記号になったのである。この意味で、自然属性文化記号システムは人と物を結び付けたのである。このような人と物の関係の商業と消費における表示は、全く新しい商業形態と消費形態になった。このような商業形態と消費形態の中において、自然的属性文化記号システムは消費者の身分を表示する共通な記号言語と「物」の個性を表示して表現する共通な記号言語になった。これによって以前と異なる商業と消費の記号言語境界を形成した。自然的属性文化記号システムで形成されたこのような「文脈」の中で、人間は商業と消費において同一感と帰属意識を感じるようになり、商業と消費は人間が同一感や帰属意識を感じるための一つの実現方法となった。商標化された九十六の個性文化記号はそれにより商業と消費の両方に共通の記号言語になった。このような背景の下、あなたは私

が商標を持つ物品（商品）を買うと、購買者として、この（ような）品物がその特有な商標であなたが消費者として先天的で、生まれつき有して、変えられない三つの自然的属性の情報を表現するのだが、それが示すのはあなたの自然的属性の個性身分とその他関連する身分などである。

　社会的属性の汎化と同質化の氾濫で個性が見失われたこの時代に、個性の探求は非常に切実なことになった。私達は個性を呼び覚まして、それによって私達の自身を呼び覚まさなければならない。私達の構築した自然的属性文化記号システムはそれが個性に対する独特な表現で持った光芒によって、きっと私達の身を置いたこの商業と消費時代を照らすことができるに違いない。

第一節　消費倫理と自然的属性文化記号システムの
再構成

一、消費主義に対する批判と反省

1、消費主義の氾濫の原因

　　第一章には、私達が身を置くこの時代を商工消費時代といった。この時代において、消費主義の流行と物質主義の氾濫は同じことである。消費主義を理解しないと、この時代を理解しにくいのである。

　　簡単に消費主義の形成の歴史を少し振りかえると、それを批判する理由を発見することができるかもしれない。

　　消費主義は流行っている社会倫理かつ道徳現象であるが、それが表しているのは人間の消費観念、消費選択、消費情緒での主導的な傾向である。(1)消費主義は消費を提唱して追求して、消費を価値観にしたこと。(2)消費主義が達成を渇望する消費は、人間の「本来」のニーズを越えて、享楽と気晴らしに対する歯止めがかからなくなったこと。(3)消費主義が「物崇拝主義」のため、消費主義は物質主義の必然的な氾濫を意味していること。(4)消費主義は人間の消費欲求を奮い立たせると同時に、個性追求に取って代わる力を形成して、これによって人間の個性に対する扼殺を招いたこと。

　　消費主義は少なくともまた下記のいくつか論理を含んでいるが、(1)消費の前で人間が平等であること。(2)物品（商品）の価値が消費者の価値観にかかわること。(3)消費の目的が誠実なニーズの満足では

なくて、かき立てられた欲求への満足のこと。

　消費主義の歴史は長くない。第二次世界大戦の後に、先進国の経済が急激に発展して、物質と財産がかつてない速度で増え、人間の物質生活はかつてない改善を遂げた。多くの人間から見ると、物質と財産は取っても使っても尽きることがないようだった。消費主義はまさにこのような温床で成長してきたのである。経済面での原因に呼応するように、市場経済では消費優先であり、そして消費により制度と社会形態が形作られてきた。市場経済の条件下では、経済面、技術面で消費に更に多くの条件と支援を提供すれば、消費の成長はコントロールしにくくなるのである。事実として、科学技術革命で生産効率が大幅に向上されたため、大量に生産された品物が行き着く先は消費だけである。そうしないと、生産過剰の危機は再び現れる。そのため、厳しく言い方をすると、消費主義自体はそんなに新鮮なものではないが、結局のところそれは生産過剰の危機の解消の方式や別の表現形式というだけである。もちろん、消費主義で生産過剰危機を解消する強大な力は、表面上は生産過剰危機のマイナス影響を弱めて、更には生産過剰危機を覆い隠したのである。消費主義で達成した極端な消費が生産過剰危機のみごとな転換方式になったと言える。それでは、過度な消費自体が危機ではないだろうか。もちろんそうである。過度な消費は直接的な消費危機である。ただ私達は多くの場合にこのような危機を意識していない。その原因を追及すると、このような危機の中でも私達が満足を受けているからかもしれない。このような満足の中で、生産過剰の危機と消費危機は私達に主観的に遮られたのである。これは私達が主観的に覆い隠した真相となった。

　このほかに、私達はまた消費主義の別の二つの生長促進要素に気づくべきである。即ち、一、経済学のケインズ主義の消費に対する後

押し。二、西洋哲学が万物の支配者とする人間に対する極端な強調。第二次世界大戦の後に、ケインズ主義の消費に対する後押しは経済面で迅速に西洋の活力を回復して、それから国が効果的に社会経済生活をコントロールする数少ない方式の一つになった。西洋哲学が万物の支配者とする人間に対する極端な強調について、直接に生産と消費で、人類が自身の欲求を制限する必要ないことを意味している。私達が気付いたかどうかに関わらず、ケインズ主義が消費に対する激励と西洋哲学が万物の支配者とする人間に対する極端な強調はいつの間にか、イデオロギー化の思想とグローバル化時代の一般的な潮流になった。このような背景のもと、消費主義の氾濫に対して、私達はほとんど無為無策である。

　反省していないわけではないが、例えば、前世紀 80 年代に、ローマクラブに発表された『人類の苦しい立場に関する研究報告書』は物質と財産が増え続けることができるのかということに対する深い心配である。ただ増加の興奮で、このような音はあまりにも微弱なことに見えて、急速に消費主義の波で埋没されたのである。これは理解しやすいが、全体の西洋経済、政治と社会が全て絶えず発生している消費に突き動かされたからである。もちろん、客観的には科学技術革命と西洋社会が制度形成において行った調整は少なくとも一時的に増加の「極限」を突破したので、ローマクラブの増加極限に対する心配が更に時宜に合わなくなって、更には政治上で「正しくなく」なったのである。そのため、ローマクラブの増加極限に対する心配に含まれる人類の生活に対する深い思考と関心もほとんど徹底的に放棄されたのである。

　グローバル化によって消費主義の世界範囲での広い伝播は勢いが激しく阻止できない。今日、私達はすでに消費主義の波から自身をそ

の外に置くことは難しい。

　同様に、この本の特別に関心を持つところであるが、人間も消費主義の波で自身の「自己」個性を維持しにくいのである。

2、消費主義に対する反省

　消費主義の時代は第一章に述べた商工消費時代である。消費がほとんど社会生活で最も重要な駆動力になったため、物質主義の氾濫はすでに潮流になって、人間はすでに精神上で物質に誘拐されて、人類が精神で静かな伝統を維持する伝統がすでになくなって、人類はのびのびして落ち着いて生活することができなくなった。かつて最も私達を不安にさせたのは戦争であるが、現在では物質主義と消費主義の波で愁いなく生活しにくいということが、私達にとって避けられない現実になったかもしれない。

　消費主義時代に、どこにもあって、いつでもある競争はすでに消費主義時代の主旋律になった。競争はすでによくかつての倫理と道徳の限界線に触れているが、競争がすでに極端になって、そして迅速にその本来の積極的な意義を弱めている。競争により促進され達成された消費が持つ意義は人類の生存と発展倫理からすると、懐疑に値したのである。

　同質化条件での競争によって、この時代が局地的のみならず、全体でもねじれが生じている。この時代で生活している人間も精神と行為のねじれ状態にある。徐々に増えてきた品物は様々な形で私達の前で現れて、私達を誘惑して、私達の神経を刺激している。消費主義時代の物質主義の氾濫はすでにあらゆるすきをねらい、私達はすでに品物に囲まれて、すべて物質で評価しているが、更には人間の精神生活

と精神世界ですらもそうなってしまっている。世界とこの世界で生活している人間はすべて行為と精神上ですでに消費主義の形成前の人類との決別が完了している。

　どのように私達の物質主義と消費主義時代での立場を形容するのか。それはどこにもある物質が私達にかつて経験したことのない便宜を与えて、私達は節度がなく物質を消費していて、物質主義も私達の精神空間を強行的に占領しているのである。物質は私達にすでに巨大な推進力とコントロール力を形成したが、それは私達の行動を推進しているだけではなくて、かなり大きな程度で私達の精神も統治している。全世界の熱狂的な「アップルファン」を見ると、たかが1台の携帯電話に熱狂し買うために長い時間待ち続ける。はたから見ると不思議であるが、実際には物質が私達を統治した典型的な例である。私達はある特定の品物に対してどうこうというのではなく、結局自分自身にとってそもそも使い道のないものをどれくらい買ってきたのか。ひどい場合には買う時、私達も本当にそれを使うことすら考えていない。しかし私達は買って、忘れたが、大事にしまっておくのか、捨ててしまうのか、すでにそんなに重要ではなくなったのである。これによって、私達は人心の物欲氾濫、人間の品物に対する嗜好がインフルエンザのような疾病のように広く伝わって伝染していることを見た。消費主義時代に人間の物質生活の繁栄の楽典が高らかに演奏される時、私達の反省も開始するところになるのである。

　消費主義時代の同質化がほとんど人類の個性に対する反動だと言える。精神上で個性化を追求する私達は同質化が氾濫の消費主義時代の波に直面せざるを得ない。物欲の強い根源は人間の心にあり、また消費主義時代に同質された品物が多く提供され過ぎたことにも原因がある。数億の人間はすべて同じアップル携帯電話を使っているが、

「アップルファン」だけが熱中してももちろんこれほどまでにはならず、このようなものを生産することができる標準化の工場が必要であり、更に消費者に対する教化を経てこのようなものを売り出す必要がある。

3、消費主義と人間の個性危機

消費主義時代が人間の物欲に対する刺激、物質主義の氾濫はすでにこの時代及びこの時代に生活している人間を誘拐したと誇張せず言える。消費に対する刺激がないと、私達は社会の前進を駆動する動力を受けにくいのである。消費主義という車両に足を踏み入れると、私達はすでに止めにくくなった。現在の世界の経済社会危機、更に言えば政治危機を観察すると、その後ろに幽霊のようにぐらぐらしている消費主義とその危機の影がある。

消費主義の危機は少なくとも物質資源と人類の精神という二つの面で十分に表されている。

(1) 資源枯渇の危機。これはすでにありふれた話になった。資源危機は主に極端な消費によるものである。一方では極端な消費が物質資源に対する極端な消耗で、もう一方では代替可能な資源を探すことである。化石燃料はすでに百年間の使用を満たしにくくて、たくさんの希少金属が消耗し尽くされる。統計データによると、全世界の範囲で浪費された食糧の 50％をもちいれば、飢餓状態にある人口に現状を抜け出させることができると言われている。人間は食糧で作られたアルコールを燃料にして、ガソリンに取って代わることを試みたことがある。しかし私達はどれだけの土地があるのか、どれだけの食糧を生産することができるのか、化石の燃料に取って代わるために、どれだ

けのアルコールを作り出すことができるのか、この中にどのような消費主義の論理を含んでいるのか、またどんな倫理方向であるのか。これらの事は私達を茫然とさせるのである。

(2) 精神危機。消費主義時代の物質主義の氾濫はきっと人類の精神の一種の駆逐である。物欲の衝動と品物の包囲の中にあって、人類の精神は独立空間というわけにはいかず、精神の空虚が物質で包装されることができるが、物質の包装の中に、精神の空虚が事実に変えるものではない。多くの場合、私達は物質に包装された安っぽい楽しみに浸るだけで、精神が空虚で、心を置くところがない。

消費主義はますます激しくなって、また私達の容易に気づいていない方式で人間の個性を蚕食して、人類個性の危機を招いた。これは私達が重点的に説明しようとするものである。生物の多様化は生物が存在し続ける条件である。人間にとってもちろん同じである。消費主義時代の同質化は品物の個性を蚕食しただけではなくて、人間の個性も蚕食した。同質化が完全に悪いものではないが、消費主義時代に、人間と品物はすでに物質主義氾濫の潮流にあって、すべてこの潮流の中で個性をだんだん失って、この時に、同質化がよいものだと言いにくい。私達は再度ファーガソン氏が同質化に対する陳述を引用する。

「1909 年、日本の旅の鼓舞を受けて、フランスのユダヤ銀行家、慈善家のアルルバート・カエン氏は世界各地の人民に関するカラー写真簿を作ることを着手した。カエン氏はこの目的として、「写真倉庫を作って、20 世紀初めに人類の地球での居住と開発状況を記載するのだ」と言った。カエン氏の「地球書類」の 7.2 万枚の写真と 100 時間の映画に新しく発明したカラー撮影フィルム技術で製作して、人間に50 数の国からの各種類の服装とファッションを展示して、いちいち目

を通せない。即ち、アイルランド語区域のきわめて貧しい農民、ブルガリアの服装がきちんとしていない、募集されて軍隊に入った兵士、一見するだけで恐怖心を起こさせるアラブの酋長、ダホメの真っ裸な戦士、インドの花冠をかぶった高爵貴族、インドシナの軽佻な女性長老および表情の冷淡な米国西部のカウボーイである。今見ると、多少に変だとは感じさせるが、その年代においては、確かに人々はその衣服のようである。

　「一世紀以上に経た今日、カエン氏のプロジェクトはほとんどすでに意義がなくなったが、この時代に、世界各地の多数の人間の身なりが大体に同じになった。即ち、同じジーパン、同じ運動靴、同じＴシャツである。ただきわめて少数の区域で、人間は依然として自分の民族特色を保っている。その一つはペルー農村である。アンデス山脈山岳地帯で、ケシュア族の女性は依然として色のあでやかな服と肩掛けを身につけて、色の明るく美しい帽子をかぶって、その上に装飾用の部落マークをつけている。ただこれらは決してケシュア族の伝統的な服装ではない。これらの服装、肩掛けと帽子は実際にアンダルシアに起源して、トゥパク・アマルが敗戦した後に、1572年にスペインの総督のフランシスコ・ド・トレド氏は強制的に実行した。本当の伝統的なアンデス女性の服装は次の通り構成している。ベルトで腰をくくる上着を腰部に固定して、腰をくくる上着の上にマントを着て、マントは針で固定するのである。ケシュア族の女性の今日の身なりはこのような早期のアパレルとスペインの統治者に定められた服装が結合した産物である。ボリビアの女性の間に流行している丸頂硬礼帽が出たのは更に遅くて、イギリスの労働者が当該国で初めての鉄道を敷設した時に流行り始めたのである。そのため、アンデスの男性達が米国のカジュアルウェアのファッション的な潮流をあがめ尊ぶのはただ服装

の西洋化という長い歴史での最新の文章だけである」。

　「私達の服装は一体その他の民族が反抗できないどんな魔力を持っているのか。私達のような身なりをすると、私達と似た人間になるのか。これは服装に関係するだけではなくて、音楽と映画に延伸した全ての流行文化を覆って、更にソフト・ドリンクとファースト・フードは言うまでもない。このような流行文化は微妙な情報を積載している。それは自由と関係があるが、即ち、自分の好みによって、着て、食べて、飲む権利（結局にみんなのやり方が基本的に同じだとしても）である。それは民主と関係があるが、それらの人間が本当に好きな消費財だけが最後に生産できるためである。もちろん、それはまた資本主義と関係があるが、会社が商品を売ることで利益を図るためである」。「工業化の魅力のほかに、それは労働者に同時に消費者の身分を持たせたが、これはいつも現代の論説家が見落としてきたのである。「給料の奴隷」もショッピングに行くが、最も下のプロレタリア階級は 1 枚以上のワイシャツを持っているが、彼らはまた二枚以上のワイシャツを持ちたいと心から欲しているのである」。

　「今日、消費社会はすでに各方面に浸透したが、その結果、人間はそれがずっと存在していると思いがちである。しかし実際に、それは西洋世界が世界のその他の区域よりリードすることを推進する比較的近年の革新の一つである。その最も著しい特徴は人間に反抗できない吸引力を有しているのである」。「世界のその他の区域で、消費社会はすこぶる人気があって、広く受け入れられている。その結果は現代史で最も偉大な矛盾した論理の一つであるが、即ち、個体に無限に選択する経済体制を提供することを目指すが、最後に人類の同質化を招いた」。

ファーガソン氏は人類の「同質化」という言葉を言い出した時、消費主義の時代に入り組んでいる物質主義の未来図も描写した。実は人類の「同質化」という言葉に極めて多くの「同質化」の内容を含んで表現した。簡単に言うと、商工消費時代で、消費主義の社会で、「同質化」の品物が標準化の型によって大量に生産されて、このような同質化された品物は同様に「同質化」された販売方式で売り出されて、それから同質化の品物が好きな消費者に同質化や同質化の近似方式で消費したのである。このような消費は私達の物質生活の基本的な内容で、更に言えば私達の精神生活が見習うモデルなのである。或いは、私達の同質化の物質生活様式は相当の程度で私達の精神生活を同化した。流行の映画、盛んなファッション、私達の経験と知識、身なり、習慣、方向……などは物質上で同時に精神上で、「同質化」に導かれた。

　この時、人間の個性と物の個性がすでに覆い隠されて、埋没されて、「物と人間」が一緒に「同質化」された。

　私達はまた下記のことに気づくべきである。一、同質化は個性に対する覆い隠しで、文化上では個性に対する反動のこと。個性に欠けた「同質化」は文化上で人類の「生態のバランス」の原則に背いたのである。即ち、同質化は文化の多様性に対する反逆である。多様性が欠如し、文化面で多様性がない同質化は、同様に人間の個性、物で人間の個性を表現して示すということに対する背離である。少し考えてみるが、同質化の「果て」は、個性的な言語、ファッション、習慣が消えることかもしれないが、言語、ファッション、習慣の同質化が小さいということは何を意味しているのだろう。文化面での個性を粉砕する同質化の激化は、生物界の種が絶滅するように恐ろしいことである。二、同質化は同時に物質の極めて豊かなことを物質の基礎と背景

にすること。しかしこの背景の後の事実が味わい深いのである。

　一方ではメーカが一生懸命に他人の品物の美点をコピーしていても、もう一方では、なんと同質化の品物であっても「売り手」は彼の品物を他人のものと異なっていると言っている。これによって私達はメーカが他人の品物の美点をコピーする際の二面性を垣間見るが、即ち、同質化による効果と利益を維持するとともに、また他人の個性化の美点で自分の同質化を宣伝する。いずれにしても、これは欲の皮が突っ張っている状態であろう。私達は同時に「売り手」が同質化された品物を他人のものと異なると説明するという二面性も見ることができるが、ものがどのようなものであるかというのは一つの事であるが、これらのものがどのように説明されるのかは別のことである。メーカと売り手が一つの主体の時、状況は更に複雑で微妙である。

　メーカと売り手のやったことはすべて競争という必要性にせまられてやったことで、競争で生存し続けて、利益を受けるためなのである。消費主義が個性を蚕食する同時に、競争に晒されている生産者と「売り手」もいつでも淘汰される危機の中にもある。

　個性が蚕食される個性の危機の中で、本当の勝者は誰もいないのである。

　消費主義の同質化の激化に伴い販売社間の競争も激化する。このような競争は直接に人間の潜在能力を掘り起こすとともに、人間の精神の深い所に潜んでいる多くの「悪い」ものを活性化させてしまった。いわゆる激しい競争、いわゆる手段を選ばない行為には全て「悪意」と「悪行」が伴う。

　消費主義時代の物欲の氾濫と物質主義の流行は同時に同質化品物の氾濫と同質化品物に包装された人間の同質化でもある。この時代

に、品物の個性と人間の個性を発見して、同質化に反抗するのはすでに簡単ではないことである。

　これは幸運だと言えるかも知れないだろう。人類の三つ（三種類）の自然的属性に対する発見と理論上での正式の確認に基づいて、私達は人類集団に対する区分を完成して、新しい認知と解釈の対象とする九十六の人類集団、即ち九十六種類の人間を形成して、更に性別、血液型と星座という三種類の個性記号を組合せて設計したことで、九十六の個性文化記号で構成された自然的属性文化記号システムを構築して、人間の多重身分を含める個性が文化上で表現されて、私達が物を媒介とキャリヤーにしてすべての人間の自然的属性の個性を表現する時、媒介を表現するものとして、個性の表現も受けた。

　これは自然的属性文化記号システムで受けた個性に対する全く新しい表現方式である。このような方式に対する肯定は個性がこのような方式で新しい回帰を実現したことを意味している。

二、消費倫理の方向と自然的属性文化記号システム

1、「自己」需要と「自己」の個性を表現する消費倫理

　消費主義時代はすでに徹底的に伝統的な消費倫理を変えた。そのため、私達が再び新しい消費倫理を構築しようとすると、まず伝統に回帰して、消費を「自己」需要に回帰するのである。次に消費を物質主義と同質化の氾濫の中から解放して、消費は個性の選択ができるようにする。

　私達は「自己」需要と「自己」個性の表現という二つの段階で簡

単にいわゆる新しい消費倫理を説明することができる。(1)「自己」需要の消費倫理。消費が人類の自身の需要を満たすのに用いられ且つ「自己」の好みを選択する時は道徳的であるが、「自己」を超えた需要で且つ「自己」が好きではない消費は不道徳である。この意義で、消費倫理は極端な消費の「教化」を排斥する。(2)「自己」個性を表現する消費倫理。「自己」の需要によって、及び「自己」の需要と関係があって、人間が物に対する消費が自身の「先天的」で、生まれつき有して、変えられない自然的属性の個性を表現するように用いられる場合、道徳的である。比較や大衆追従心理に支配された同質化品物に対する占有と消費は不道徳である。「自己」個性の需要を表現する消費倫理は同様に極端な消費の「教化」を排斥しているのは少しも疑問がない。

道徳標準とする消費倫理は決してそんなに明確的な境界が存在していないが、その道徳の方向が明確である。同時、商業の教化の排斥の面で、消費倫理の方向はまちがいなく確定的なものである。

私達は、私達が構築しようとする消費倫理、即ち「自己」需要と「自己」の個性を表現する消費倫理は、私達が構築した自然的属性文化記号システムとほとんど不思議に同じな流れを汲んでいることを意外にも発見した。自然的属性文化記号システムが人間の個性と物の個性に対する表現方向は私達が構築しようとする消費倫理の方向と一致している。これによって、私達は自然的属性文化記号システムと消費倫理の間の関係を確立した。

2、自然的属性文化記号システムと物の個性に対する表現

このことについて、前にすでに詳しい説明した。重ねて明確に説

明しようとするのは、九十六の個性文化記号とそのシステムがもともと人間の自然的属性の個性の表明に用いられるが、事実として、人間の個性が客観的には物を媒介にして表現される必要があるので、人間の個性が物で表わされ、同時に物の個性にもなったのである。もちろん、物の個性は人間の個性を表現するために確立されたのである。

　九十六の個性文化記号とそのシステムは人類の自然的属性の個性を表現すると同時に、物の個性に対する表現であるが、これはいまだかつてないものであり、その意義は非常に大きいと言える。

3、自然的属性文化記号システムでの人間の個性と物の個性の符合

　私達の構築した自然的属性文化記号システムはもちろん人間の個性と物の個性に対する二重の表現である。このような表現の中では、人間が最優先で、物が二番目である。しかし、自然的属性文化記号システムの人間の個性と物の個性に対する二重の表現は分割されてはならず、本来的に関連しているのである。まさにこのような二重の表現で、私達は、人間の自然的属性の個性と相応の記号表現を与えられた物の個性がいまだかつてない符合を達成して、二者が現実的な表現プログラムの中で共存して、互いに対照して、互いに対応していることを見た。このような互いの対照と対応の中で、両者は共通の個性表現と文脈表現の中にある。

第二節 消費者の自然的属性身分と消費立場

一、消費者の自然的属性身分の発見

1、消費者の自然的属性身分とは

　　第四章第三節に、私達は人間の「三重」の身分を挙げた。「第一身分」が人間の自然的属性の身分で、「第二身分」が人間の社会の属性の身分で、行為に基づいて確立する身分が人間の「第三身分」である。「第三身分」の中に、私達は最も重要な「身分」を抽出したが、それは消費者の身分であり、そしてこの身分を「第一身分」と関連付けた。ここで、私達は「消費者の自然的属性の身分」という角度で消費者の身分と「第一身分」との間の関係を説明するのである。

　　この問題はあまりにも簡単なように思える。消費者の自然的属性の身分は人間の自然的属性の身分である。それでは、どうしてまたこの問題を持ち出したのだろう。単に消費者の身分にとって、それはあいまいでまた広範囲に渡る概念で、すべての人間が消費者だといえて、しかも、消費という意義で、消費者の身分は消費行為によって定められる身分の位置づけだけのことに注意しなければならない。私達は、私達が表明できない、消費者の間に存在した身分の違いを説明することができない。しかし、私達からすると、これはちょうど私達がずっと軽視していた重要な問題である。例えば、大人と児童は消費者として、身分の違いであるが、大人が老人になる時に、児童が成長して大人になって、彼らのかつての消費身分とこのような身分間の違いはすべて存在しなくなった。

しかし、私達が自然的属性文化記号システムを構築した後に、それは変化が発生した。それは人間として、いかなる消費者が持った自然的属性の身分が自然的に彼（彼女）の消費者の身分に転換したのである。即ち、人間の「第一身分」は自然的に彼（彼女）が消費者とする「第三身分」に転換することができるのである。この時、消費者は何かを買ったことによって相応の消費者の身分を持つようにならなくて、人間として、先天的にその自然的属性の身分で定められた消費者の身分を持って、しかもこの身分は一生不変である。この意義で、消費者はどんなものを消費したことによって後天的に区分されるわけではなくて、もちろん私達も絶対にこのような区分を排斥しないが、先天的に自然的属性の身分に決定された消費者の身分を持っているのである。

消費者のこの身分は、もちろんその消費行為に影響を与え、更に決定しているのである。

人間の自然的属性の身分である「第一身分」の差に決定された消費者のこのような身分の違いは、自然的属性文化記号システムの九十六の個性文化記号に示された身分の違いである。

2、消費者の身分の確立が何を意味しているのか

自然的属性の意義で消費者の身分を確立するのは意義があるのだろうか。答えは「意義が非常にある」だ。これは二つの面から説明する。

一方ではお店から説明すること。お店にとって、最も多くやっとことは人間を異なった消費者として分類して、異なった物品を異なった消費者集団に売って、ある消費層の消費傾向を良く考えるのである

が、このために力を使いすぎて、全体の社会がこのために消費した各種類の資源がすでに計ることができない。自然的属性文化記号システムはすべての人間を九十六の記号に代表され九十六種類の個性の九十六の集団に区分して、この九十六の人類集団は天然的に九十六の異なった消費身分を持った消費者の集団である。お店にとって、これは消費者の身分を確立する唯一の方式ではないが、最も容易にとらえことができる方式で、願っても得られない方式で、更に代替可能な別の方式はない。

　もう一方は消費者から説明すること。消費者にとって、これは自分の消費者身分に対する認知で、このような認知を前提にして、自身を特定意義での消費者とするこの身分に対する認可である。このような特定意義での消費者身分は私達の自然的属性の身分に定められた消費者身分である。

　自然的属性文化記号システムの比較がなければ、私達は異なった人間が自然的属性の個性の異なりによって備わった異なった消費者身分を認識することができないことは、これまでほとんど提起されていないのである。このため、私達は商業と消費分野で自然的属性文化記号システムが持った特別な意義を感じることができるかもしれない。

　すべての人間にとって、消費者身分のこのような自己確立は自然的属性の身分とその個性に基づいた潜在的な消費者身分に対する呼び覚ましであるが、能動的にこのことを理解するのは消費者身分の目覚めでもある。

　これによって、人間の「第一身分」と「第三身分」の消費者身分の間に現実的に確認された先天的な関係を構築した。

3、自然的属性文化記号システムと消費者身分記号システム

　　上記の二点の分析で方向性を形成した。即ち、私達が構築した自然的属性文化記号システムは同時に消費者身分記号システムである。

　　商業分野の中で、消費者にとって、消費者身分記号システムの構築は何を意味しているのだろう。個性の探求と発見という意味において、それは商業と消費に対する啓蒙で、全く新しい自覚の開始で、消費者個性身分と立場、及び消費行為に向けた呼び覚ましである。

　　このような啓蒙、このような自覚、このような呼び覚ましは商業と消費に対して何を意味しているのか。

二、消費する立場に関するいくつかの問題

1、自己認識立場から消費立場まで

　　この本の第四章第二節のテーマは「人類が自身を認識する立場の発見と確立」である。「人類が自身を認識する立場」という言い方を疑う人間がいるかも知れないが、このような懐疑を取り除くのが難しくない。男性と女性を例にする。それぞれ身分と物事に対する認識は最初に差が存在しているが、このような差は持っている男性ホルモンと女性ホルモンなどの生理的な区別により決定されたのである。性別の相違で決定された「もの」は異なった個体とするという最も簡単な事実で説明できるものではない。私達は異なった個体が自身と物事に対する認識に違いが存在していることを否定しないが、このような違いは性別の違いで決定された違いとは別物である。私達の判断では、性別の区分が「優性」の個性の違いであるが、血液型の差異と星座は

「劣性」の個性の違いである。「優性」の個性の違いと「劣性」の個性の違いの両方で、私達の言う個性の違いを構成した。このような違いは私達が構築した自然的属性文化記号システムの九十六の異なった個性文化記号で表現されて展示されたのである。そのため、理論上私達は自然的属性文化記号システムの方向によって自身を認識する意義で、人間が九十六（種類）の立場があると言える。人間の自身に対する認識の立場は、もちろんある種の理論的な判断であるが、それだけではない。私達も人間に、あなたのこのような立場が先天的に有するもので、このような立場を承認せずこの立場から出発する行為を放棄してもよいが、このような立場が依然として存在することを伝える責任と義務を持っているからである。私達はこのような立場を表明しようとすると、このような立場に立つことを選択しなければならない。

　　消費者として、通常意識的な消費立場はないが、自然的属性文化記号システムで人間が自身を認識する立場に対する確立、即ち、自然的属性の身分から出発して自身を認識することによって、人間が消費者として、同時に自然的属性の身分から出発して物の世界に直面して更に消費行為が発生したという消費立場を獲得した。

　　消費者の立場を分析した後に、私達は第三章第三節に確定された消費者身分と消費者身分記号システムの接続を実現することができる。いわゆる消費者の立場は消費者の身分から定められた、消費時に持って、消費者の身分に対応した当然的な消費方向、好みと実際の選択である。

　　この消費者の身分に定められた消費立場は人間が消費者として過去にかつて感知したことがないが、自然的属性文化記号システム（同時に消費者身分記号システム）を認知背景にして、人間の意識的な消

費立場で確立された。このことについて、理論上でも論理上でも、私達が疑う余地は全くないのである。

　消費者について、消費者に直面する商業行為について、このような消費者の身分に定められた消費立場はまた何を意味しているだろう。

2、意識的な消費立場と消費方向

　意識的な消費立場は理性的な消費行為の必然的な出発点である。消費は徹底的に教化の作用を捨てることができないが、意識的な消費立場は個性を主導にした消費方向を意味している。このような消費方向は「自己」の個性価値の意義での価値判断で、「価値信仰」ともいうべき消費価値理念である。

　このような消費信仰、このような消費価値観は消費主義時代に盲目消費に対抗する最も重要な力かもしれない。

　自然的属性文化記号システムと同時に構築された消費者身分記号システムは消費者の身分から出発し、そして意識的な消費と理性的な消費を行う必然的な出発点を確立した。

3、消費理性に関して

　消費信仰、消費価値観が提起されると同時に、消費理性という概念はすぐ現れてきた。

　少なくとも確かなのは、消費者は消費者身分に定められた消費立場から出発して各消費行為が発生するということである。これによって、私達は直接に消費理性という概念を打ち出した。即ち、既定の消

費立場から出発した消費行為だけが本当の理性であるということである。このことをなし得るのは容易なことではないが、自然的属性文化記号システムの構築は消費理性に対する啓蒙として、消費者が自覚し始めたという認知過程をスタートさせ、更に消費者行為方向を呼び覚まして確定した。

　もちろん、消費理性を維持した消費でさえあれば、消費信仰と消費価値観の表現になるかもしれない。同様に、自然的属性文化記号システムと同時に構築された消費者身分記号システムは消費信仰と消費価値観の形成の重要な基礎になった。この意味で、思想の空間はとても広い。

第三節 自然的属性文化記号システムにおける人間と物の関係の再構築

一、消費主義時代の人間と物の関係の反省

1、すでに逆さまになった人間と物の関係

　　消費主義時代に、消費倫理はすでに混乱し、私達はとっくに感覚が麻痺したが、利益衝動での「教化」はこのような感覚麻痺を更に激しいものとした。物質主義の氾濫、人間の物に対する盲目的な嗜好によって、人間が多くの場合に物欲に使われるある種の道具となった。人間が物を使って、物を制御しているわけではなくて、消費主義の消費形式で、人間は逆に物に「使われて」、物が私達を制御しているのである。私達は物を崇拝して、私達が創造した物に統治され、ある意味で、度を超えて物を使っているうちに、人間はいつしか物の奴隷になった。消費主義の波がわきたっている中で、物への崇拝が批判されないだけではなくて、かえって流行の価値観となった。

2、比較と大衆追従が優れたことであるとされる消費方向になった

　　消費主義がいったん形成されると、巨大で人為的にはコントロールしがたい力が出現した。この中には商業利益に駆使された商業の「教化」を含んでいる。このような教化で、第一章に述べたように、

比較と大衆追従は潜在的で劣性の社会心理から普遍的で優性の消費方向になって、これによって、人間は物質欲求が膨張して、コントロールできない社会の雰囲気にあっては、盲目で節度をわきまえない消費というものが当然で当たり前の社会現象になった。

3、商業利益にコントロールされた人間と物の関係

　　商業利益を駆使する状況下では、商人はいまだかつてない商業の知恵を発揮した。商業の知恵はさまざまな方式で消費者を教化する手段に変わっていった。このような教化はいつでも、どこにでも存在する。このような教化を通じ、多くの場合、必要ではなく、ひどい時にはいらない品物を消費して購買したが、これによって、消費者と物の関係が商業利益に左右されて、売り手に誘拐されたねじ曲がった関係になった。このような表面的には公平で自分の意志が見えた取引はすでに人類が種の一つとする商業と消費倫理に背離して、しかも有限な物質資源に対する巨大な浪費と意義の乏しい精神消耗をもたらした。

4、消費主義の人類個性に対する蚕食

　　消費主義は同質化の横行と同質化の消費を助長して、人間の個性的選択を麻痺させ、人類の個性を蚕食している。同質化時代の品物は絶えず蚕食されている人間個性の包装になっている。私達は物とますます近くなって、私達の個性よりますます遠くなっている。私達は同じ品物に包装されることをとても良いことであるとするが、ますます私達の固有の精神気質に背離して、私達の先天的で、生まれつき有して、変えられない自然的属性の個性に背離していくのである。

二、自然的属性文化記号システム：人間と物の関係の再構築の選択

1、人間の個性選択の再構築及び人間と物の関係の再構築

何が人間の個性選択なのか。いわゆる個性選択とは、厳しく言うと、消費倫理に従って、「自己」需要に適合し「自己」個性を表す消費方向とそれに関連する消費行為である。

消費主義の潮流の中で、消費倫理はすでに乱れてしまったので、個性選択が非常に困難になった。同質化品物が更に多く生産されて、消費者に買われてこそ、商業の利益は実現することができるからである。たとえ消費者の独りよがりな自主的な選択だとしても、依然としてどこにもある同質化品物の落とし穴を避けることができない。消費主義時代に、消費の個性選択はすでに「教化」された消費方向に取って代わられており、私達は物に対する個性的選択によって自己の吹聴を行うということがしにくいので、同質化品物に包装されることを楽しみにするしかなく、このように包装された後に麻痺して、そしてそれに浸っていく。多くの場合、私達はすでに「自己」需要を表現して「自己」の個性を表現する能力を失って、品物に包装された虚栄に浸っているのである。いわゆるファッションと流行などは注意深く見ることに耐えられないのである。よく考えてみると、あれは売り手が教化を通じて私達を包装して金銭を獲得し、私達が金銭を払って売り手に包装されただけである。これがすでに「自己」需要から遠く離れ、「自己」の個性に対する表現から遠くかいりしてしまったのである。それは私達が「教化」でかきたてられた欲求とは関係があるが、私達

の個性と関係がないのである。

　私達は何かできることがあるのか。

　自然的属性文化記号とそのシステムは「自己」需要と「自己」個性の表現という商業倫理に基づいた人間の個性選択の再構築に現実的な道を提供した。このことに対する説明はとても簡単である。即ち、私達は九十六の個性文化記号で「物」、即ち品物（商品）を「表す」ことができて、この九十六の個性文化記号を品物を表す記号にして、これは同時に人間と物の間に新しくて自然に存在する関係を作り上げて、物を表す記号が本来に「先天的」に人間を表す個性記号のことを意味している。この（あの）品物をこの（あの）あなたの個性記号を持つ品物を買ったのかに関わらず、あなたの個性記号を付けたので、すでにあなたと関係が存在して、この（あの）品物があなたの個性を表現することができて、あなたの個性がこの（あの）品物に表現されているのである。

　これは私達のいう人間の個性選択の再構築である。即ち、あなたが色々と考える必要がなくて、あなたの「先天的」な自然的属性の身分、即ち個性と対応する個性文化記号を認めさえすれば、この（あの）品物がすでに物化の方式であなたの個性を表現して、これであなたの物の個性選択に同時にあなたの個性、即ち自然的属性の身分とその個性を表現する道を提供しているのである。あなたの自然的属性の個性を承認しない、或いはその対応する個性文化記号の表現を排斥すると、それは別のことで、別に述べる必要がある。

2、教化の再構築：個性の美しさで人間と物の関係を表す

　人間と物の関係で、今まで人類は心の中に美しさへの追求と嗜好

を持ち続けてきた。人間は物を大切にして、物の効用を十分に発揮して、品物を使う人間を美化する。人間から言うと、私達がどんな物で自身と物の間の美しさの関係を表現するのか。人間自身の個性とその個性身分を合わせる物は最も物と人間の間の美しさの関係を表現することができるが、これは天がなし得る巡り合わせで、物のすばらしさである。更に物と人間の美しさだと言える。

これによって、自然的属性文化記号システムが人類の個性に対する表現と物に対する表現、及びこのような表現で人間と物の完璧な結合は私達の消費方向になるべきで、私達が持つべきの消費観念である。このような消費方向と消費観念に基づいて行う「教化」は私達がするべきのことで、またやらなければならないことである。

3、物欲の「コントロール」：人間と物の調和がとれた関係

消費主義時代において、物質主義の氾濫は直接的に人類の物欲を極端に膨張させ、コントロール不全という結果をもたらす。この時に、人間と物の関係はきわめて調和がとれていなくて、また調和がとれることはあり得ない。消費主義時代の物質主義の潮流の中で、人間と物の調和がとれた関係を実現するために、人類は必ず自身の物欲をコントロールして、自身の実際の必要を超えた物に対する占有と消費をコントロールしなければならない。

同質化時代に、売り手に教化されたことで、物欲のコントロールはとても困難となった。大きく沸き上がった消費主義の波を見れば、容易にこのような困難が見えてくる。

私達が構築した自然的属性文化記号システムは物欲のコントロールに可能性と道を提供した。このことをどのように理解するのだろ

う。

　人間の物欲の膨張は、人間が個性の追求を喪失した結果であるいってほぼ良いだろう。極端な物欲はすべての品物を占有しようとする傾向であると言える。このような傾向の後に、人間が個性選択に対して辛抱強さを失って、人間と物のすばらしい関係に対して追求を失ったのである。そのため、自然的属性文化記号システムに戻って、人間と物の符合で人間の個性と物の個性の美しさの結合を実現して、人間はその心を尽くして、物はその性を尽くして、心を通わせ、「物と人間が一体となる」。この時に人間と物の関係は調和がとれた関係となるのである。

第四節　別の商業の道の発見

一、自然的属性文化記号システムの商業分野での展望

1、自然的属性文化記号システムでの人間と物の関係の再論

　　私達は少し繰り返さなければならないが、性別、血液型と星座の一体化個性文化記号システムは全体的に人類の三つの自然的属性に対する系統的な表現で、この九十六の個性文化記号で構成されたシステムの中で、すべての人間はその中の一つの記号で自身の個性を表現することができて、この記号はあなたの性別、血液型と星座という三つの自然的属性の個性に対する描写で、人類の自然的属性に対する文化的な表現である。この記号でその自然的属性の身分とその個性の表現に飽きて、自分の性別、血液型と星座の個性を気にかけない人間がいると、それは何を意味しているのか、と聞く人間がいるが、それは別に構わない。これは自由と自主的な選択であるが、この記号はまた彼の自然的属性の身分と個性の描写で、この事実は変える方法がないのである。この記号には人為的な偏見を含まなくて、いかなる人間にも差別されないのであれば、それでよい。

　　私達の結論は、人間と物の関係、人間の物に対する選択は非常に個性的な「もの」である。社会的属性の汎化と同質化の氾濫が個性を覆い隠すことができる一つの重要な要因は、人間が自身の個性を表す方式を発見していないということである。私達は、性別の区分、血液型の差異と星座の所属に基づいた人類集団区分で構築した自然的属性文化記号システムが少なくともこの問題を解決する道を切り開いたと

考えている。私達はもちろん物を媒介にして、物化された個性文化記号で人類自身の個性を表現しなければならない。この時に私達は、媒介とする物、物化された個性文化記号がある「物」で、この物は媒介と物化された個性文化記号として、もちろんいかなる品物に付けることができるが、この時、人間の個性の表現に用いられる個性文化記号は同時に物を表現する一つ一つの個性記号になったことを発見する。私達がどんな目でこの物とそれについた個性文化記号を評価するのかに関わらず、この記号のあなたの個性に対する表現、あなたとこの記号の先天的な関係はすでにあなたとこの物を結び付けている。

　人類の自然的属性の個性を表現する自然的属性文化記号システムはすべての人間の個性に対する文化記号方式での表現であるが、これはすべての人間の個性を表現することができて、同時にすべての品物に付帯して、物の個性を表現することができることを意味している。それによって、私達は記号が私達のそれぞれの個性のポジションに入ったことを対照（発見）する。

　この時に、私達が自然的属性文化記号システムで新たに作った人間と物の関係は商業で現れやすいのである。いったん商業で、商業の方式で私達が新たに作った人間と物の関係を表すことは、以前のいかなる商業モデルとも全く異なった別の商業モデルを構築したことを意味している。売り手の販売行為と消費者の購買行為はすべて私達が新たに作った人間と物の関係を基礎ときずなにするが、この時の商業モデルはもちろんきっと人間と物の個性を周囲に触れて回る商業モデルに違いない。

　これはただ私達の初歩的な結論にすぎない。

2、人間の個性と物の個性に関する別の表現方式

　　人間の個性は表現し示されなければならないが、これは人間の本能であり嗜好である。性別、血液型と星座の自然的属性文化記号システムは人間のこのような本能と嗜好を満たすことができるが、このシステムが構築されていない時、私達は本当にこのことをやり遂げる方法がなかったのである。

　　いわゆる人間が個性を表現する本能と嗜好は、極言すれば、人間の個性に対する自己主張である。人間はこのような自己主張を通じて、何人かの人間から認められ、またその他のいくつかの人間と区別するが、これは人間の個性身分のある種の表現である。物質の豊かさのレベルが異なる時期に、人間が自己主張に用いる品物も異なったのである。多くの種類の材料で作られたアクセサリ、例えば頭の飾り物、耳の飾り物、腰の飾り物、手首の飾り物でもよいし、多くの種類の服装、ファッションでもよいし、象徴的な物、例えば杖、兵器などでもよい。発達した商工消費時代になると、人間が自身を主張する品物、例えば自動車、酒類、その他の多種の日用品などがだんだん多くなってきた。物質が豊かなため、人間がもうその使用価値だけを消費しなくなって、それによって自己主張をして、自身の個性価値を表現するのである。有名な車を持つと、車の持ち主が金持ちであることを自己主張することができる。贅沢品を着ると、自分が金持ちだけではなくて、上品なことを自己主張することができる。数十年に貯蓄した名醸造所のワインを飲むと、自分が気高くて、少なくともビールを飲む人間より気高いことを自己主張することができる。

　　しかし、消費主義時代に、人類はこの方面で巨大な挫折に直面した。売り手にとって、これほどまでに多くの人間がブランド品を求め

てそれによって自己主張して評価を高めて、自分が他人よりも一段抜きんで、劣っている人間ではないことを表現しているので、それなら彼らを満たすようにしよう、と。そこで更に多くのブランド車、更に多くの贅沢品、更に多くの名醸造所のワインなどの品物は市場で売りさばかれた。この時、私達は、高い値段でこれらの品物を買ったが、これらの品物が人間の身分を表して、個性を表現することに用いられるのか、分からないことに気づく。すべての人間が追求するブランド、ブランド品はいずれもますますこの面で本来の意義を失うようになる。これは私達が品物の個性を探して、そしてそれによって自身の個性を吹聴する時、行為上で同時に精神上で会った巨大な挫折である。ただこのような挫折感は通常に言い出しにくいのである。

　たとえブランドとブランド品が最初にかつて個性を与えられたとしても、消費主義時代にかつての個性を維持するのはやり遂げにくいと言える。一方、金銭の前で人間が皆平等ということがこのようなかつての個性に腐食して、それを平凡にさせるだけではなくて、もう一方、人間がこれまで一心に物の個性と人間の個性の間の関係を発見していないため、人間の個性と物の個性が合致したことにだけ基づいた人間個性の表現は実現することができない。人間個性の表現を離れると、物の個性は何もない。

　性別、血液型と星座を一体化にした自然的属性文化記号システムが先的に個性を持つ人間と個性を与えることができる品物の間に先天的な関係を構築したことについて余計な説明する必要がない。物の個性で人間の個性を表現するのは当然且つ道理にかなったことになった。これによって、人間は自身について悟りを得ることになったが、それは物の選択はそれが人間の自然的属性の個性に合わせる好みを表現することができるからである。自然的属性文化記号システムの構築

前に、このような好みは隠れた状態にあったが、今すでに自然に現れてきた。少し考えてみるが、徹底的に教化を遮蔽した環境の中に、消費者である九十六種類の人間、即ち、牡羊 A 男性から魚 AB 女性までの九十六種類の人間がそれぞれに自身の記号を商標にした品物を選択するのは、あまりに自然なことである。

3、平等な人間及び物との関係

　すべての品物、ブランドとブランド品で自分を包装して、自身の個性を表現する行為は物の「不平等」で人間同士の間の不平等を表現するのである。ブランドの服を着て、ブランド品を持って、大いにひけらかす人間は、自己を主張するだけでなく、ブランドとブランド品を持っていない人間に対して見下ろすのではないだろうか。少なくともいくつかの場合にはこのようなことであるだろう。これは人間の心の深層に隠れた認知の立場と傾向である。

　本来、物と物の間に「不平等」という問題はないが、異なった品物は異なった使用価値を持って、同じ品物は使用価値が同じである。物の「不平等」は人間が与えたもので、人間は物に「独りよがり」のラベルを貼り付けて、あるラベルは金持ち用のものを指して、あるラベルは気高い人間用のものを指して、あるラベルはある身分を持った人間用のものを指して……、物の不平等に対する認知は異なった人間が異なったラベルの品物を使うことで達成したのである。

　私達は最初に社会的属性に基づく人間に対する区分によって、生まれながらの平等が後天的に抹殺されて、人間がこれほどまでに不平等になったことを認めた。先天的な自然的属性の個性を抹殺して、社会的属性の意義での不平等で取って代わるのは最大の不平等である。

私達が表明しようとするのは、「不平等」が品物によって自己主張して、ラベル化の品物で誇張されて、更には物で吹聴されて表現された差別の時に、人間同士の間の不平等が更に激しくなったことを意味している。これによるマイナス反応、更には悪い結果は私達がまだ理性的に気がついていない。

　しかし、人類は決して何もやっていないわけではないのである。私達が構築した自然的属性文化記号システムの中で、九十六の個性文化記号はすべての人間の個性文化記号でもあるが、品物の個性文化記号でもある。その中の一つの記号で表現された人間が同時に個性文化記号で表された品物を認可するという符合は自然な天成なのである。九十六の個性文化記号は九十六種類の人間の自然的属性の個性、即ち自然的属性の個性身分である。ある記号で表した個性はその他の九十五の記号で表した個性より気高いことがなくて、またある記号で表した個性はその他の九十五の記号で表した個性より卑しいこともない。九十六の個性文化記号で構築されたシステムの中では、順次最初の牡羊 A 男性から第九十六の魚 AB 女性まで、この九十六の記号で代表した人間と集団の間にいかなる意義での高低、善悪と上下の区分が存在していないが、この九十六の個性文化記号で品物を表す場合、九十六（種類）の品物の間に同様に高低、善悪の区分がない。

　人間が先天的なマークの自然的属性身分の個性文化記号方向によって個性文化記号を持った品物を使うのは、人間にとって、その自然的属性の身分と個性の表現であるが、同様に重要なのは、同時にその消費者の身分の表現でもある。人間はこのような身分に定められた立場に立って、物との関係を構築したが、これは自然的属性文化記号システムの構築後に作り上げることができる人間と物の関係である。消費者の自然的属性の身分に対応する立場に立って選択するのでさえす

れば、すでに消費倫理に合った理性的な選択であるといえる。一方で
は、物にとって、それが同時に表した人間の個性と互いに合わせる
と、「物」も「物と人が一体となる」の主人を探し当てたのである。

4、まとめ：いくつかの結論

(1) 商業と消費はすべて人間と物の関係であること。商業と消費
はきっと人間と物の関係に対する表現だと言える。

(2) 自然的属性文化記号システムとその関連する多重身分記号シ
ステムで再構築した人間と物の関係は物質形態でも精神方向でも、す
べて新しい商業形態と新しい消費形態の基礎を構成したこと。

(3) 自然的属性文化記号システムで構築した人間と物の関係は商
業と消費で同様に商業と消費の方式で認められなければならないが、
ただこのようにすると、新しい人間と物の関係が形成できる。この面
で、商業と消費の力は取って代わるものがない。

(4) ここで私達が強調しなければならないのは、思想の伝播で
も、文化の伝播でも、商業と消費で現実的な伝播の方式を受けなけれ
ばならないが、このようにするからこそ、現実的な生活を構成した商
業と消費の土地に種をまいて、根を下ろして、花が咲いて、実を結ぶ
ことができるのである。商業と消費のこのような力は取って代わるも
のがない。この意味で、自然的属性文化記号システムに含まれた思
想、価値観と精神方向は全て商業と消費を離れて、その特有な方式で
広く伝播することができない。このため、自然的属性文化記号システ
ムが商業と消費分野に入って、物化の方式で人間と物の二重個性を表
現して、またそれが消費者の身分とその対応する立場に対する実際的
で正式の確認を受けるのは、すでに最初に確定した目標である。

(5) 自然的属性文化記号システムが人間の身分と個性に対する表示と表現、この意義で人間が受けた消費者の身分は消費者にとって、人間として個性の面で本当の目覚めであること。このような目覚めは商業と消費に対してすべて非常に大きな影響を与える。

二、自然的属性文化記号システムが商業− − 消費の共通な言語になった

1、自然的属性文化記号システムは消費者の身分を表明する共通な記号言語になった

人類のすべての交流とコミュニケーション、すべての思想と文化の伝播は言語に離れられない。200 年前に、まさにその中国へ来て乾隆帝にひざまずいたマグルニ氏の通訳は彼の東インド会社で勤めた友達を奮い立たせて、世界の始めての数十ページの英中辞書を作成して、中国と西洋の交流は真にドアが開かれた。この辞書は 1813 年に発売されたので、今年でちょうど 200 年間となった。この二百年の間に、東洋の中国とイギリス、西洋との交流、往来は既に今日のようなレベルに達した。あの数十ページの英中辞書がなければ、共に使って交流した言語がなければ、今日のすべては想像すらできないのである。

自然的属性文化記号システムのすべての記号は一人（種類）の自然的属性の身分、即ち個性を持っている消費者を代表している。このため、このシステムは人間の消費者身分を示す共通な記号言語になっ

た。

　このような消費者の身分を示す共通な記号言語は同時に商業と消費の共通な記号言語にもなった。商業と消費がそれによって伝播で受けた力は計ることは難しい。特に同時に九十六種類の消費者の身分を表す九十六の個性文化記号は牡羊 A 男性から魚 AB 女性の九十六の中国語名称を受けた後に、このようになった。

2、自然的属性文化記号システムは品物の個性を表す共通な記号言語になった

　この問題はとても簡単である。自然的属性文化記号システムのすべての記号は品物に対するマークで、重要なことは、すべての記号で持った意義、即ちすべての記号が性別、血液型と星座に対する一緒の確認と方向によって、すべての個性文化記号の物に対するマークが共通な記号言語になって使われて、物に対する記号化の言語表現になって、全く新しい表現方式にもなったのである。これは以前かつて現れたことがないのである。

3、自然的属性文化記号システムが人間と物の個性を表現する商業－－消費の共通な言語になった

　上記の二点に対応して、自然的属性文化記号システムが商業と消費で人間の個性と物の個性に対して一緒に表現した共通な記号言語になった。ここで、私達は特に「一緒に表現した」ということを強調する。このような一緒に表現したことで、自然的属性文化記号システム

が人間の個性と物の個性に対する表現は同じな記号による表現でやり遂げたからである。これによって、私達が自然的属性文化記号システムの二重機能を発見した。

三、商業と消費の人間の認可と帰属での展開

1、人間 (消費者) が物 (商品) に対する認可

　自然的属性文化記号システムによって、人間が品物に対する選択が物に対する認可になった。あなたの性別、血液型と星座に合った品物、相応のマーク、即ち商標を持った商品を発見して選んだ時に、消費者のとる行為は単純な購買行為ではなくなって、特定の消費者の身分とそれに対応する消費立場に基づいて物に対する認可ということになった。これはあなたの個性があなたの買った品物で表されるからである。

2、売り手に対する認可

　消費者の購買行為に対応して、「売り子」とする売り手は同質化条件という方式での売り方はしなくなったが、個性文化記号で表した品物が最初に「帰属」を持ったので、売り手が品物を売り出すのは、人間が品物に対する「指定席的な」選択と認可で、即ち認可の当然的な結果である。

3、商業と消費が人間の互いの認可と帰属の実現形式になった

　自然的属性文化記号システムの背景で展開した商業と消費は徹底的に以前の商業と消費の伝統から出て、全く新しい商業と消費の形態になった。このような「呼び売り」と購買においては、人間が物を認めると同時に、自分と同じ自然的属性の個性を持った人間と知り合いになるので、これによって人間が集団の帰属を形成して、自分と同じ集団にある他人を発見して、そして交流関係を形成する。これは売り手が消費者に対し、消費者の身分を認め、集団の帰属を発見するプラットフォームを提供したことを意味している。

　この時、商業と消費は完全に人間が互いの認可と帰属で実現したことになって、人間の互いの認可と所属の実現形式になったと言える。

　この意味で、商業と消費がそれによって受けた力とそれがもともとすでに持っていた力が、この実現により拡張することについて、私達は十分に見積もらなければならない。

四、自然的属性文化記号システムによって切り開いた商業と消費の道

1、商業の倫理：人間と物の関係の構築で切り開いた商業の道

今私達が明確にできるのは、自然的属性文化記号システムが人間と物の関係の再構築を実現するのだが、極言すれば、このように再構築した人間と物の関係はいまだかつてない商業の倫理であると言える。私達の認知のフレームワークの中で、このように再構築した人間と物の関係で実現した販売と購買は道徳的で、提唱に値するものである。

同時に、新しい商業倫理に従うことを前提にして、個性、即ち人間と物の個性及び二者の符合を表現するという意味で、人間と物の関係を再構築したことにより実現した購買と販売によって、自然的属性文化記号システムに新しい商業の道を切り開いたのである。

2、消費の楽しみ：一つの興味深い商業モデル

私達が目にする商業モデルは大部分が個性に対する探求と発見に欠けている。同質化は人間が同質化の中に物化されたことを意味している。人間の個性はこの過程で少しずつ蚕食されたのである。問題は人間が個性を持ってないことではなく、同質化があふれる消費主義時代に、人類の個性が発見できないことにある。自然的属性文化記号システムの構築後に、人間の個性は系統的に表現されただけではなく

て、人間も「商売」を通じて自身の個性を発見した。これにより商業と消費行為に楽しみに満ちている。

　　毎回自身の三つの自然的属性を持った商品を買うと、それはすべて自身を認知する体験であり、私が「生まれつきでこのようなもの」ということに感嘆する発見である。あなたが「生まれつきでこのような」個性を発見すると同時に、他人があなたと「生まれつき異なる」ということはまたあなたの個性に対する再確認を形成するのである。このような「商売」は個人個性の追求を満たして、同時に楽しみに富んだ行為である。この意義で、この興味深い商業モデルはその他の商業モデルに取って代わられることはないのである。一つの商業モデルが個人の楽しみに満ちているということは、この商業モデルにとって何を意味しているのだろう

3、自然的属性文化記号システム：商業と消費分野で現れた力

　　自然的属性文化記号システムは、商業と消費分野で力を持っているが、その核心的な価値は人間が自分の個性を発見して認め、そしてこのような個性を表現する過程において人間が「指定席的」にその個性記号を付けた品物を購入すれば、以前のような教化がなくても、最も全身技量を尽くした呼び売りがなくても、売り手と消費者が楽しい「取引の共通認識」に達し「商売」は完成するのである。

　　私達は先に商標（私達の説明の中では、即ち物や品物）から述べ初めなければならない。今までのすべての商標は商社が自分で生産した商品に設計したマークである。そのため、商標として、どのように

個性を持ったとしても、すべて消費者とする個人と先天的で必然的な関係がないのである。数百万、千万の人間が同じな商標の商品を使うと、これらの商品は個性がないだけではなくて、これらの商品を買った人間もそれによって自分の個性を表現することができない。商工消費時代の同質化が氾濫した商品にまた個性を持って、さらに消費者の個人の個性を表現することを思うと、売り手にまちがって導かれたり、比較と大衆追従心理の支配での独りよがりだったりするのである。典型的な例はブランドであるが、金持ちが買うことができるが、金持ちではない人間も買うこともできる。名士が使うことができるが、名士ではない人間も使うことができる。これはどういう意味だろう。ブランド、「商標」、更に適切に言うと、商標はそれただ売り手の権力であるだけで、ただ商品そのものを表しているだけで、本質的には商品の個性と関係がなくて、更に消費者の個性と関係がないのである。個性はすなわち千差万別を意味するが、物の個性は一つの不変の商標で表示できないのである。更に言うと、今まで、すべての商品の商標は人間個性の表現を商標設計の初志と出発点にしていない。人間個性の表現ということについては、ある種類の商標の商品を使うことによってあなたの個性が表現されるということは事実ではなくて、ただ消費者となる人間が教化されて形成された錯覚に過ぎないのである。

　しかし、私達の構築した自然的属性文化記号システムはこのすべてを変えた。商標化された九十六の個性文化記号は、商品を表して表示する同時に、それが表して表示した商品と一緒に人間の三つの自然的属性の情報、即ち適切な性別の区分、血液型の差異と星座の所属を持った物質のキャリヤーになった。人間の性別の区分、血液型の差異と星座の所属を表現する個性記号で商品を表示することにより、商品

はかつてない個性を持つこととなったが、これは商業上の全く新しい
スタートなのである。多くの人間にとって、自身の三つの自然的属性
の情報を持った商品に対する認可と親しみは自然的で、本能的で、反
抗できないのである。道理はとても簡単であるが、九十六の個性文化
記号で表されて表示された商品の中に、必ずあなたの自然的属性の個
性に合った記号がある。この記号はあなたの身分と個性の標識で、あ
なたの個性のトーテムである。この記号で表されて表示された商品
で、あなたは自分を読み取る。

このような感覚は特別で奇妙なものである。

ここで、一つの物語のような商業倫理、即ち人間と物の関係を述
べたい。私が売り手で、あなたが男性で、血液型は A 型で、牡羊座
（あなたを牡羊 A 男性と略称する）だと仮定して、あなたが私の店で
牡羊 A 男性を商標にした T シャツを買うと、これは何を意味するの
だろう。これは、あなたが私が商標と権力を持ち、そして私が売り出
した一つの商品を買ったが、この商品がその特有な商標であなたが消
費者として先天的で、生まれつき持った三つの変えられない自然的属
性の情報を表現しており、あなたが身に着けると、あなたの自然的属
性の身分を表す。それが示すのがあなたの自然的属性の個性で、あな
たの性格個性と個性文化身分などが一緒に表現されて、記号化された
ことを意味している。あなたは牡羊 A 男性で、牡羊 A 男性はあなた
である。自然的属性文化記号システムの九十六の記号は商標としてい
かなる品物（即ち商品）を表すことができて、いかなる人間、すべて
の人間はマーケットがあなたの自然的属性の個性記号を商標にした商
品を探し当てることができて、それによって牡羊 A 男性と同じな上記
の経歴を持つようになる。

この過程において、私達の自然的属性の身分だけではなくて、私達の性格個性文化身分、私達の消費者の身分、自然的属性の個性に基づいて象徴した個性などはすべて全景的に表現されたのである。

　空論で、俗世の食べ物を食べないことではないが、落ち着いて流行文化を見さえすれば、個性の追求と探求には巨大な力が潜んでいることに気づくだろう。私達の構築した自然的属性文化記号システムはその人間の自然的属性の身分及びその個性と呼応する物の個性に対する独自の表現によって、このような潜在力を顕在化させ誘発する別の力になった。この二種類の力はあわせると、商業と消費分野で形成した拡大の効果は計り知れない。

　もし私達が星座文化を流行表示とする流行文化に入っていけば、更に自然的属性文化記号システムが持った個性の力に対する理解を深めることができる。

　流行の星座文化がすでに広範囲にわたる人間集団でファッション的な潮流になったことはすぐに気づくだろう。流行文化の潮流が潮流文化に近づいているので、個性文化のテーマに入って一緒に性別、血液型と星座で一緒に構成された自然的属性文化記号システムを認知すると、ほとんどいかなる認知、弁別と理解の障害も存在しない。即ち、自然で属性文化記号システムの中で、すべての人間が九十六の個性文化記号からあなたと合致し、あなたの自然的属性の個性を表すその記号を探し当てることができるが、あれはあなたの個性の標識で、あなたのトーテムで、あなたの個性のパスワードである。同様に、入り組んだ商品の世界で、自然的属性文化記号システムで表した商品の中に、あなたの個性身分、即ち、あなたが他人と異なった性別の区分、血液型の差異と星座の所属する自然属性個性を表現する商品を発

見することができる。

　個性文化の意義（もちろんこの意義だけではない）で、自然的属
性文化記号システムはそれが構成した九十六の個性文化記号で人類の
自然的属性の個性を表して、そして商業と消費分野で物化された記号
で品物を表して、それによって人間と物の関係の再構築を実現した。
自然的属性文化記号システムは私達の個性身分パスワードに対する記
号の表現方式になって、私達の個性トーテムになって、私達の個性と
身分を象徴する徽章になったが、それは私達がそれによって自然的属
性の個性身分と性格個性文化身分を顕在化させる旗印でもある。

　自然的属性文化記号システムの個性に対する表現はその特有な光
芒で私達の身を置いた商業と消費時代を照らしている。

4、自然的属性文化記号システム：新しい消費方式と新しい消費形態の形成

　自然的属性文化記号システムはその人間と物の個性に対する表現
によって、人間の以前の消費心理状態と消費方向を変えて、更には
（これまでの多くの場合にそうであった）消費が物質で人類の需要を
満たすという目標を変えたのである。人類の自然的属性文化記号シス
テムの構築は必然的に伝統的な消費方式と消費形態に対する決別をも
たらすに違いない。インターネットの時代に、更にこのようになって
いくだろう。

付表 1：

人類の自然的属性文化記号システム

牡羊 A 男性

牡羊 A 女性

牡羊 B 男性

牡羊 B 女性

牡羊 O 男性

牡羊 O 女性

牡羊 A B 男性

牡羊 A B 女性

牡牛 A 男性

牡牛 A 女性

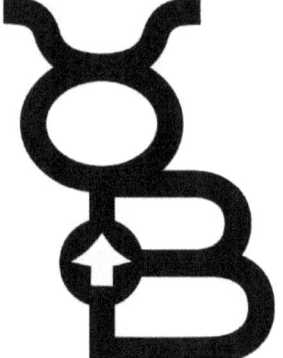

牡牛 B 男性

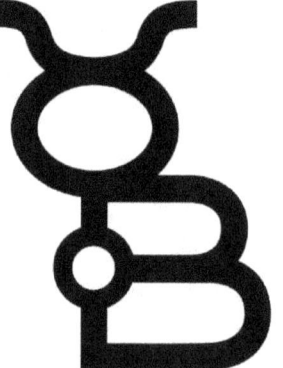

牡牛 B 女性

牡牛O男性

牡牛O女性

牡牛AB男性

牡牛AB女性

双子 A 男性

双子 A 女性

双子 B 男性

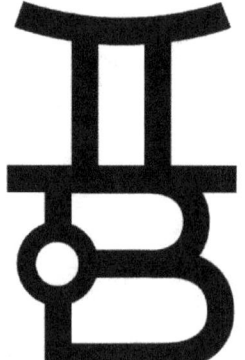

双子 B 女性

双子〇男性

双子〇女性

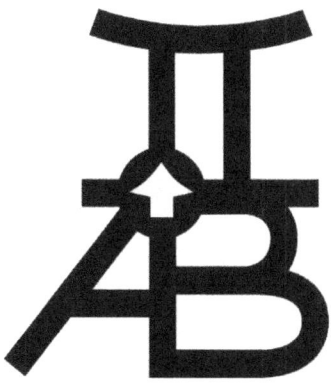

双子ＡＢ男性

双子ＡＢ女性

蟹 A 男性

蟹 A 女性

蟹 B 男性

蟹 B 女性

蟹O男性　　　　　　　　蟹O女性

蟹AB男性　　　　　　　蟹AB女性

獅子 A 男性

獅子 A 女性

獅子 B 男性

獅子 B 女性

獅子O男性　　　　　　　獅子O女性

獅子AB男性　　　　　　　獅子AB女性

乙女 A 男性

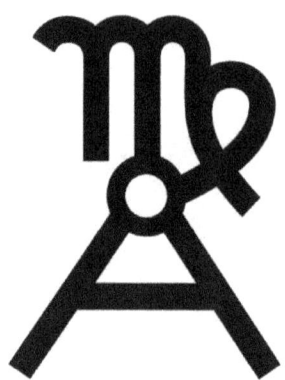

乙女 A 女性

乙女 B 男性

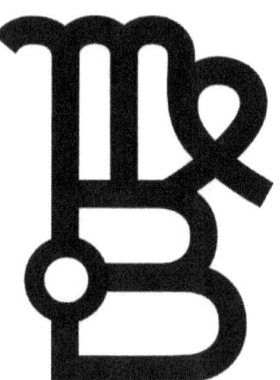

乙女 B 女性

乙女O男性

乙女O女性

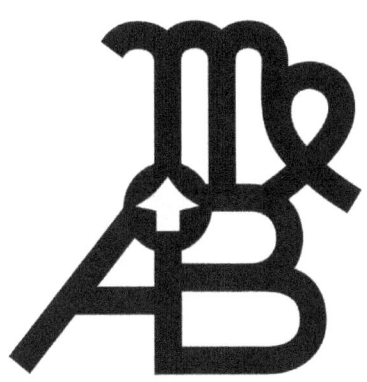

乙女AB男性

乙女AB女性

天枰 A 男性

天枰 A 女性

天枰 B 男性

天枰 B 女性

天枰O男性

天枰O女性

天枰AB男性

天枰AB女性

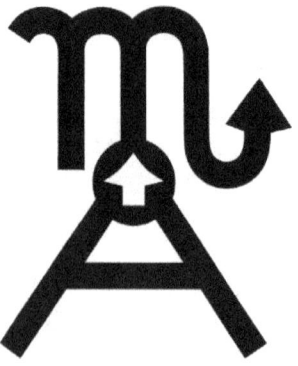

蠍 A 男性

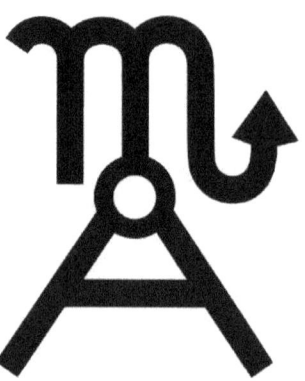

蠍 A 女性

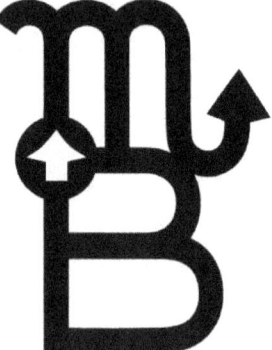

蠍 B 男性

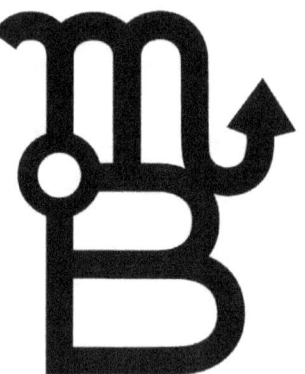

蠍 B 女性

蠍O男性

蠍O女性

蠍AB男性

蠍AB女性

射手 A 男性

射手 A 女性

射手 B 男性

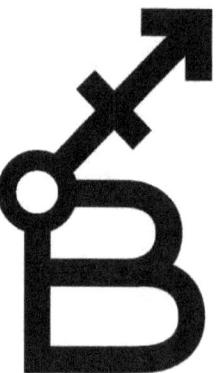

射手 B 女性

射手 O 男性

射手 O 女性

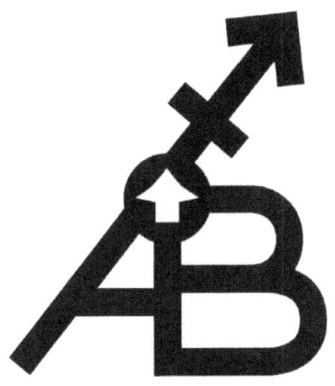

射手 AB 男性

射手 AB 女性

GBA073

山羊 A 男性

GBA074

山羊 A 女性

GBA075

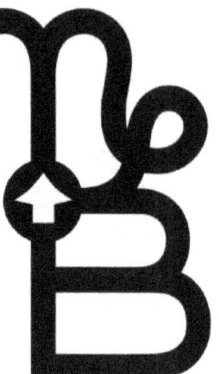

山羊 B 男性

GBA076

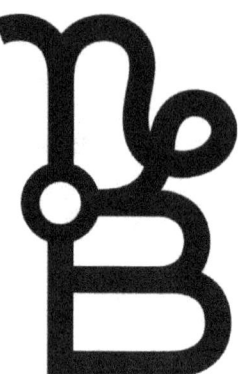

山羊 B 女性

山羊Ｏ男性

山羊Ｏ女性

山羊ＡＢ男性

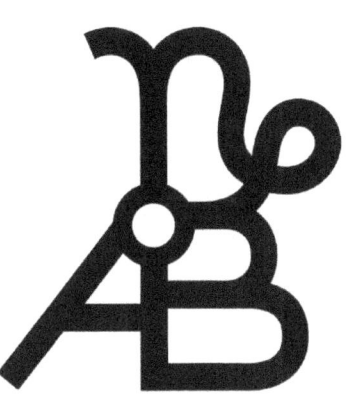

山羊ＡＢ女性

水瓶 A 男性

水瓶 A 女性

水瓶 B 男性

水瓶 B 女性

水瓶Ｏ男性

水瓶Ｏ女性

水瓶ＡＢ男性

水瓶ＡＢ女性

魚Ａ男性

魚Ａ女性

魚Ｂ男性

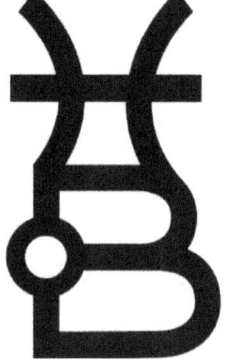

魚Ｂ女性

魚Ｏ男性

魚Ｏ女性

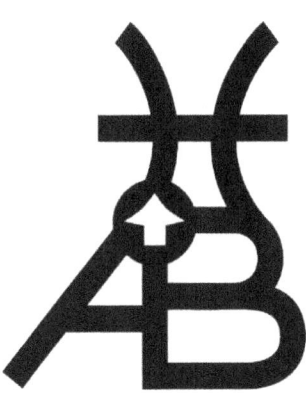

魚ＡＢ男性

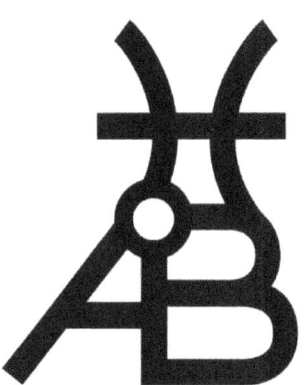

魚ＡＢ女性

付表２：

GBA 商標記号システム

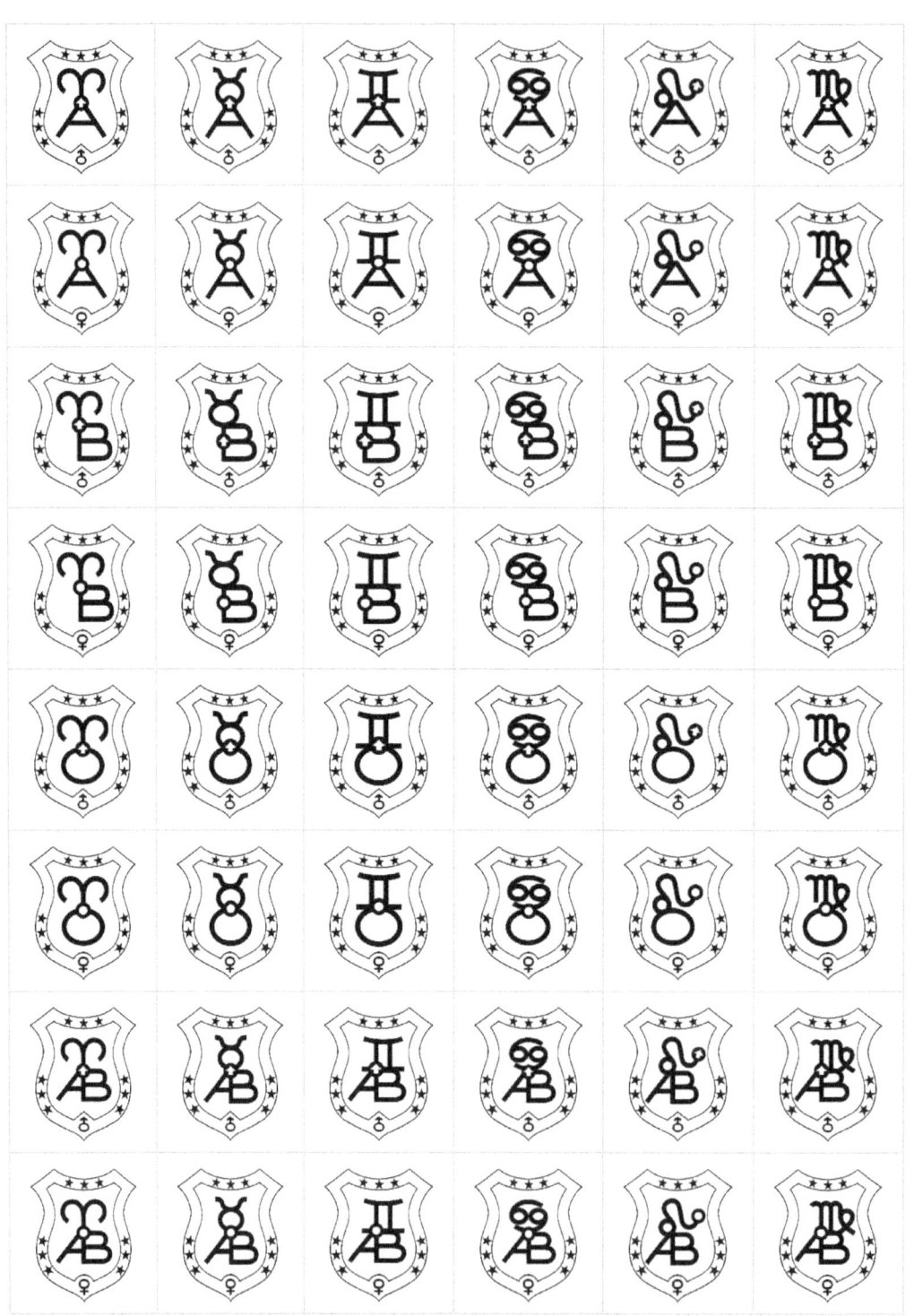

GBA 商標記号システム (GBA001−GBA096) 3 類

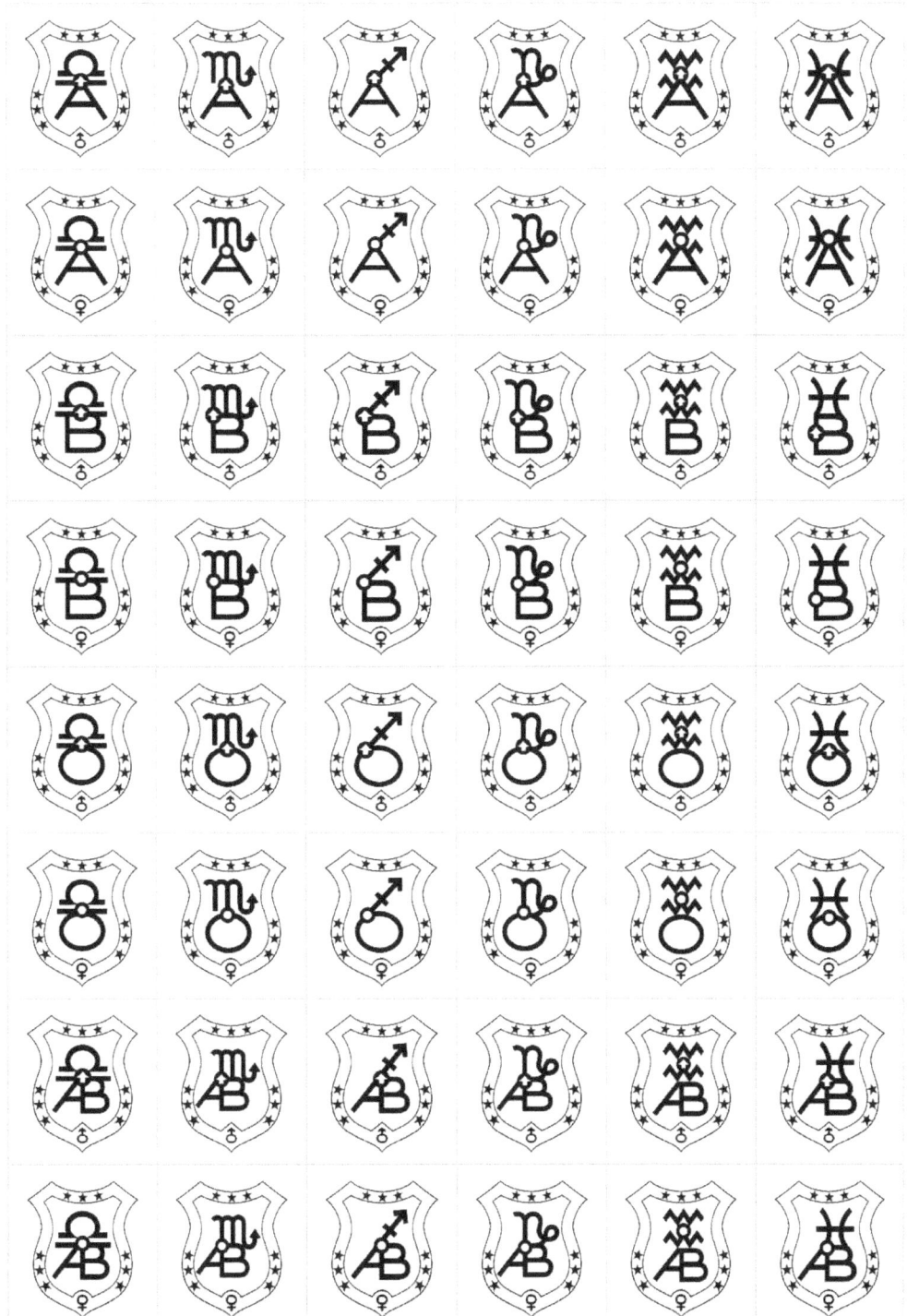

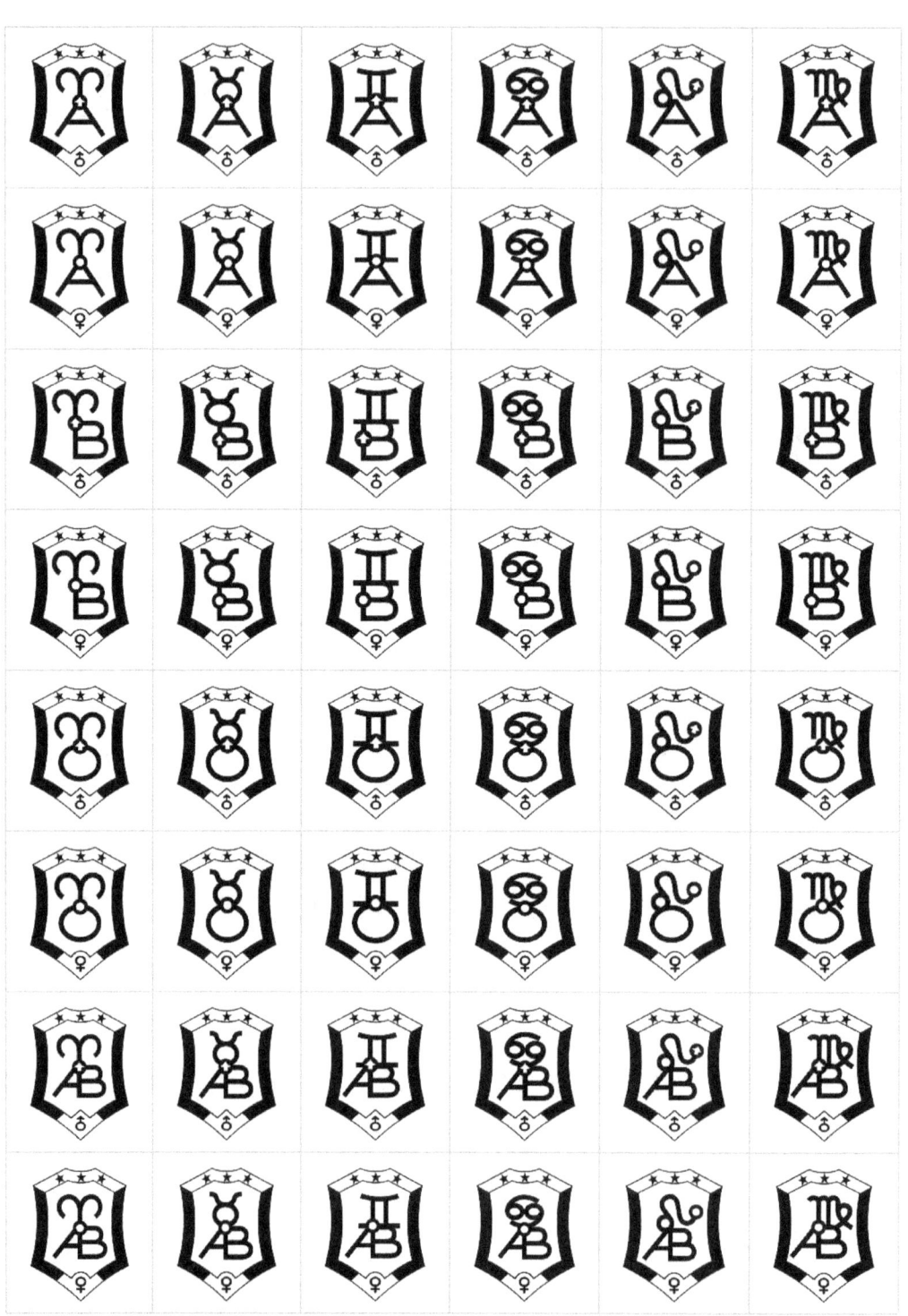

GBA 商標記号システム (GBA001－GBA096) 6 類

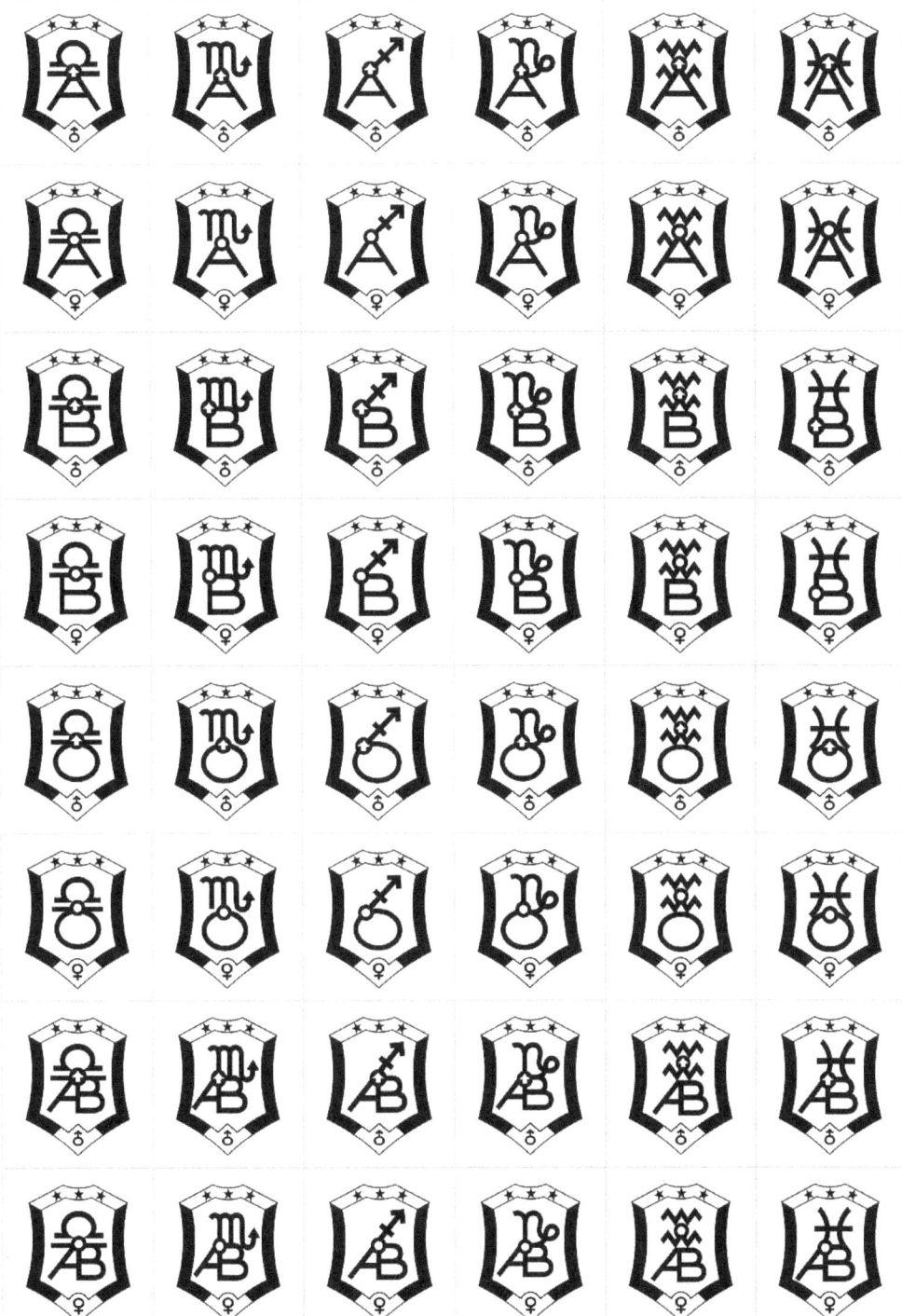

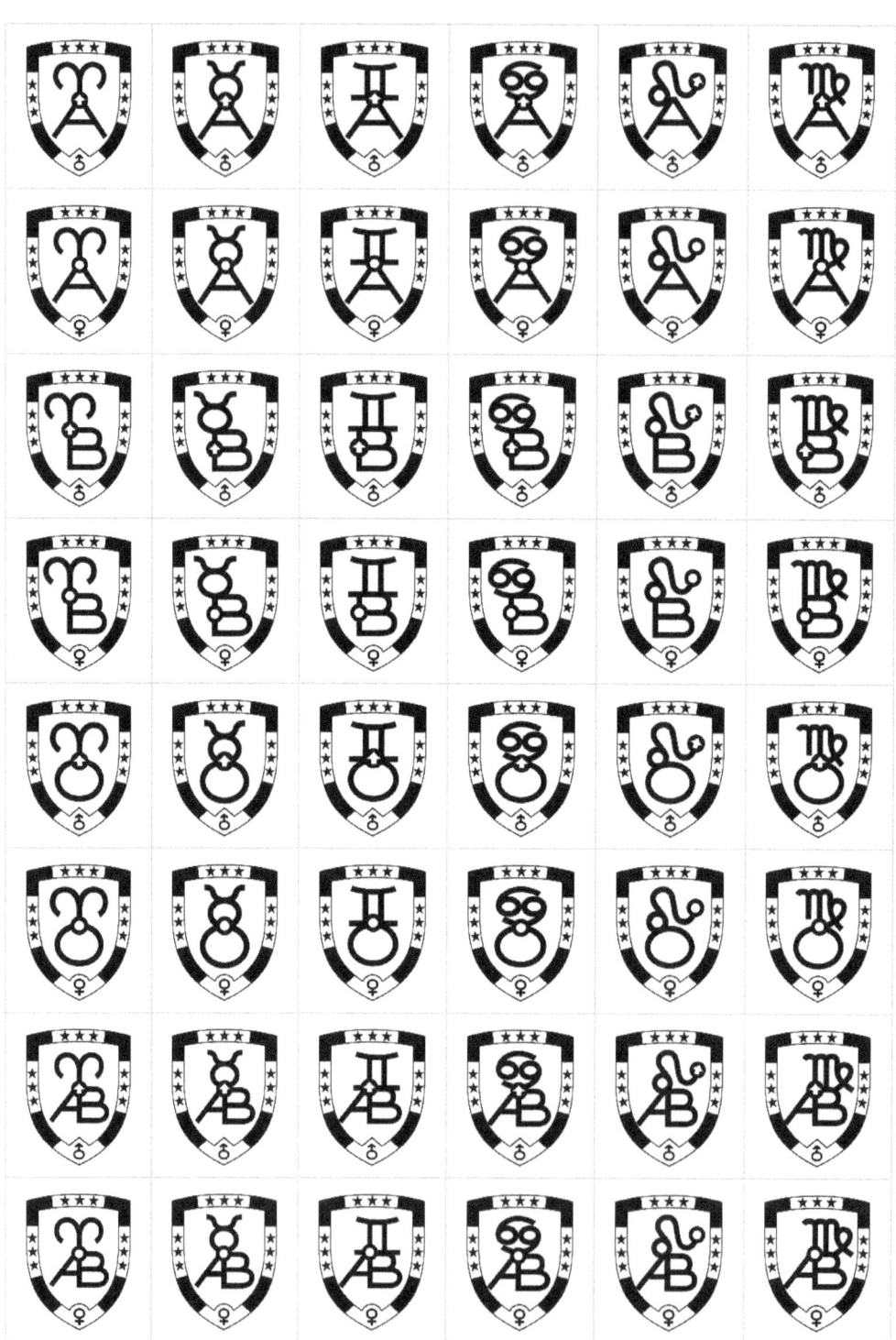

GBA 商標記号システム (GBA001－GBA096) 8 類

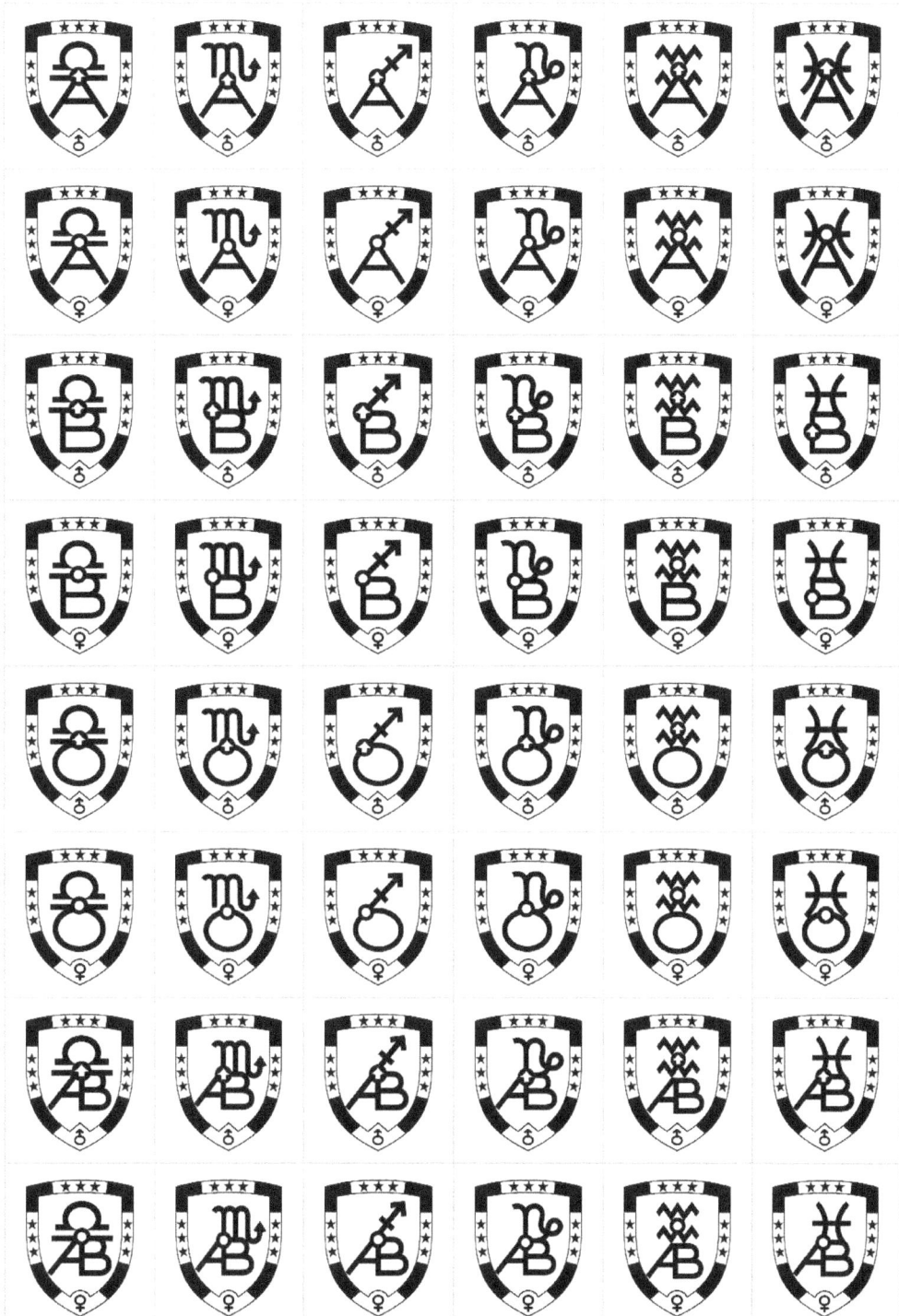

GBA 商標記号システム (GBA001−GBA096) 9 類

GBA 商標記号システム (GBA001−GBA096) 14 類

GBA 商標記号システム (GBA001－GBA096) 16 類

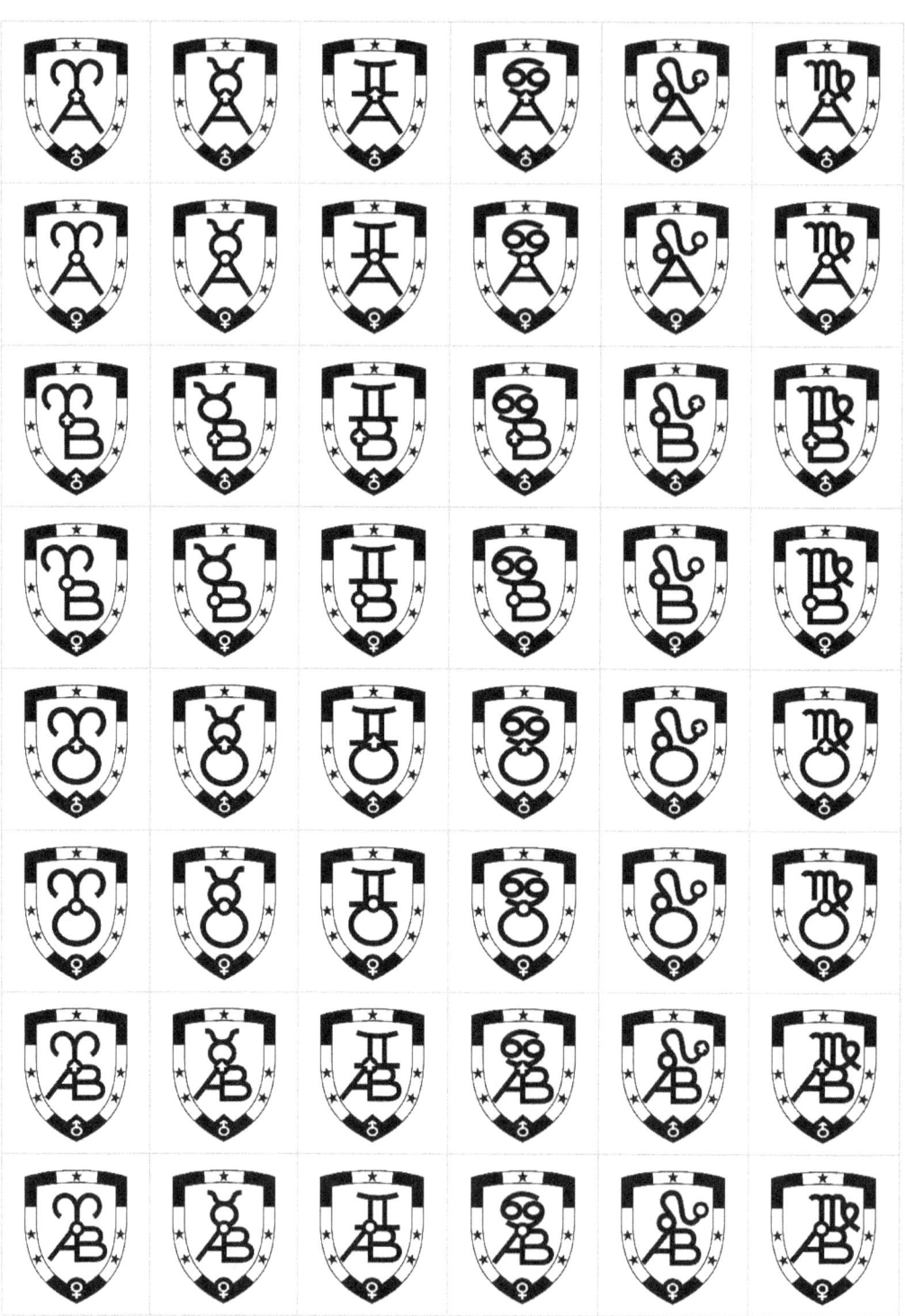

GBA 商標記号システム (GBA001−GBA096) 18 類

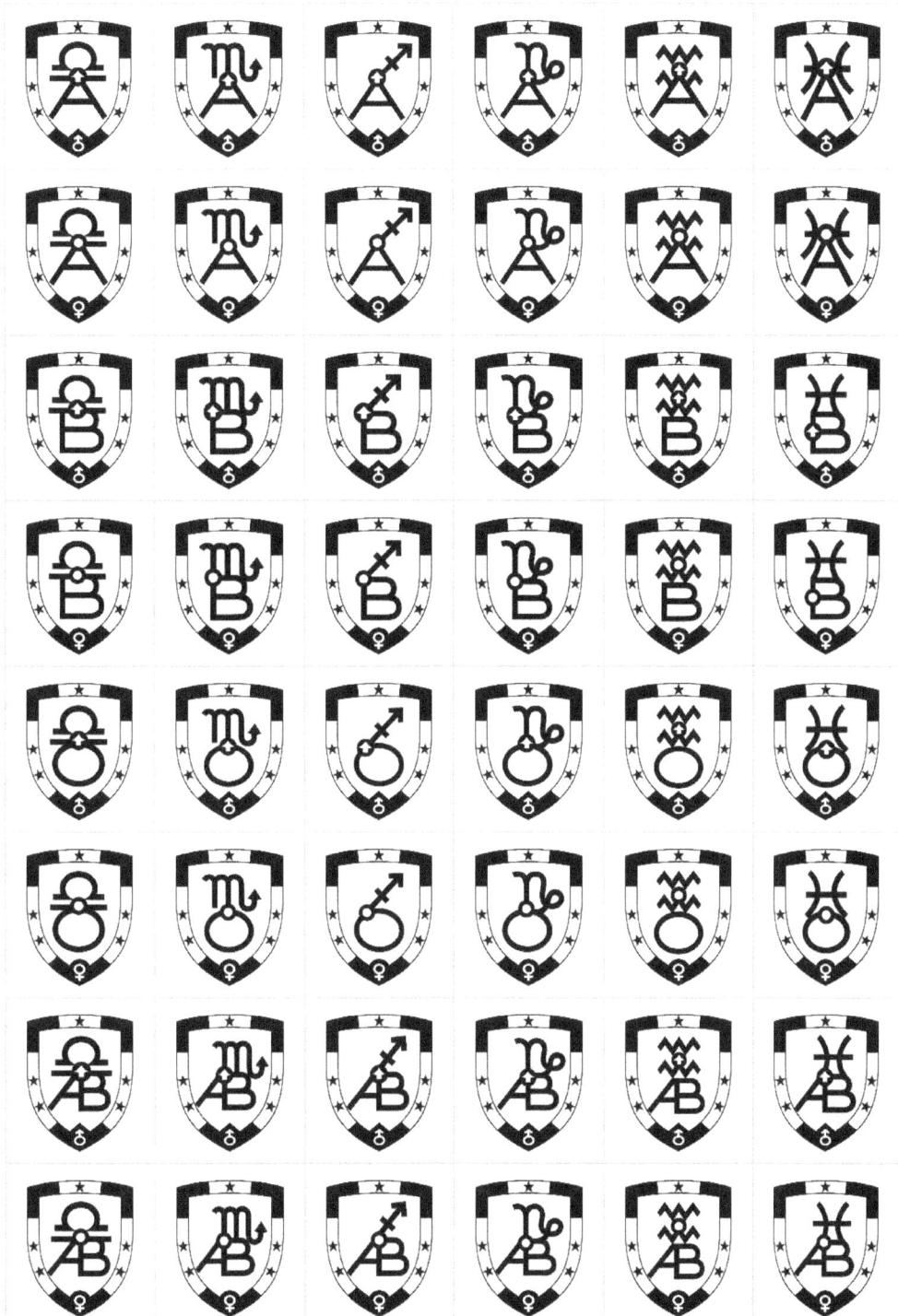

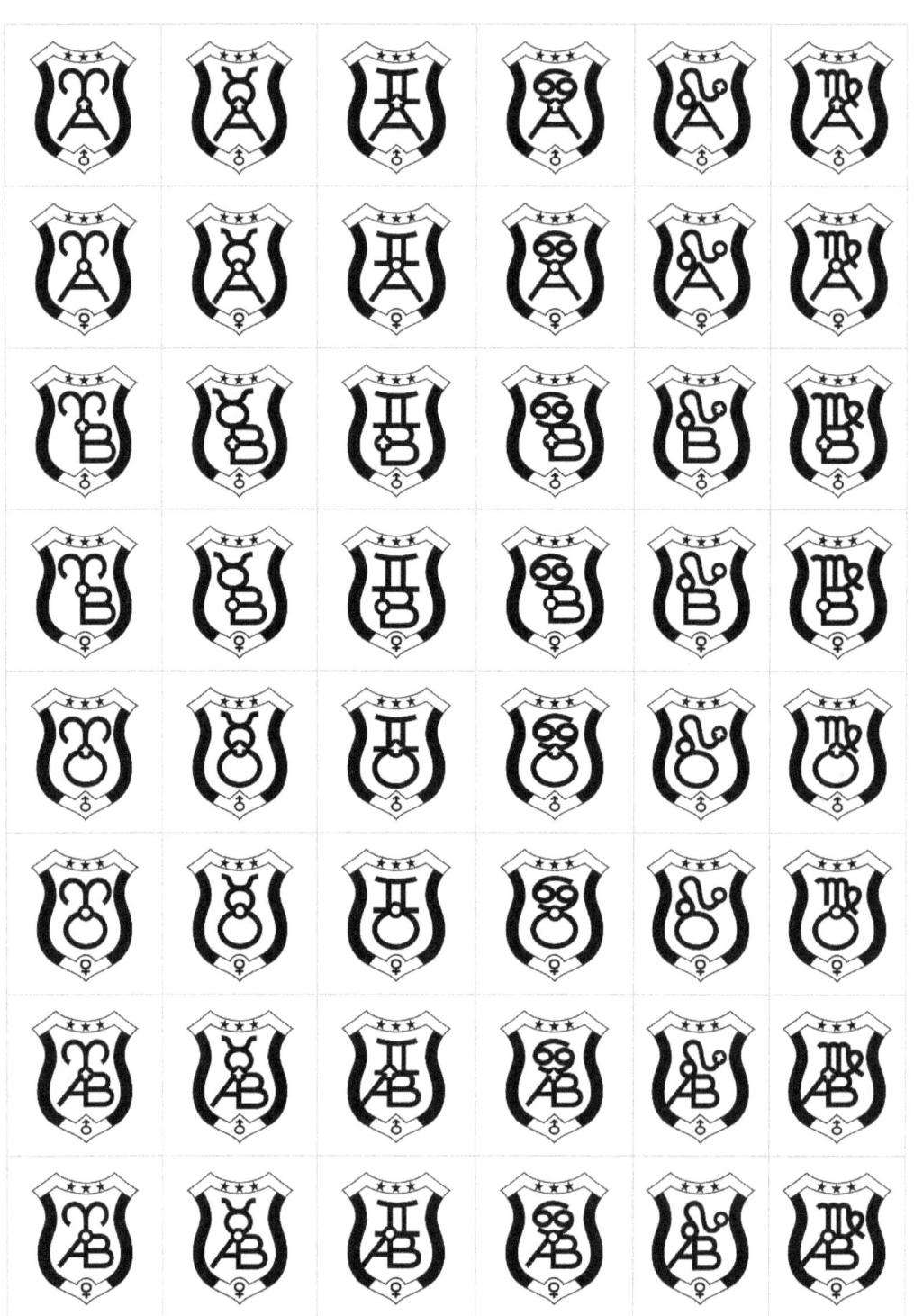

GBA 商標記号システム (GBA001－GBA096) 21 類

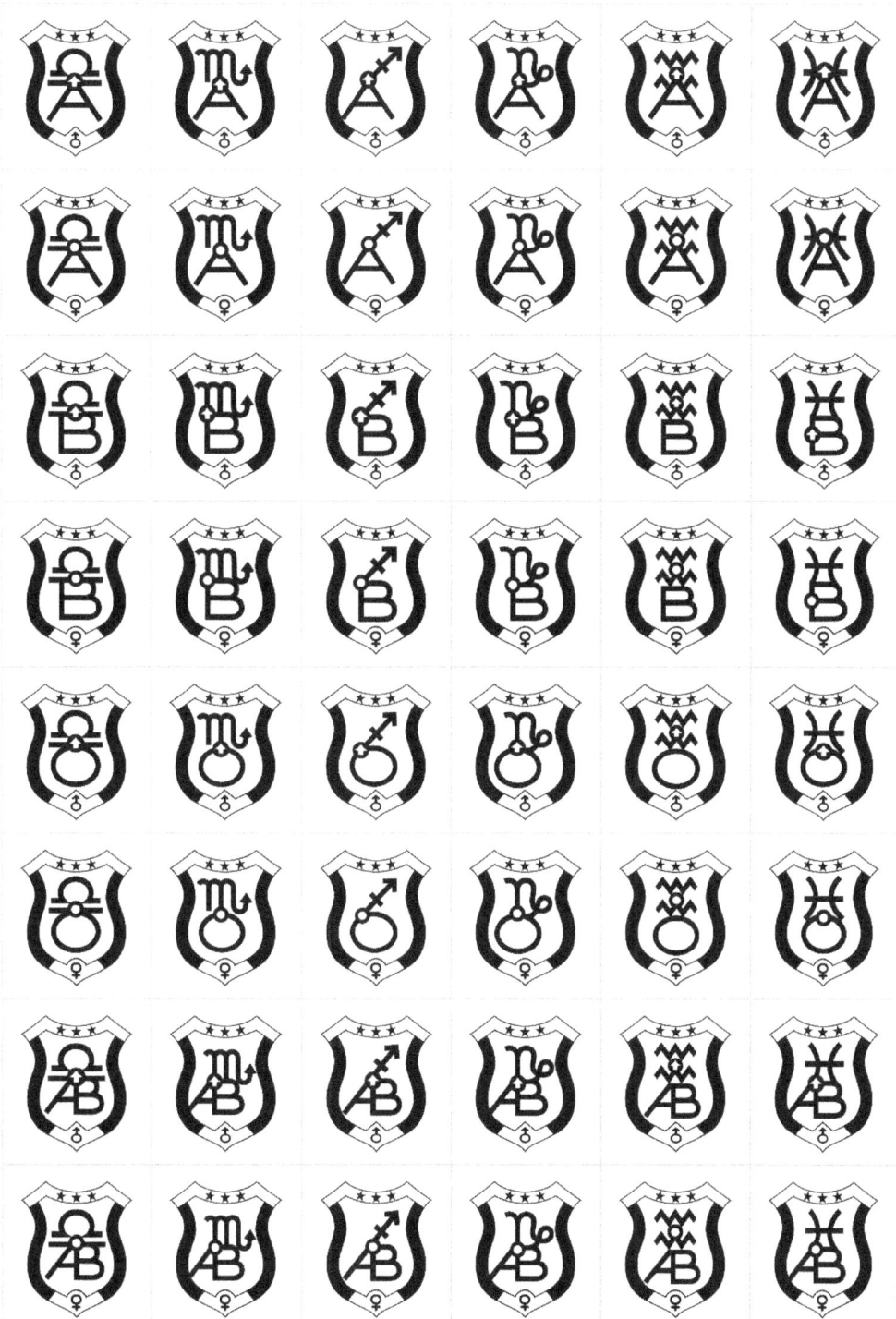

GBA 商標記号システム (GBA001－GBA096) 24 類

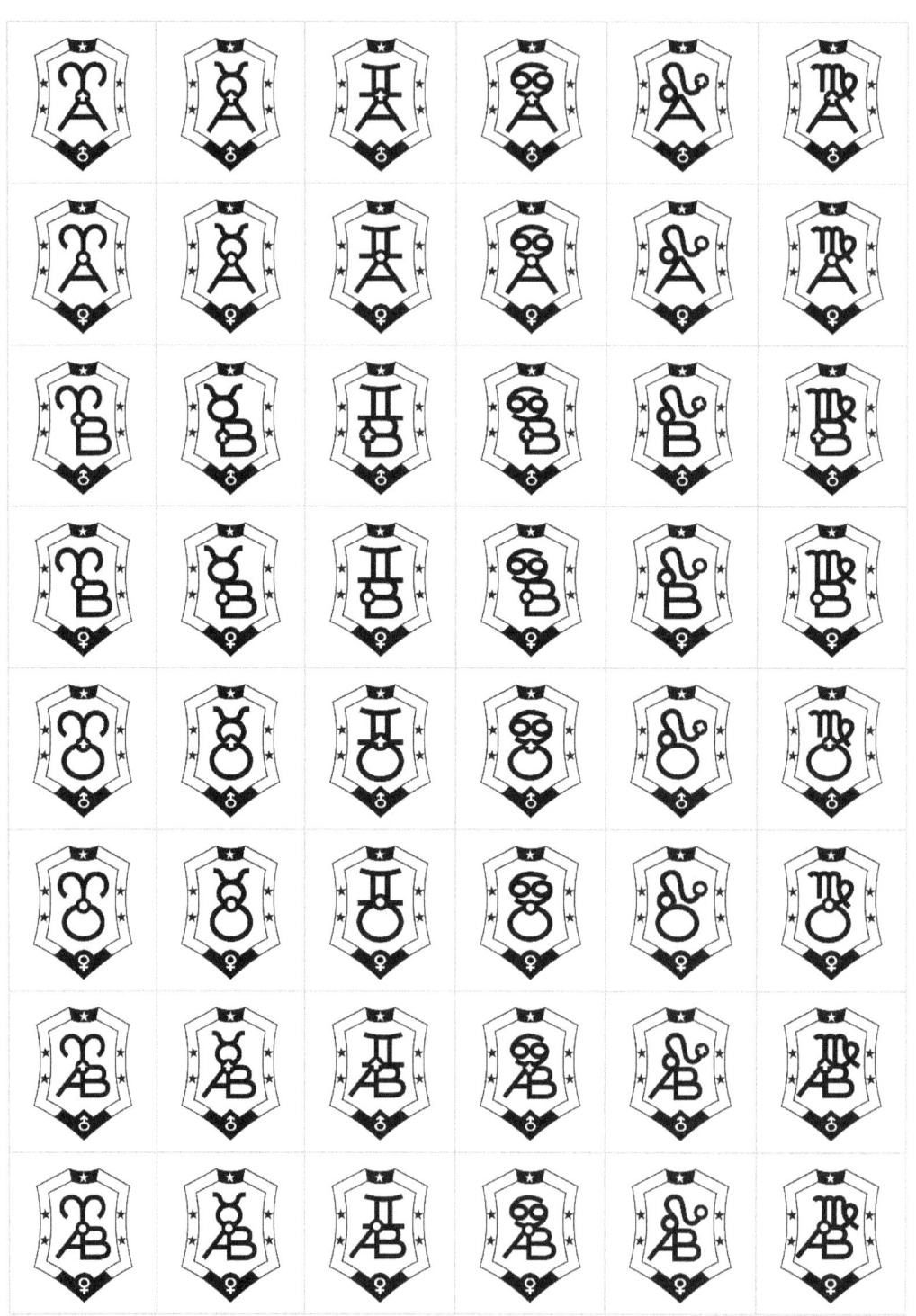

GBA 商標記号システム (GBA001−GBA096) 25 類

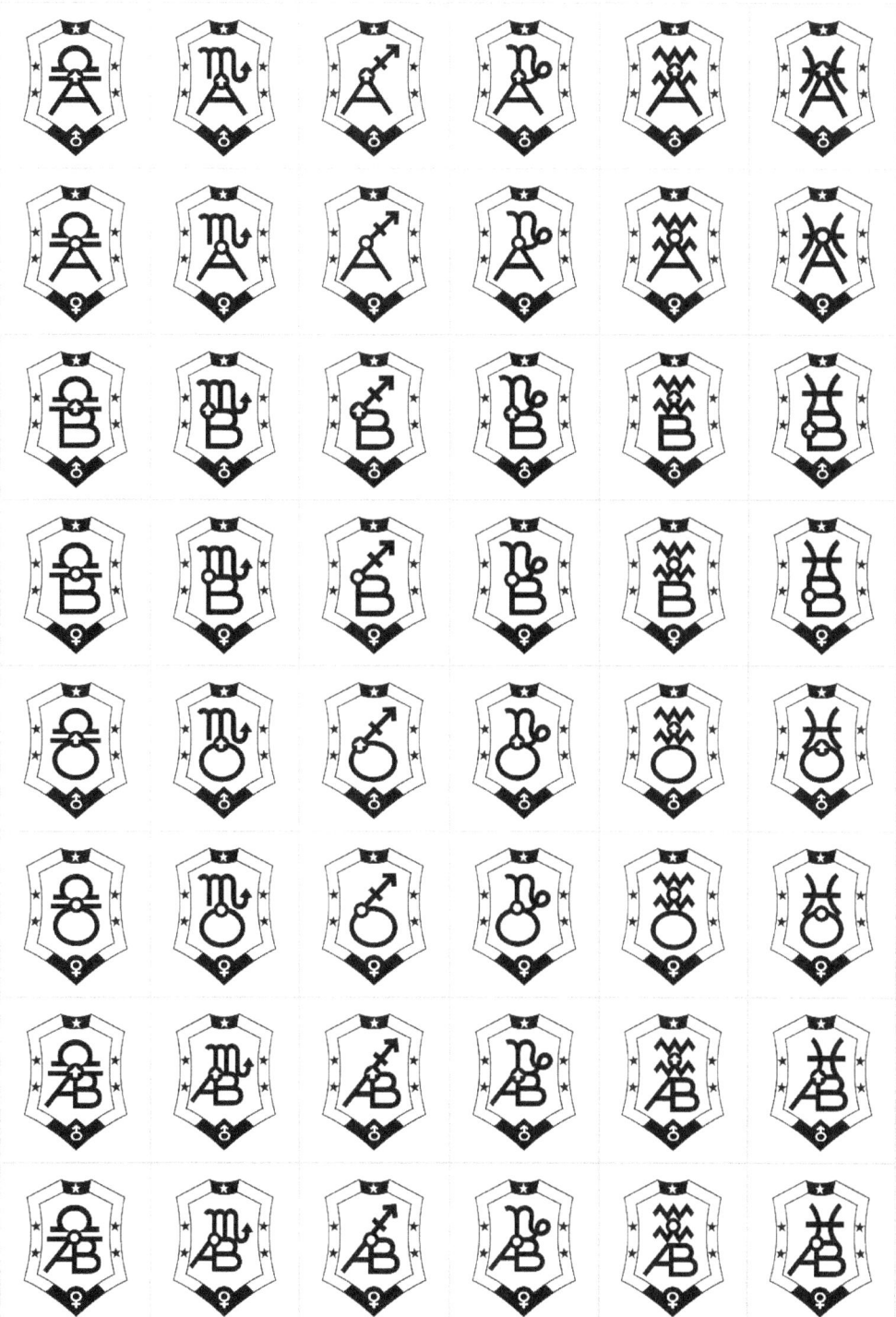

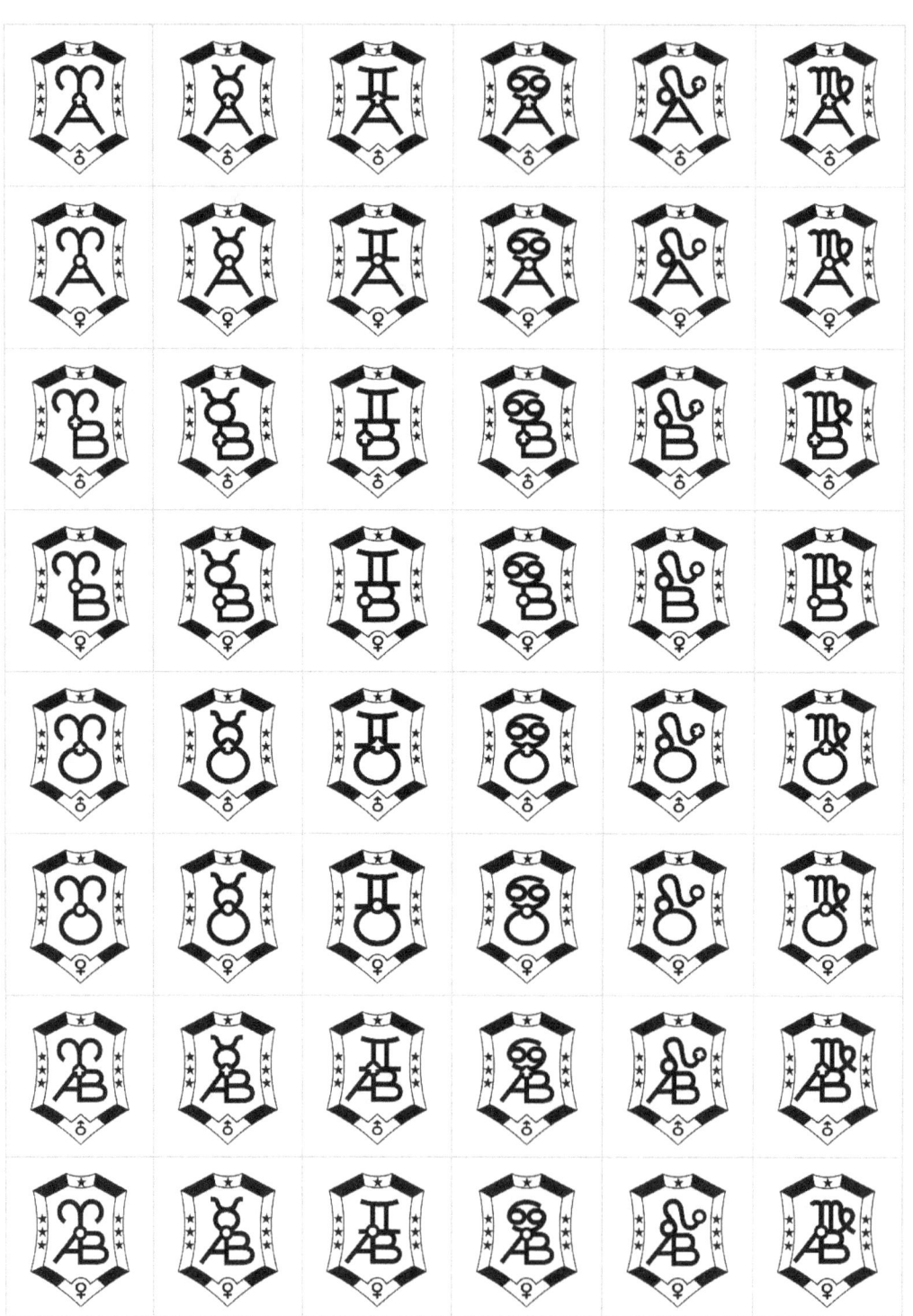

GBA 商標記号システム (GBA001−GBA096)26 類

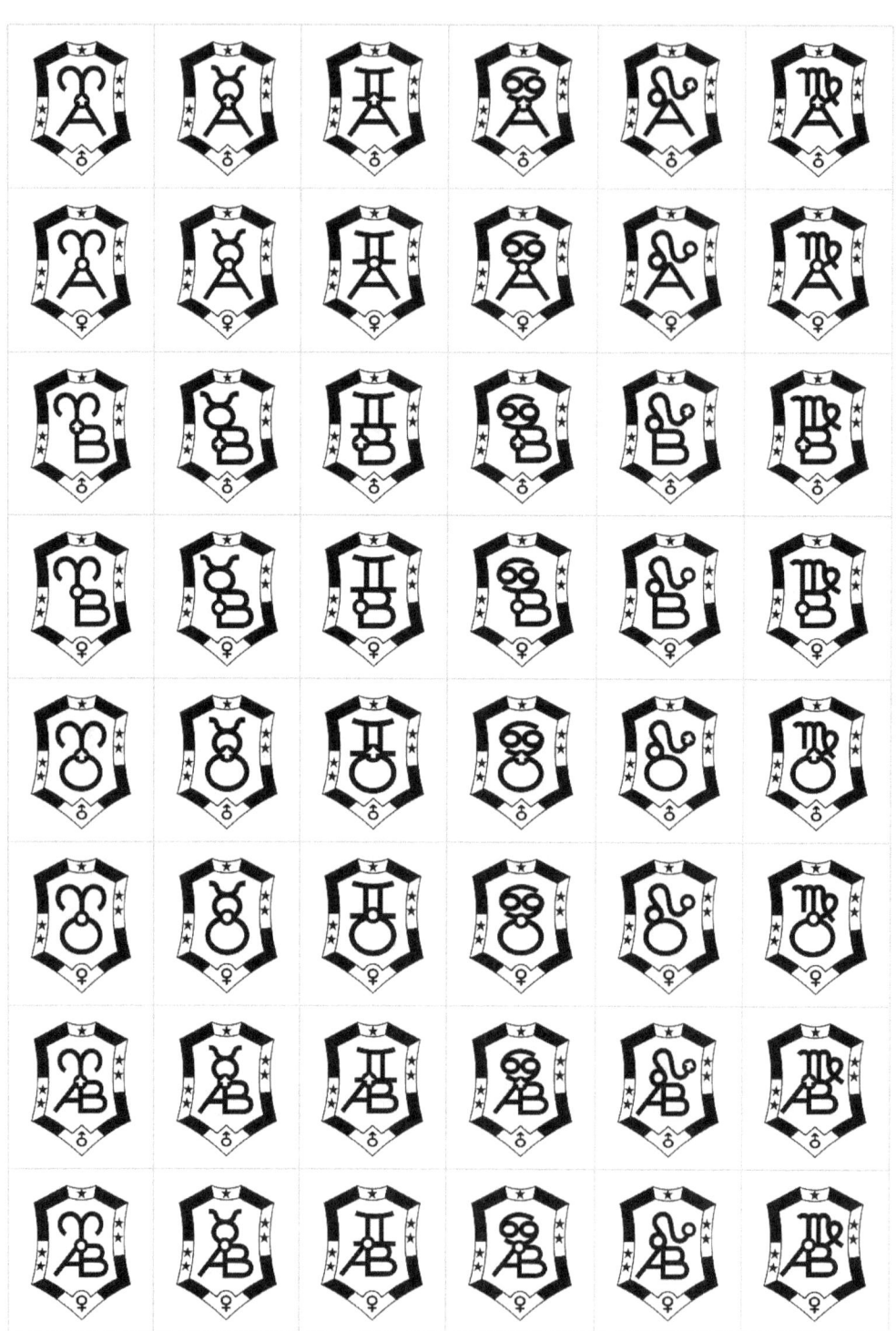

GBA 商標記号システム (GBA001－GBA096)28 類

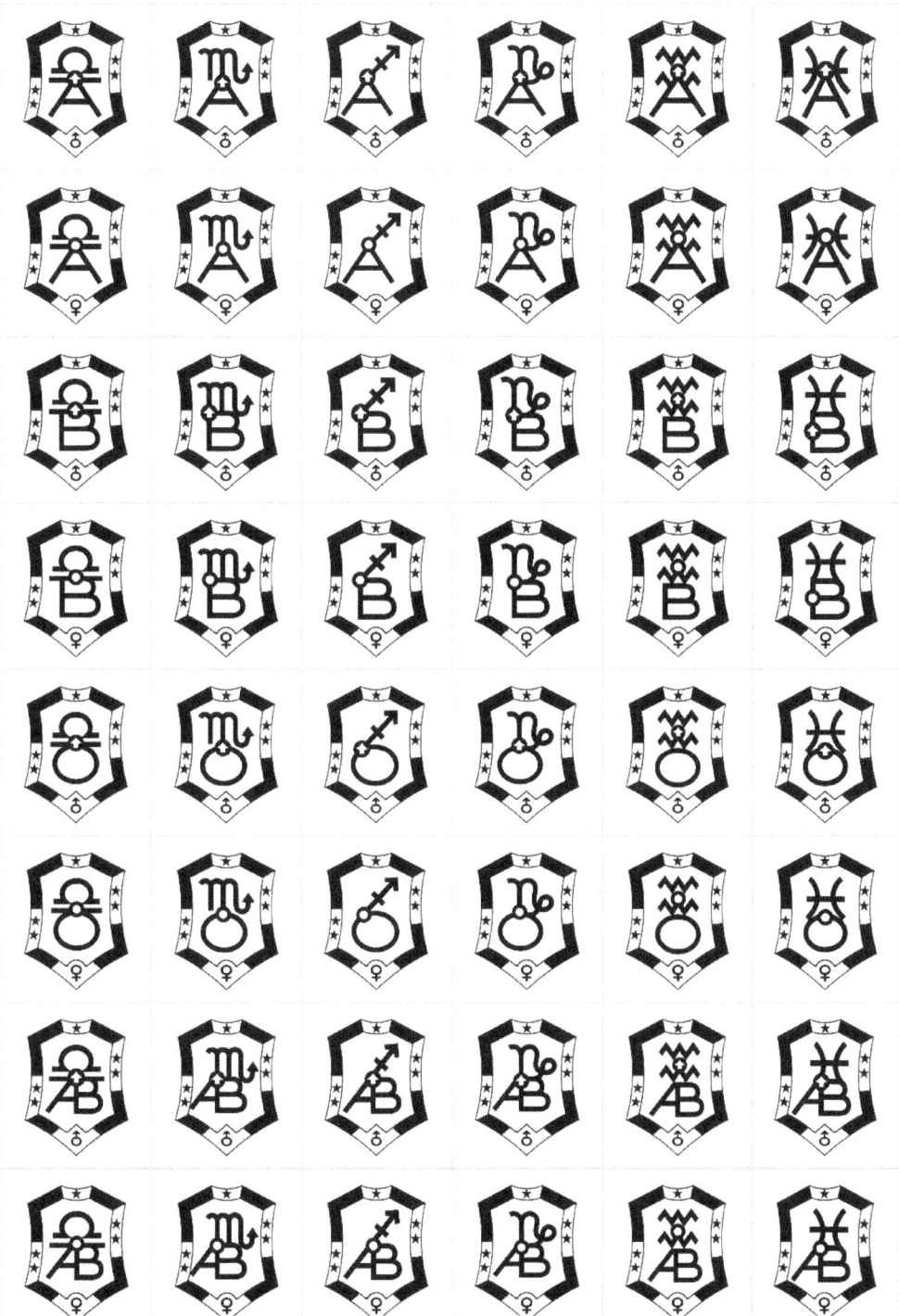

声 明 書

本書の本文と付録に明記された GBA 文化記号(96)と GBA 商標記号(96)、および人類の自然的属性の木などの図形は本書の出版前に、すでに全面的で系統的な知的所有権の保護を受けたものである。

声明者：周昱今

2016 年第 1 回目出版

2016 年初の並製本発行

2016 年アマゾン傘下 CreateSpace 第 1 回目印刷

ISBN-13: 978-1530356539

ISBN-10: 1530356539

www.ingramcontent.com/pod-product-compliance
Lightning Source LLC
Chambersburg PA
CBHW080616190526
45169CB00009B/3197